대바늘 손뜨개
고양이인형

나에게 손뜨개를 가르쳐주고
수공예에 대한 열정을 공유해주었으며,
평생 동안 손뜨개를 좋아할 수 있도록 이끌어준
어머니에게 이 책을 바칩니다.
어머니는 나의 첫 고양이 인형도 만들어주셨지요.
고마워요, 엄마.

대바늘 손뜨개
고양이 인형

수 스트라트포드 지음 | 배정은 옮김

터닝 포인트

감사의 말

〈더 니팅 허트(The Knitting Hut)〉팀과 멋진 가족의 도움과 지지가 없었다면
저는 이 책을 쓸 수 없었을 거예요.
밥, 클레어, 히더, 필, 루시와 베키에게 특별한 감사를 전합니다.
또한 모든 고양이에 대해 솔직한 의견을 말해준 퍼피에게도 감사를 표합니다.
지난 10개월 동안 쉬지 않고 뜨개질을 한 저를 견뎌준,
뜨개질을 하지 않는 저의 친구들에게도 감사를 전합니다.

CONTENTS

들어가며 8 | 뜨개실고- 도구 10 | 대바늘 기호와 뜨개 기법 12 |
영문 손뜨개 용어 26 | 실에 대한 정보 27

1 크레이지 고양이
Crazy Kittens
28

2 회색 태비
Tabby Grey
36

3 먼지 인형
Fluff Balls
45

4 친절한 샴고양이
Sweet Siamese
49

5 타이니 & 스트라이피
Tiny and Stripy
56

6 코지 토즈
Cosy Toes
64

7 진저 톰
Ginger Tom
69

8 레인보우
Rainbow
77

9 키티 캣
Kitty Kat
85

10 슈퍼 캣
Super Cat
103

11 클레마티스
Clematis
113

12 발렌티노
Valentino
121

13
몬스터 고양이
Monster Cat
128

14
보송보송 고양이
Fluffy Cat
136

15
털북숭이 집고양이
Floppy Moggy
143

16
문 받침용 고양이
Doorstop Cat
150

17
길고양이
Alley Cat
158

18
크리스마스 고양이
Christmas Cat
167

19
행복한 가족
Happy Family
174

20
고양이 스크래처
Scratching Post
188

21
고양이 침대
Cat Bed
191

22
공
Balls
194

23
생쥐
Mice
198

들어가며

생김새와 크기에 따라 부드럽거나 털이 많거나 마르거나 통통하게 살이 찌는 등 다양한 종류의 고양이가 있습니다. 그들은 다 제각기 특별한 특징이 있지요. 이 책에서는 그런 다양한 모습의 고양이를 표현하려고 노력했어요. 여기에 상상력을 더하고 실의 색상이나 종류를 바꾼다면 여러분만의 매우 개성 있고 귀여운 고양이를 만들 수 있을 거예요.

이 책에 나오는 고양이들을 만들기 위해 아이디어를 떠올리는 일은 정말 즐거웠답니다. 물론 친절한 샴고양이, 진저 톰, 털북숭이 집고양이와 같이 인기 있는 고양이들도 소개했지만, 대부분은 고양이의 품종보다는 '특징'에 의해 분류된 고양이들이랍니다. 예를 들면 파란색 큰 눈과 부드러운 흰 털을 가진 유쾌하고 귀여운 고양이가 있고요, 건방진 길고양이도 있고, 조금 괴상하긴 하지만 아주 멋진 몬스터 고양이도 있지요. 개인 소장용이든 특별한 친구를 위한 선물용이든 어떤 종류의 고양이라도 이 책에서 대부분 찾을 수 있을 거예요.

작품을 뜨기 전에 시간을 들여 이 책에 소개된 뜨개 기법(p.12)을 읽어보세요. 그러면 여러분의 고양이를 더욱 더 특별하게 만들 수 있고 쉽게 뜰 수 있을 거예요.

우리를 뜨다 보면 당신의 하루가 즐거워질 거예요!

저는 슈퍼 캣이에요!
저를 뜨면 기분이 좋아질 거예요!

  이 책에 소개된 고양이들은 어른뿐 아니라 아이들을 위해서도 디자인된 것입니다. 방울이나 인형 눈, 단추 같은 것을 달 때는 아주 단단히 고정해야 합니다. 그래야 아이들이 호기심 어린 손으로 잡아당겼을 때 떨어지지 않는답니다. 일부 고양이는 안전한 나사눈을 사용했어요. 나사눈은 온라인숍에서 쉽게 구매 가능하고, 눈의 뒷면에 메탈릭한 매니큐어를 발라서 사용할 수도 있답니다. 이런 눈은 빛이 나기 때문에 특히나 어두운 실을 사용한 인형의 경우에 이용하면 좋지요.

  이 책에 소개된 고양이 중에 하나를 뜨고 나면 더 많은 고양이를 뜨고 싶어질 거예요. 그러니까 만들기 전에 당신만의 '고양이 세상'을 그려보는 게 좋아요. 다양한 고양이와 더불어 고양이의 간단한 필수용품인 스크래처, 고양이 침대, 가지고 놀 공, 생쥐 도안도 포함되어 있답니다.

  저는 이 책에 있는 모든 고양이를 좋아하기 때문에 가장 좋아하는 한 마리를 고르는 것이 거의 불가능하답니다. 하지만 그중에서도 슈퍼 캣은 제 마음 속에 더욱 특별히 자리 잡고 있어요. 첫 번째 고양이를 만들기 전에 이 책에 있는 모든 고양이를 찬찬히 살펴보세요. 만들기 쉬운 것도 있고 복잡한 것도 있답니다. 그럼 사랑에 빠진 고양이부터 시작해보세요!

뜨개실과 도구

이 책에 소개된 고양이를 만드는 데 필요한
뜨개실, 자수실, 뜨개바늘과 도구 등을 소개합니다.

뜨개실

실은 만들고자 하는 고양이의 특징에 맞게 선택합니다. 다른 실을 사용해서 완전히 독창적인 고양이를 만들 수도 있답니다. 실의 단사수(2ply, 4ply 등)와 실의 종류(DK, Aran, laceweight 등)를 보면 그 실로 떴을 때 어느 정도의 두께가 될지 가늠할 수 있습니다. 원작과 비슷한 실이지만 실의 중량이 다른 경우에는 적합한 호수의 바늘을 사용해야 합니다. 그래야 고양이에 솜을 넣었을 때 모양이 틀어지지 않고, 스티치 사이로 솜이 빠져나오는 것을 방지할 수 있어요.
각 작품마다 사용된 실의 종류와 색상이 적혀 있습니다. 실 볼 수가 적힌 경우를 제외하고는 모두 1볼 이하로 필요하답니다. 즉, 1볼 이상이 필요한 경우에만 적었어요.

뜨개바늘

이 귀여운 캐릭터들을 만들기 위해서는 어떤 종류의 대바늘을 사용해도 상관없어요. 크기가 작은 작품이나 콧수가 적은 조각에서는 일반 막대바늘보다 길이가 짧은 장갑용 대바늘을 이용하는 것이 편하지요. 마커링이 필요한 경우에는 도안의 도입부에 적었습니다.

실

자수를 놓거나 수염을 표현하기 위하여 여러 종류의 실을 사용했습니다. 자수실은 광택이 있어서 고양이의 입이나 수염을 수놓기에 좋습니다. 평평하게 수놓지 않고 입체적으로 표현한 경우에는 진짜 고양이 수염과 같은 효과가 난답니다. 이러한 경우 코팅된 리넨 실을 사용하였는데, 질긴 봉제용 면사를 사용해도 괜찮아요.

가위

모든 뜨개 작업에 꼭 필요한 도구예요. 대바늘 케이스 안에 쏙 들어가는 작은 가위를 찾아보세요. 인형의 팔과 다리, 몸통 조각들의 실을 자를 때 사용한답니다. 가위가 날카롭고 잘 드는지 확인하세요.

솜

아이들이 장난감처럼 가지고 놀 수 있기 때문에 모든 고양이 인형에는 장난감용 구름솜을 채웠습니다. 뭉치지 않도록 채우기 전에 미리 솜을 풀어주어야 고양이가 완성됐을 때 울퉁불퉁해지지 않아요. 몇몇 고양이는 몸통이나 팔, 다리에 PP알갱이를 넣었어요. 안전을 위해서 PP알갱이를 넣을 때에는 천으로 된 자루에 알갱이를 넣어서 알갱이가 빠져나오지 않도록 하고, 솜을 채우기 전에 PP알갱이를 팔이나 다리, 몸통에 넣어줍니다. PP알갱이를 사용한 경우에는 도안의 도입부에 적었습니다.

돗바늘, 봉제용 바늘

조각을 연결할 때에는 돗바늘을 이용합니다. 바늘 사이즈는 실의 굵기에 따라 다릅니다. 실이 굵을수록 바늘귀가 큰 바늘이 필요합니다. 꿰매다가 실을 당길 때에는 뜨개지의 근처에서 당겨주어야 해요. 그래야 실이 늘어나거나 끊어지지 않는답니다. 일부의 도안에서는 수를 놓거나 작은 인형 눈을 꿰맬 때 일반 봉제용 바늘을 이용했습니다. 봉제용 바늘이 필요한 경우에는 도안의 도입부에 적었어요.

안전핀

안전핀은 고양이를 뜨는 도중에 일부 코를 '쉼코'로 걸어두고, 다른 일부만 가지고 뜨개를 진행하는 경우에 사용합니다. 안전핀을 사용해본 적이 없다 해도 걱정하지 마세요. 그냥 바늘에 걸린 코들을 꼬이지 않게 그대로 안전핀에 옮겨두기만 하면 된답니다. 다시 도안에서 안전핀에 걸린 코들을 이어 뜨라고 하면 모든 코를 대바늘에 그대로 옮긴 후 뜨면 됩니다.

단추와 비즈

몇몇 고양이와 생쥐의 눈에 단추와 비즈를 사용했어요. 안전을 위해 단단하게 고정되었는지 꼭 확인하세요. 적당한 크기로 사용하면 된답니다.

나사눈

와셔로 고정하는 캣아이 인형 눈은 온라인숍에서 여러 가지 종류를 선보이고 있습니다.
다양한 사이즈와 컬러가 있어서 완성된 고양이에 큰 변화를 줄 수 있답니다. 저는 어두운 색 실로 고양이를 만든 경우에는 캣아이 인형 눈의 뒷면에 금색이나 은색 매니큐어를 발라준답니다. 그러면 눈이 더욱 돋보이고 '반짝이게' 돼요. 눈동자 색상과 매니큐어 색상을 잘 매치해보세요. 예를 들어 저는 호박색 눈동자에는 금색을, 파란색이나 초록색 눈동자에는 은색을 바른답니다.
눈을 안전하게 고정하기 위해서 저는 크리스털로 된 인형 눈에는 금속 재질로 된 와셔를 사용해요. 크리스털로 만든 인형 눈은 장난감으로 만드는 인형에는 적합하지 않아요. 그리고 항상 와셔로 고정해주어야 한답니다. 장난감용이라면 눈이 안전하게 고정되었는지, 실 끝이 깔끔하게 정리되었는지 항상 확인해야 해요.

서술형 도안을 보고 뜨는 경우

서술형 도안은 지금 뜨고 있는 면을 기준으로 합니다. 겉면고· 안쪽면 상관없이 도안에 적혀 있는 그대로 뜨면 됩니다.

그림 도안을 보고 뜨는 경우

그림 도안은 겉면을 기준으로 그립니다. 겉면은 기호대로 뜨고 안쪽면은 기호와 반대로 뜹니다.

시작코 만들기(cast on)

모든 편물의 기본이 되는 코를 만드는 방법입니다.

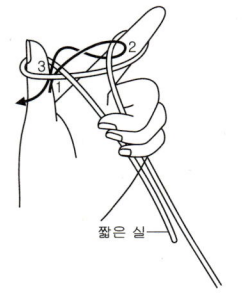

❶ 1에서 바늘을 넣어 2에서 실을 걸고 3에서 빼낸 후 손가락을 뺍니다. 짧은 실은 만들 치수의 약 3배 정도 길이로 잡습니다.

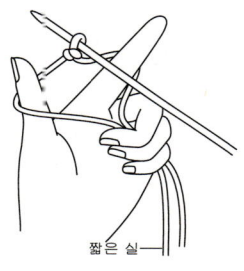

❷ 전 단계에서 만든 첫 코를 위쪽으로 두고 그림과 같이 실을 잡습니다.

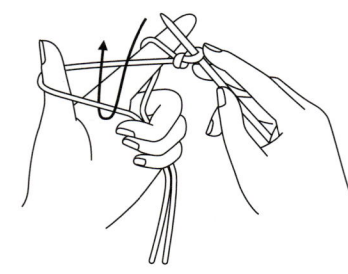

❸ 화살표 방향대로 바늘을 넣어 실을 겁니다.

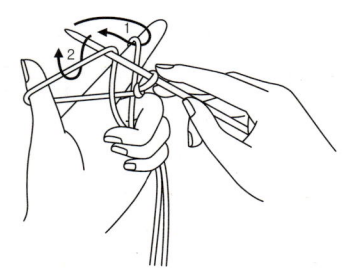

❹ 1에서 화살표 방향대로 바늘을 넣어 실을 걸고 2에서 화살표 방향으로 나옵니다.

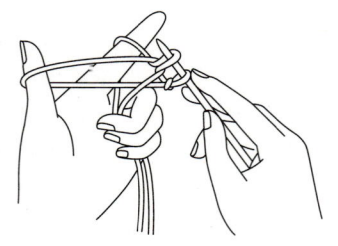

❺ 그림과 같은 상태에서 엄지를 뺀 후 짧은 실 쪽을 잡아 당깁니다.

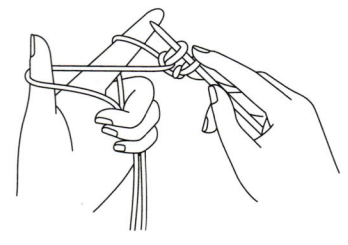

❻ 코가 만들어지면 ❷와 같이 다시 잡고 ❷~❺를 반복하면서 원하는 코를 만듭니다.

참고 (▷) 실 연결하기
　　　　(▶) 실 자르기

코 만들기(겉뜨기 방법, cast on)

뜨는 도중에 단의 시작 부분에서 코를 만들 때 사용합니다.

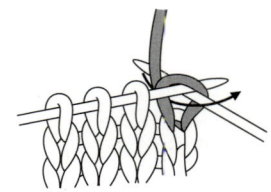  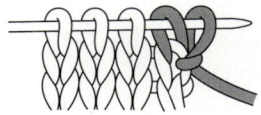

❶ 첫 번째 코를 겉뜨기로 뜬 후, 왼쪽 바늘에서 빼지 않습니다.

❷ 오른쪽 바늘에 걸린 코를 화살표 방향으로 왼쪽 바늘에 겁니다.

❸ 1코 만들기가 완성되었습니다. 필요한 콧수만큼 ❶~❷ 과정을 반복합니다.

겉뜨기(k)

❶ 실을 뒤쪽으로 놓고 오른쪽 바늘을 앞쪽에서 넣습니다.

❷ 바늘에 실을 걸어서 앞쪽으로 끌어냅니다.

❸ 겉뜨기가 완성되었습니다.

안뜨기(p)

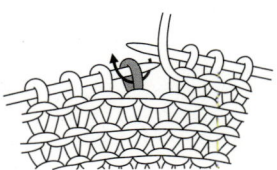 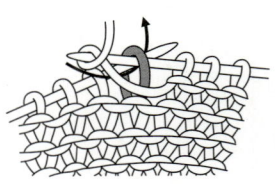 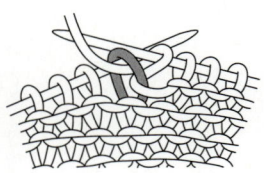 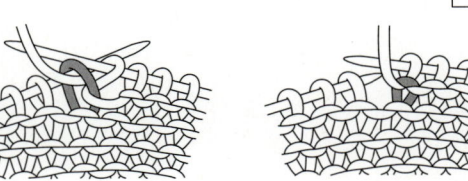

❶ 실을 앞쪽으로 놓고 오른쪽 바늘을 뒤쪽에서 넣습니다.

❷ 바늘에 실을 걸어 화살표 방향으로 끌어냅니다.

❸ 안뜨기가 완성되었습니다.

메리야스뜨기: 겉면에서는 겉뜨기로만 뜨고 안쪽면에서는 안뜨기로만 뜹니다.
가터뜨기: 겉면과 안쪽면에서 계속하여 겉뜨기로만 뜹니다.

2코 모아뜨기(k2tog)

콧수를 줄일 때 사용합니다.

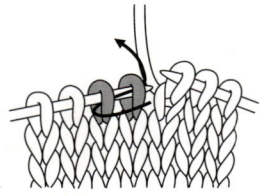
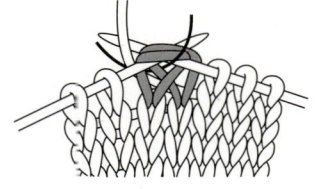
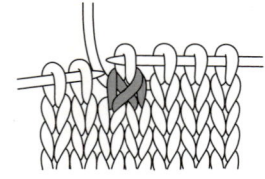

❶ 오른쪽 대바늘을 화살표 방향으로 넣어 2코를 한번에 뜹니다.

❷ 바늘에 실을 걸어서 빼내고 2코를 한꺼번에 겉뜨기로 뜹니다.

❸ 2코 모아뜨기가 완성되었습니다.

오른코 모아뜨기(ssk)

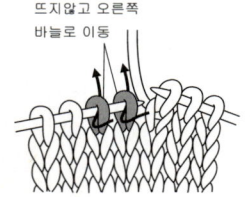
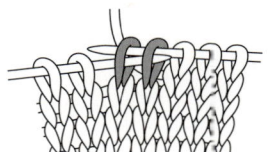
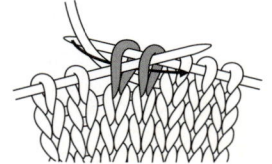
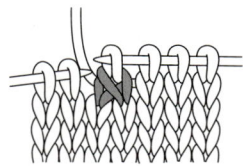

❶ 겉뜨기 방향으로 바늘을 넣어 1코를 오른쪽 바늘로 옮기고, 다시 같은 방향으로 바늘을 넣어 두 번째 코도 오른쪽 바늘로 옮깁니다.

❷ 오른쪽 바늘로 옮긴 2코를 있는 그대로 왼쪽 바늘로 옮깁니다. 이렇게 하면 2코의 앞뒤가 바뀝니다.

❸ 2코의 뒤쪽으로 바늘을 넣어서 2코를 한꺼번에 모아뜹니다.

❹ 오른코 모아뜨기가 완성되었습니다.

● 또는 안쪽면에서 안뜨기로 2코 모아 꼬아뜨기

왼쪽 바늘에 있는 2코에 한꺼번에 뒤쪽으로 바늘을 넣어 안뜨기로 모아뜹니다.

안뜨기로 2코 모아뜨기(p2tog)

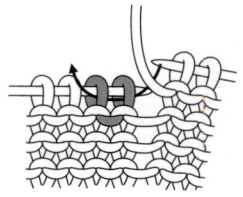
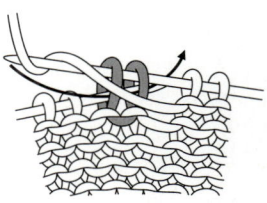
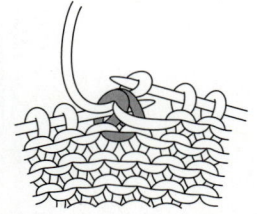
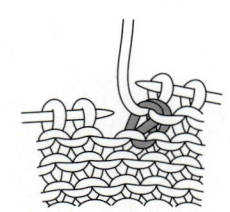

❶ 오른쪽 대바늘을 화살표 방향으로 넣어 2코를 한 번에 꿴니다.
❷ 그림처럼 실을 걸어 화살표 방향으로 실을 빼냅니다.
❸ 2코를 한꺼번에 안뜨기로 뜹니다.
❹ 안뜨기로 2코 모아뜨기가 완성되었습니다.

2코 모아 꼬아뜨기(k2togtbl)

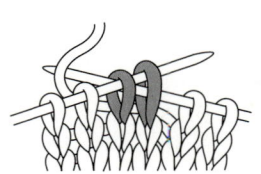
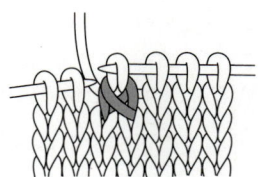

❶ 왼쪽 바늘에 있는 2코 뒤쪽으로 바늘을 한꺼번에 넣어 모아 뜹니다.
❷ 2코 모아 꼬아뜨기가 완성되었습니다.

오른코 3코 모아뜨기(sl, k2tog, psso)

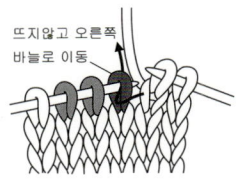
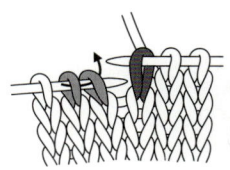
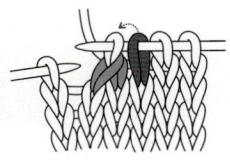
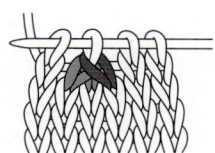

❶ 오른쪽 바늘에 왼쪽 1코를 옮깁니다.
❷ 화살표 방향으로 바늘을 넣어 2코를 한꺼번에 겉뜨기로 뜹니다.
❸ 옮겨 놓은 1코로 모아 뜬 코를 덮어씌웁니다.
❹ 오른코 3코 모아뜨기가 완성되었습니다.

왼코 3코 모아뜨기(k3tog)

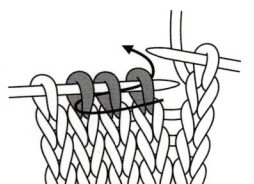
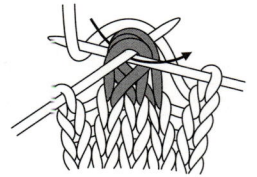
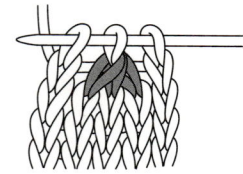

❶ 왼쪽 바늘에 있는 3코를 화살표 방향대로 한꺼번에 뻽니다.
❷ 실을 걸어 3코를 한꺼번에 겉뜨기로 뜹니다.
❸ 왼코 3코 모아뜨기가 완성되었습니다.

●또는 안쪽면에서 안뜨기로 오른코 3코 모아뜨기
❶ 오른쪽 바늘에 안뜨기 방향으로 1코를 옮긴 후, 다음 2코를 한꺼번에 안뜨기로 모아뜹니다.
❷ 옮겨 놓은 1코로 모아 뜬 코를 덮어씌웁니다.

안뜨기로 왼코 3코 모아뜨기(p3tog)

뜨는 도중에 단의 시작 부분에서 코를 만들 때 사용합니다.

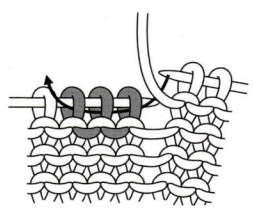
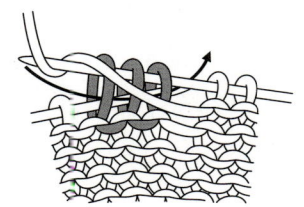
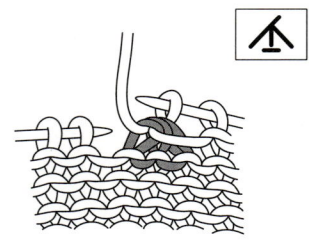

❶ 왼쪽 바늘에 있는 3코를 화살표 방향대로 한꺼번에 뻽니다.
❷ 실을 걸어 3코를 한꺼번에 안뜨기로 뜹니다.
❸ 안뜨기로 왼코 3코 모아뜨기가 완성되었습니다.

감아코 만들기

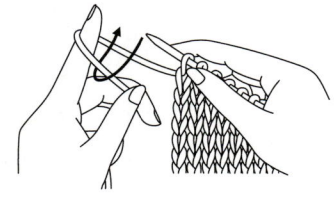
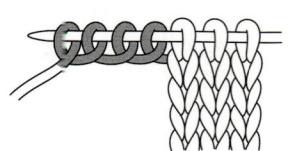

❶ 그림과 같이 실을 잡고 화살표 방향대로 실을 건 후, 왼손 검지를 뺍니다.
❷ ❶을 4번 반복하면 감아코 4코가 완성됩니다.

1코 만들기(M1)

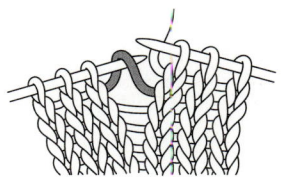
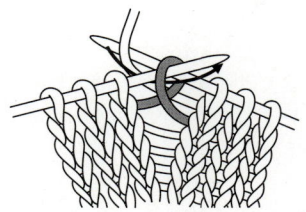
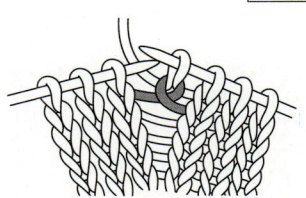

❶ 코와 코 사이에 걸린 실에 왼쪽 바늘을 앞에서 뒤로 통과시켜 겁니다.

❷ 걸어 올린 실의 뒷부분으로 오른쪽 바늘을 넣어 겉뜨기합니다.

❸ 1코 만들기가 완성되었습니다.

1코 늘리기(kfb)

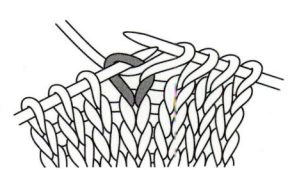
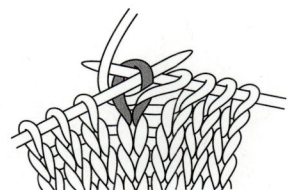

❶ 겉뜨기를 한 번 한 후, 왼쪽 바늘을 빼지 않습니다.

❷ 같은 코의 뒤쪽에 바늘을 넣어 겉뜨기를 한 번 한 후, 왼쪽 바늘에서 코를 뺍니다. 1코가 2코로 늘어납니다.

● 또는 안뜨기로 1코 늘리기(pfb)

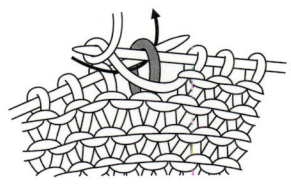

❶ 안뜨기를 한 번 한 후, 왼쪽 바늘을 빼지 않습니다.

❷ 왼쪽 바늘을 빼지 않은 채 같은 코의 뒤쪽으로 바늘을 넣습니다.

❸ 안뜨기를 한 번 한 후, 왼쪽 바늘에서 코를 뺍니다. 1코가 2코로 늘어납니다.

2코 늘리기(kfbf)

❶ 겉뜨기를 한 번 한 후, 왼쪽 바늘을 빼지 않습니다.

❷ 같은 코의 뒤쪽에 바늘을 넣어 겉뜨기를 한 번 한 후 바늘을 빼지 않습니다.

❸ 같은 코의 앞쪽에 바늘을 넣어 겉뜨기를 한 번 한 후 왼쪽 바늘에서 코를 뺍니다. 1코가 3코로 늘어납니다.

● 또는 안뜨기로 2코 늘리기(pfbf)

❶ 안뜨기를 한 번 한 후 바늘을 빼지 않습니다.

❷ 같은 코의 뒤쪽에 바늘을 넣어 안뜨기를 한 번 한 후 바늘을 빼지 않습니다.

❸ 같은 코의 앞쪽에 바늘을 넣어 안뜨기를 한 번 한 후 왼쪽 바늘에서 코를 뺍니다. 1코가 3코로 늘어납니다.

걸러뜨기(sl)

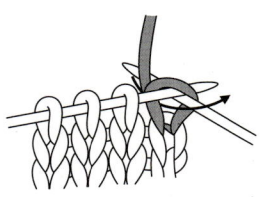 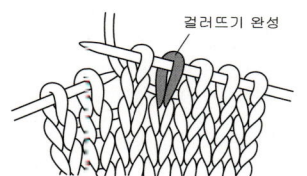

걸러뜨기 완성

❶ 겉뜨기 방향으로 바늘을 넣어 1코를 뜨지 않고 오른쪽 바늘로 옮깁니다.

❷ 다음 코를 겉뜨기로 뜹니다.

꼬아뜨기(ktbl)

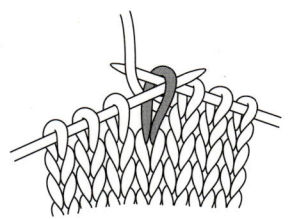 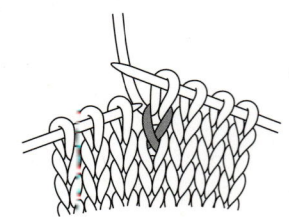

❶ 그림과 같이 코의 뒤쪽으로 바늘을 넣어 겉뜨기로 뜹니다.

❷ 꼬아뜨기가 완성되었습니다.

안뜨기로 꼬아뜨기(ptbl)

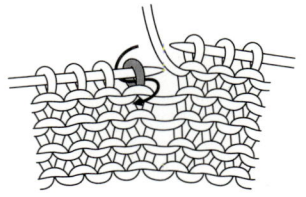
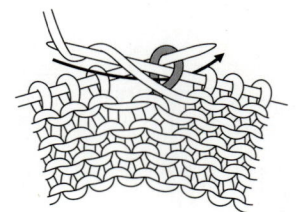
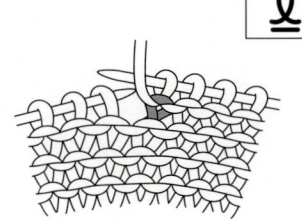

❶ 그림과 같이 코의 뒤쪽으로 바늘을 넣습니다.
❷ 안뜨기로 뜹니다.
❸ 안뜨기로 꼬아뜨기가 완성되었습니다.

바늘비우기(yo)

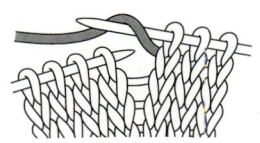

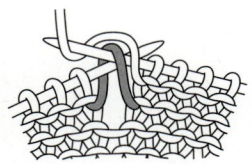
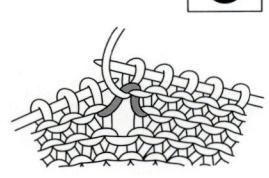

❶ 오른쪽 바늘 앞쪽에서 실을 겁니다.
❷ 다음 코부터는 원래 뜨던 대로 뜹니다.
❸ 다음 단에서 앞단에서 걸었던 코를 안뜨기로 뜹니다.
❹ 바늘비우기가 완성되었습니다.

[3단 아래 코를 끌어올려 겉뜨기로 2코 모아뜨기] 3회 반복(K3B)

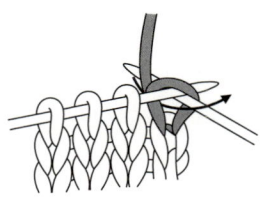
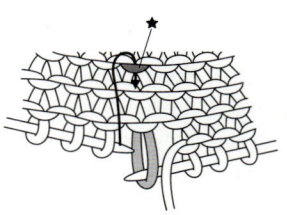
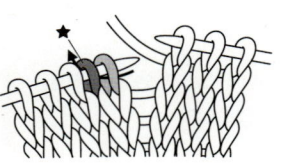
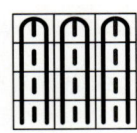

❶ 겉뜨기 방향으로 바늘을 넣어 1코를 뜨지 않고 오른쪽 바늘로 옮깁니다.
❷ 뜨개지를 뒤집어서 왼쪽 바늘로 3단 아래에 있는 코를 끌어 올립니다.
❸ 옮겼던 코를 다시 왼쪽 바늘로 옮긴 후, 화살표 방향대로 바늘을 넣어 끌어올린 코와 함께 겉뜨기로 꼬아 뜹니다. ❶~❸ 과정을 2번 더 반복하면 완성됩니다.

● 또는 안쪽면에서 [3단 아래 코를 끌어올려 안뜨기로 2코 모아뜨기] 3회 반복(P3B)

오른코 위 2코 교차뜨기(C4F)

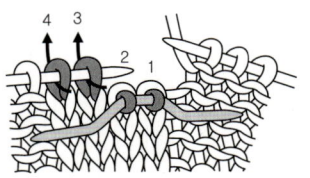

❶ 꽈배기바늘에 1, 2 코를 옮겨 끼워 앞으로 젖힌 후 3, 4 코를 겉뜨기로 뜨고, 꽈배기바늘에 옮겨 놓은 1, 2를 겉뜨기로 뜹니다.

❷ 오른코 위 2코 교차뜨기가 완성되었습니다.

되돌아뜨기(Wrap and turn)

이 기법은 단의 중간에서 뜨개지를 뒤로 돌려 진행할 때 뜨개지에 구멍이 생기지 않도록 하기 위한 방법입니다.

겉뜨기 단에서 되돌아뜨기

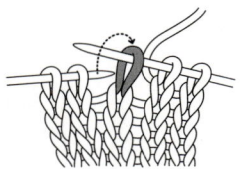
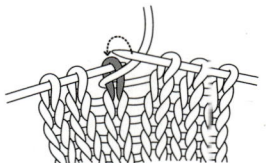

안뜨기 단에서 되돌아뜨기

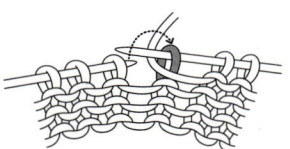

❶ 왼쪽 바늘에 걸린 다음 코를 안뜨기 방향으로 오른쪽 바늘에 옮깁니다.

❷ 실을 뒤에서 앞으로 가지고 가고, 오른쪽 바늘에 걸린 코를 다시 왼쪽 바늘로 옮깁니다. 코에 실이 가로로 걸려 있습니다. 편물을 뒤로 돌립니다.

❶ 왼쪽 바늘에 걸린 다음 코를 안뜨기 방향으로 오른쪽 바늘에 옮기고, 실을 앞에서 뒤로 가지고 갑니다.

❷ 오른쪽 바늘에 걸린 코를 다시 왼쪽 바늘로 옮기고, 편물을 뒤로 돌립니다.

● 되돌아뜨기(Wrap and turn)의 정리

겉뜨기 단에서 정리하기
정리단에서 되돌아뜨기한 부분에 이르면 걸러뜬 코와 감싼 코를 한꺼번에 겉뜨기로 떠야 구멍이 생기지 않습니다.

안뜨기 단에서 정리하기
정리단에서 걸러뜬 코와 감싼 코를 한꺼번에 안뜨기로 꼬아떠야 겉면에서 감싼 코가 보이지 않고 깔끔하게 떠집니다.

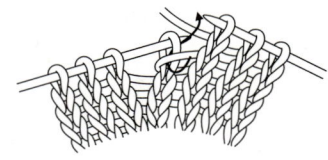
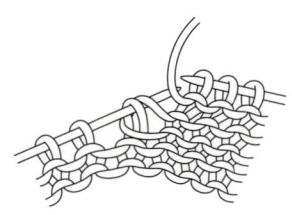

페어아일 기법(Fair Isle technique)

페어아일 기법은 2가지 색상으로 배색할 때 이용하는 기법으로 배색 콧수가 적은 경우에 사용합니다. 사용하지 않는 실은 작업물의 뒤쪽에 두었다가 필요한 경우 끌어서 사용합니다. 배색실의 간격이 5~6코보다 많은 경우에는 메인과 서브를 한 번씩 꼬아주면서 떠야 작업물의 뒷면에 코가 늘어지는 것을 방지할 수 있습니다. 이때 실을 느슨하게 엮으면서 떠야 앞면에서 더 깔끔하게 보입니다.

인타르시아 기법(Intarsia technique)

인타르시아 기법은 배색 콧수가 많은 경우에 사용합니다. 사용하지 않는 실을 작업물의 뒤쪽에서 끌고 와 사용하는 것이 아니라, 메인 색상의 실로 뜨다가 배색실과 한 번 꼬아준 후(구멍이 생기는 것을 방지) 배색실로 진행하고, 배색실을 메인 색상의 실과 다시 꼬아준 후 메인 색상의 실로 이어 뜹니다. 이렇게 하면 메인 색상의 실이 작업물의 뒷면에서 걸쳐지지 않습니다.

코줍기

이 기법은 단의 중간에서 뜨개지를 뒤로 돌려 진행할 때 뜨개지에 구멍이 생기지 않도록 하기 위한 방법입니다.

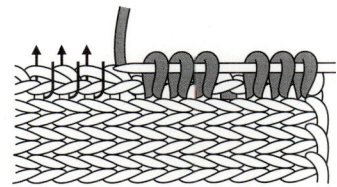

❶ 첫 번째 코와 두 번째 코 사이에 화살표 방향으로 바늘을 넣어 실을 잡아 빼면서 코를 만듭니다.

코막음(cast off)

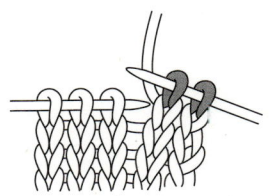

❶ 처음 2코를 겉뜨기로 뜹니다.

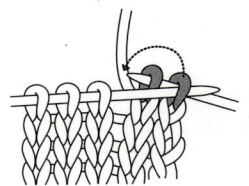

❷ 왼쪽 바늘의 끝으로 오른쪽 바늘의 앞쪽 코를 화살표 방향으로 덮어씌웁니다.

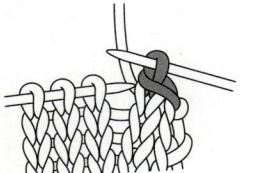

❸ 덮어씌운 모습입니다.

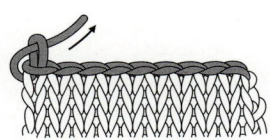

❹ 겉뜨기를 뜨고 앞쪽 코를 덮어씌우는 과정을 반복하고, 마지막 코는 실을 자르고 코 안으로 실을 넣어 당깁니다.

대바늘로 떠서 잇기

연결할 두 개의 조직이 모두 바늘에 걸려 있는 경우에 사용하는 방법입니다.

❶ 남은 코를 2개의 바늘에 반으로 나눈 후 겉면끼리 마주보도록 접습니다. 바늘에 걸린 2개의 뜨개지를 연결할 때는 뜨개지의 겉면끼리 마주보도록 놓습니다.

❷ 세 번째 바늘을 이용하여 각 바늘에 걸린 첫 코들을 한꺼번에 겉뜨기로 뜹니다.

❸ 각 바늘에 걸린 다음 코들을 한꺼번에 겉뜨기로 뜹니다. 일반적인 코막음과 같은 방법으로 오른쪽 바늘에 걸린 첫 코로 두 번째 코를 덮어씌웁니다.

❹ 위와 같은 방법으로 모든 코를 코막음할 때까지 끝까지 반복합니다. 다른 솔기를 꿰매기 전에 겉면이 겉으로 오도록 뒤집습니다.

돗바늘 마무리

바늘에 코가 걸려 있는 경우

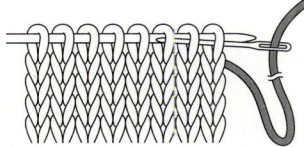

❶ 실을 잘라내고 돗바늘에 실을 끼운 후, 바늘에 걸려 있는 모든 코를 통과시킵니다.

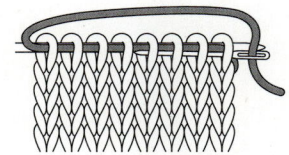

❷ 다시 한 번 돗바늘을 통과시킨 후 잡아당겨 조여줍니다.

시작단 부분의 마무리

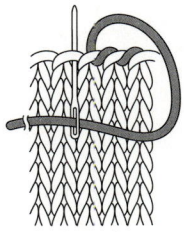

❶ 시작단의 모든 코를 그림과 같이 아래에서 위로 통과시킵니다.

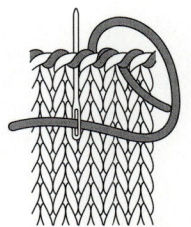

❷ 처음 통과했던 부분의 2~3코에 한 번 더 통과시킨 후 세게 잡아당겨 닫습니다.

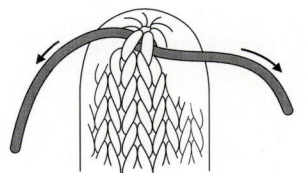

❸ 완성된 모습입니다.

아이코드(I-code)

아이코드를 만들려면 장갑용 바늘에 시작코를 만듭니다.
또는 단뜨기(=평면뜨기)로 진행한 후에 솔기끼리 꿰매어 같은 효과를 낼 수도 있습니다.

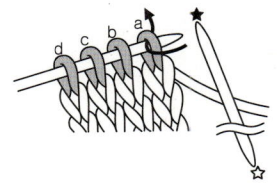

❶ a, b, c, d 순서대로 겉뜨기 합니다.

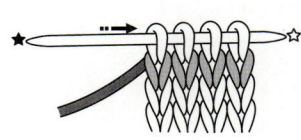

❷ 순서대로 뜨고 나서 바늘의 오른쪽으로 코를 밉니다.

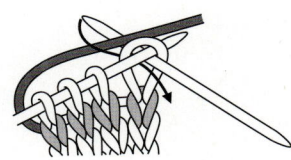

❸ 첫 코에 바늘을 넣고, 왼쪽에 있는 실을 잡아당겨 겉뜨기로 끝까지 뜹니다. 실을 잡아당길 때에는 코 사이가 벌어지지 않도록 세게 당깁니다. 원하는 길이가 될 때까지 같은 방법으로 반복합니다.

옆 솔기 꿰매기(Mattress Stitch)

2개의 뜨개지의 옆 솔기를 가장 깔끔하게 연결할 수 있는 방법입니다.
꿰맨 후 솔기가 거의 티나지 않으며 솔기가 전혀 두껍지 않습니다.

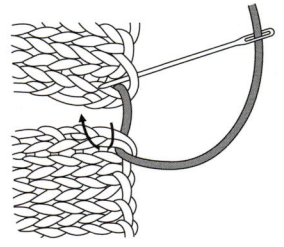

❶ 작업물의 겉면이 위로 오도록 2개의 뜨개지를 나란히 놓고 시작합니다. 뜨개지의 1단에 있는 첫 번째 코와 두 번째 코 사이에 가로로 걸려 있는 실에 바늘을 통과시킵니다. 반대쪽 뜨개지에서 이 과정을 반복합니다.

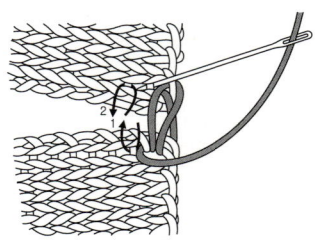

❷ 위의 과정을 2.5cm 가량 일렬로 진행합니다. 실을 솔기 방향(위쪽)대로 부드럽게 잡아당기면 두 조각이 연결되는 것을 볼 수 있습니다. 위와 같이 솔기의 끝까지 반복합니다.

프렌치 노트 스티치(French knots)

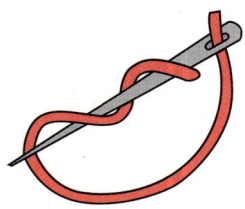

❶ 작업물의 앞쪽으로 바늘을 뺀 후 바늘에 실을 두 번 감습니다.

❷ 바늘에 고리가 잘 유지되도록 손가락으로 누른 채로 바늘을 뺀 후, 바늘을 작업물의 뒤편으로 통과시킵니다.

❸ 매듭이 지도록 실을 당긴 후에 작업물의 뒷면에서 실을 마무리합니다.

체인 스티치 (Chain Stitch)

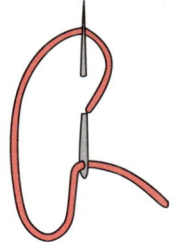

❶ 작업물의 앞쪽으로 바늘을 뺍니다. 바늘이 나온 구멍에서 가장 가까운 곳에 바늘을 찔러 넣으면 실고리가 생깁니다. 바늘을 찌른 곳에서 가까운 곳으로 바늘을 앞으로 빼고, 실고리를 바늘 뒤로 가게 둡니다.

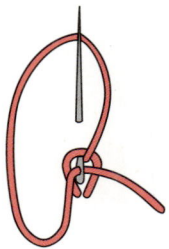

❷ 실고리 사이로 바늘을 뺍니다. 이때 너무 세게 잡아당기지 않도록 주의합니다. 다시 바늘을 앞에서 뒤로 찔러 넣으면서 1번의 과정을 반복합니다.

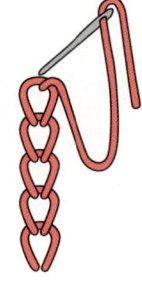

❸ 이와 같은 방법으로 연속하여 '체인'을 만듭니다.

▶ 아름답게 수놓아진 클레마티스의 등이에요. 나뭇잎과 꽃은 대바늘로 뜬 후에 체인 스티치와 프렌치 노트 스티치로 수놓았어요. 113페이지를 참고하세요.

영문 손뜨개 용어

beg	시작하다
cm	센티미터
foll	다음
GS	가터뜨기
in	인치
inc	코 늘리기
K	겉뜨기
K2tog	2코 모아뜨기
K2togtbl	2코 모아 꼬아뜨기
K3B	[3단 아래 코를 끌어올려 겉뜨기로 2코 모아뜨기] 3회 반복
	다음 코를 오른쪽 바늘로 옮긴다.
	→3단 아래에 있는 코를 끌어올려 오른쪽 바늘로 옮긴 코와 함께 겉뜨기한다.
	→다음 2코도 위와 같이 반복한다. 이렇게 하면 뜨개지가 '접힌' 효과가 난다.
Kfb	(겉뜨기로) 1코 늘리기
	왼쪽 코의 앞쪽에 바늘 넣어 겉뜨기 1번 한 후 코를 빼지 않는다.
	→같은 코의 뒤쪽에 바늘 넣어 겉뜨기 1번 한 후 왼쪽 바늘에서 코를 뺀다.
	(겉뜨기 1코가 2코로 된다.)
Kfbf	(겉뜨기로) 2코 늘리기
	왼쪽 코의 앞쪽에 바늘 넣어 겉뜨기 1번 한 후 코를 빼지 않는다.
	→같은 코의 뒤쪽에 바늘 넣어 겉뜨기 1번한 후 코를 빼지 않는다.
	→같은 코의 앞쪽에 바늘 넣어 겉뜨기 1번 한 후 왼쪽 바늘에서 코를 뺀다.
	(겉뜨기 1코가 3코로 된다.)
M	마커링
M1	1코 만들기
	왼쪽 바늘을 뒤에서 앞으로 넣어, 코 사이에 걸린 실을 끌어올린다.
	→오른쪽 바늘로 끌어올린 실을 겉뜨기한다.
	→다음 단에서는 진행하던 방법으로 겉뜨기 또는 안뜨기한다. 매우 깔끔하게 코늘림이 된다.
P	안뜨기
P2tog	안뜨기로 2코 모아뜨기
	안뜨기로 2코를 한꺼번에 뜬다.
P3B	3단 아래 코를 끌어올려 함께 안뜨기 3코
	다음 코를 오른쪽 바늘로 옮긴다.
	→3단 아래에 있는 코를 끌어올려 오른쪽 바늘로 옮긴 코와 함께 안뜨기한다.
	→다음 2코도 위와 같이 반복한다.
PM	마커링 끼우기
psso	걸러뜬 코로 덮어씌우기
rem	남아 있는
rep	반복한다
rev	뒤집는다
RH	오른손
RS	오른쪽
sl	걸러뜨기
sl1, k2tog, psso	오른코 중심 3코 모아뜨기
	첫코는 걸어뜬다.
	→다음 2코를 한꺼번에 겉뜨기로 뜬다.
	→처음에 걸러뜬 코로 겉뜨기한 코를 덮어씌운다.
	(겉뜨기 3코가 1코로 된다.)
SM	마커링을 왼쪽 바늘에서 오른쪽 바늘로 옮긴다
SS	메리야스뜨기
ssK	오른코 모아뜨기
	2코를 한꺼번에 겉뜨기 방향으로 걸러뜬다.
	→걸러뜬 2코를 왼쪽 바늘을 이용해 뒤로 찔러 넣는다.
	→2코를 한꺼번에 겉뜨기로 꼬아뜨기 한다.
ssP	안뜨기로 오른코 모아뜨기
	2코를 한꺼번에 겉뜨기 방향으로 걸러뜬다.
	→걸러뜬 2코를 왼쪽 바늘을 이용해 뒤로 찔러 넣는다.
	→2코를 한꺼번에 안뜨기로 뒤에서 앞으로, 왼쪽에서 오른쪽으로 꼬아뜨기 한다.
st(s)	코(들)
tbl	꼬아뜨기
	코의 뒤쪽에 바늘 넣어 뜬다.
tog	함께
w&t	되돌아뜨기
WS	안쪽 면
yo	바늘비우기

실에 대한 정보

이 책은 실의 단사수와 명칭에 따라 다음과 같이 분류합니다. 실제로 이런 표기가 되어 있는 실은 많지 않으므로, 보통 실의 라벨에 표시된 추천 바늘의 크기를 기준으로 실을 선택합니다. 다만 라벨의 추천 바늘의 크기는 옷을 기준으로 한 것이므로, 인형을 뜰 때에는 추천 바늘의 크기보다 0.5~1mm 정도 가는 바늘을 사용하여야 솜이 빠져나오지 않습니다.

실의 명칭	단사수	Standard Yarn Weight System	라벨에 적힌 추천 대바늘	인형용 대바늘
laceweight (레이스웨이트 얀)	2ply	0.레이스웨이트 얀	1.50~2.50mm	2.00mm
fingering(핑거링 얀)	4ply	1.슈퍼파인웨이트 얀	2.00~3.00mm	2.5~2.75mm
sportweight (스포트웨이트 얀)	5ply	2.파인웨이트 얀	3.00~4.00mm	3.25mm
DK(더블니팅 얀)	8ply	3.라이트웨이트 얀	4.00~4.50mm	3.25~3.75mm
Aran(아란 얀)	10ply	4.미디움웨이트 얀	4.50~5.50mm	4.00mm
Chucky(처키 얀)	12ply	5.벌키웨이트 얀	5.50~8.00mm	5.50mm

크레이지 고양이

세 마리의 장난꾸러기 고양이는 양말용 실로 떴습니다.
(부드럽지만 강한 실이에요. 이 고양이들처럼요!)
멀티 컬러의 실을 사용했기 때문에 뜰 때마다
매번 다른 색상의 고양이가 만들어질 거예요!
생쥐를 만드는 방법은 198페이지에,
공을 만드는 방법은 194페이지에 설명되어 있어요.

준비물
- 크림색 실(4ply, fingering)
- 양말용 멀티 컬러 실(4ply, fingering)
- 장난감용 구름솜
- 줄모루
- 인형 눈 4mm 검정색 2개
- 연분홍색 실(2ply, laceweight)
- 질긴 봉제용 실

바늘
- 대바늘 2.75mm(영국 12호, 미국 2호)
- 대바늘 2mm(영국 14호, 미국 0호)
- 마커링

게이지
대바늘 2.75mm를 이용하여 메리야스뜨기로 2.5cm=7~8코

완성 크기
앞발바닥부터 머리끝까지의 높이=약 9cm

몸통과 앞다리

크림색 실과 대바늘 2.75mm를 이용하여 시작코 10코를 만든다.(오른쪽 앞다리부터 시작)

1단(겉면) 겉뜨기 1단
2단 안뜨기 8코(편물을 뒤로 돌린다)
3단 겉뜨기 3코(편물을 뒤로 돌린다)
4단 안뜨기 3코(편물을 뒤로 돌린다)
5단 겉뜨기 3코(편물을 뒤로 돌린다)
6단 안뜨기 5코(단의 끝이 된다)
7단 겉뜨기 2코, [3단 아래 코를 끌어올려 겉뜨기로 2코 모아뜨기] 3회 반복, 겉뜨기 5코

양말용 실로 바꾼다.

8단~12단 메리야스뜨기 5단
13단 겉뜨기 6코, 1코 만들기, 겉뜨기 3코, 1코 만들기, 겉뜨기 1코(총 12코)
14~15단 메리야스뜨기 2단
16단 (안뜨기로) 1코 코막음, 안뜨기 11코(총 11코)
17단 5코 코막음, 겉뜨기 6코(총 6코)
18단 8코 만들기, 단의 끝까지 안뜨기(총 14코)
19단 1코 만들기, 1코 남을 때까지 겉뜨기, 1코 만들기, 겉뜨기 1코(총 16코)
20단 안뜨기 1단
21단 겉뜨기 15코, 1코 만들기, 겉뜨기 1코(총 17코)
22단 안뜨기 1단
23~42단 메리야스뜨기 20단

32번째 단의 첫코(그림 도안의 ★)와 마지막 코(그림 도안의 ☆)에 마커링을 끼운다.

43단 겉뜨기 14코, 2코 모아뜨기, 겉뜨기 1코(총 16코)
44단 안뜨기 1단
45단 1코 코막음, 겉뜨기 12코, 2코 모아뜨기, 겉뜨기 1코(총 14코)
46단 8코 코막음, 안뜨기 6코(총 6코)
47단 5코 만들기, 단의 끝까지 겉뜨기(총 11코)
48단 1코 만들기, 단의 끝까지 안뜨기(총 12코)
49~50단 메리야스뜨기 2단
51단 겉뜨기 5코, 2코 모아뜨기, 겉뜨기 2코, 오른코 모아뜨기, 겉뜨기 1코 (총 10코)
52~56단 메리야스뜨기 5단

크림색 실로 바꾼다.

57단 겉뜨기(총 10코)
58단 안뜨기 8코(편물을 뒤로 돌린다)
59단 겉뜨기 3코(편물을 뒤로 돌린다)
60단 안뜨기 3코(편물을 뒤로 돌린다)
61단 겉뜨기 3코(편물을 뒤로 돌린다)
62단 안뜨기 5코(단의 끝이 된다)
63단 겉뜨기 2코, [3단 아래 코를 끌어올려 겉뜨기로 2코 모아뜨기] 3회 반복, 겉뜨기 5코

남아 있는 10코를 코막음한다.

배

크림색 실과 대바늘 2.75mm를 이용하여 시작코 3코를 만든다.

1~2단 겉뜨기로 시작하여 메리야스뜨기 2단
3단 겉뜨기 1코, 1코 만들기, 1코 남을 때까지 겉뜨기, 1코 만들기, 겉뜨기 1코(총 5코)
4~6단 메리야스뜨기 3단
7~14단 [3~6단] 2회 반복(총 9코)
15단~34단 메리야스뜨기 20단
35단 겉뜨기 1코, 2코 모아뜨기, 3코 남을 때까지 겉뜨기, 오른코 모아뜨기, 겉뜨기 1코(총 7코)
36~38단 메리야스뜨기 3단
39~42단 35~38단 반복(총 5코)
43단 2코 모아뜨기, 겉뜨기 1코, 오른코 모아뜨기(총 3코)

실을 자르고 돗바늘에 끼운 후, 남은 코 사이로 통과시켜 단단히 잡아당긴 후 마무리한다.

머리

양말용 실과 대바늘 2.75mm를 이용하여 시작코 12코를 만든다.
- **1단** 겉뜨기 1코, 1코 만들기, 겉뜨기 5코, 1코 만들기, 겉뜨기 5코, 1코 만들기, 겉뜨기 1코(총 15코)
- **2단** 안뜨기 1단

페어아일 기법(→p.21)으로 배색하며 뜨는데, **굵은 글씨**는 크림색 실로, 나머지는 양말용 실로 뜬다.
- **3단** 겉뜨기 6코, 1코 만들기, **겉뜨기 3코**, 1코 만들기, 겉뜨기 6코(총 17코)
- **4단** 안뜨기 1코, 1코 만들기, 안뜨기 6코, **1코 만들기, 안뜨기 3코, 1코 만들기**, 안뜨기 6코, 1코 만들기, 안뜨기 1코(총 21코)
- **5단** 겉뜨기 8코, **겉뜨기 1코, 1코 만들기, 겉뜨기 3코, 1코 만들기, 겉뜨기 1코**, 겉뜨기 8코(총 23코)
- **6단** 안뜨기 1코, 1코 만들기, 안뜨기 7코, **안뜨기 2코, 1코 만들기, 안뜨기 3코, 1코 만들기, 안뜨기 2코**, 안뜨기 7코, 1코 만들기, 안뜨기 1코(총 27코)
- **7단** 겉뜨기 9코, **겉뜨기 3코, 1코 만들기, 겉뜨기 3코, 1코 만들기, 겉뜨기 3코**, 겉뜨기 9코(총 29코)
- **8단** 안뜨기 9코, **안뜨기 11코**, 안뜨기 9코
- **9단** 겉뜨기 9코, **겉뜨기 11코**, 겉뜨기 9코
- **10단** 안뜨기 9코, **안뜨기 11코**, 안뜨기 9코
- **11단** 겉뜨기 9코, **겉뜨기 2코, 2코 모아뜨기, 겉뜨기 3코, 오른코 모아뜨기, 겉뜨기 2코**, 겉뜨기 9코(총27코)
- **12단** 안뜨기 9코, **안뜨기 1코, 안뜨기로 2코 모아 꼬아뜨기, 안뜨기 3코, 안뜨기로 2코 모아뜨기, 안뜨기 1코**, 안뜨기 9코(총 25코)
- **13단** 겉뜨기 9코, **2코 모아뜨기, 겉뜨기 3코, 오른코 모아뜨기**, 겉뜨기 9코(총 23코)
- **14단** 안뜨기 8코, 안즈기로 2코 모아 꼬아뜨기, **안뜨기 3코**, 안뜨기로 2코 모아뜨기, 안뜨기 8코(총 21코)
- **15단** 겉뜨기 7코, 2코 모아뜨기, **겉뜨기 3코**, 오른코 모아뜨기, 겉뜨기 7코(총 19코)
- **16단** 안뜨기 6코, 안즈기로 2코 모아 꼬아뜨기, **안뜨기 3코**, 안뜨기로 2코 모아뜨기, 안뜨기 6코(총 17코)
- **17단** 겉뜨기 1코, 2코 모아뜨기, 겉뜨기 5코, **겉뜨기 1코**, 겉뜨기 5코, 오른코 모아뜨기, 겉뜨기 1코(총 15코)

크림색 실을 자른다.
- **18단** 안뜨기 1코, 안즈기로 2코 모아 꼬아뜨기, 3코 남을 때까지 안뜨기, 안뜨기로 2코 모아뜨기, 안뜨기 1코(총 13코)
- **19단** 3코 코막음, 겉뜨기 7코, 남은 3코 코막음(총 7코)

실을 자르고, 겉면에서 첫코에 새로 실을 연결한다.
- **20(겉면)~31단(안쪽 면)** 메리야스뜨기 12단(총 7코씩)
- **32단(겉면)** 겉뜨기 1코, 2코 모아뜨기, 겉뜨기 1코, 오른코 모아뜨기, 겉뜨기 1코(총 5코)
- **33~35단** 메리야스뜨기 3단
- **36단** 겉뜨기 1코, 오른코 중심 3코 모아뜨기, 겉뜨기 1코(총 3코)
- **37단** 안뜨기 1단

남아 있는 3코를 코막음한다.

왼쪽 뒷다리

크림색 실과 대바늘 2.75mm를 이용하여 시작코 10코를 만든다.
- **1단** 겉뜨기 1단
- **2단** 안뜨기 5코(편물을 뒤로 돌린다)
- **3단** 겉뜨기 3코(편물을 뒤로 돌린다)
- **4단** 안뜨기 3코(편물을 뒤로 돌린다)
- **5단** 겉뜨기 3코(편물을 뒤로 돌린다)
- **6단** 안뜨기 8코(단의 끝이 된다)
- **7단** 겉뜨기 5코, [3단 아래 코를 끌어올려 겉뜨기로 2코 모아뜨기] 3회 반복, 겉뜨기 2코(총 10코)

양말용 실로 바꾼다.
- **8~12단** 메리야스뜨기 5단
- **13단** 겉뜨기 4코(되돌아뜨기하고 편물을 뒤로 돌린다)
- **14단** 안뜨기 3코(되돌아뜨기하고 편물을 뒤로 돌린다)
- **15단** 겉뜨기 3코(되돌아뜨기하고 편물을 뒤로 돌린다)
- **16단** 안뜨기 3코(되돌아뜨기하고 편물을 뒤로 돌린다)
- **17단** 겉뜨기 3코(되돌아뜨기하고 편물을 뒤로 돌린다)
- **18단** 안뜨기 4코(단의 끝이 된다)

19단 겉뜨기 1코, 1코 만들기, 겉뜨기 1코, 1코 만들기, 겉뜨기 3코, 1코 만들기, 겉뜨기 1코, 1코 만들기, 겉뜨기 4코(총 14코)
20단 안뜨기 1단
21단 겉뜨기 2코, 1코 만들기, 겉뜨기 1코, 1코 만들기, 겉뜨기 5코, 1코 만들기, 겉뜨기 1코, 1코 만들기, 겉뜨기 5코(총 18코)
22단 안뜨기
23단 3코 코막음, 1코 만들기, 1코 남을 때까지 겉뜨기, 1로 만들기, 겉뜨기 1코(총 17코)
24단 6코 코막음, 1코 만들기, 1코 남을 때까지 안뜨기, 1로 만들기, 안뜨기 1코(총 13코)
25~28단 메리야스뜨기 4단
29단 겉뜨기 1코, 2코 모아뜨기, 3코 남을 때까지 겉뜨기, 오른코 모아뜨기, 겉뜨기 1코(총 11코)
30단 안뜨기 1코, 안뜨기로 2코 모아 꼬아뜨기, 3코 남을 때까지 안뜨기, 안뜨기로 2코 모아뜨기, 안뜨기 1코(총 9코)
31~32단 29~30단 반복(총 5코)
남아 있는 5코를 코막음한다.

오른쪽 뒷다리

크림색 실과 대바늘 2.75mm를 이용하여 시작코 10코를 만든다.
1단 겉뜨기 1단
2단 안뜨기 8코(편물을 뒤로 돌린다)
3단 겉뜨기 3코(편물을 뒤로 돌린다)
4단 안뜨기 3코(편물을 뒤로 돌린다)
5단 겉뜨기 3코(편물을 뒤로 돌린다)
6단 안뜨기 5코(단의 끝이 된다)
7단 겉뜨기 2코, [3단 아래 코를 끌어올려 겉뜨기로 2코 모아뜨기] 3회 반복, 겉뜨기 5코(총 10코)
양말용 실로 바꾼다.
8~12단 메리야스뜨기 5단
13단 겉뜨기 9코(되돌아뜨기하고 편물을 뒤로 돌린다)
14단 안뜨기 3코(되돌아뜨기하고 편물을 뒤로 돌린다)
15단 겉뜨기 3코(되돌아뜨기하고 편물을 뒤로 돌린다)
16단 안뜨기 3코(되돌아뜨기하고 편물을 뒤로 돌린다)
17단 겉뜨기 3코(되돌아뜨기하고 편물을 뒤로 돌린다)

18단 안뜨기 9코(단의 끝이 된다)
19단 겉뜨기 4코, 1코 만들기, 겉뜨기 1코, 1코 만들기, 겉뜨기 3코, [1코 만들기, 겉뜨기 1코] 2회 반복(총 14코)
20단 안뜨기 1단
21단 겉뜨기 5코, 1코 만들기, 겉뜨기 1코, 1코 만들기, 겉뜨기 5코, 1코 만들기, 겉뜨기 1코, 1코 만들기, 겉뜨기 2코(총 18코)
22단 안뜨기 1단
23단 6코 코막음, 1코 만들기, 1코 남을 때까지 겉뜨기, 1코 만들기, 겉뜨기 1코(총 14코)
24단 3코 코막음, 1코 만들기, 1코 남을 때까지 안뜨기, 1코 만들기, 안뜨기 1코(총 13코)
25~28단 메리야스뜨기 4단
29단 겉뜨기 1코, 2코 모아뜨기, 3코 남을 때까지 겉뜨기, 오른코 모아뜨기, 겉뜨기 1코(총 11코)
30단 안뜨기 1코, 안뜨기로 2코 모아 꼬아뜨기, 3코 남을 때까지 안뜨기, 안뜨기로 2코 모아뜨기, 안뜨기 1코(총 9코)
31~32단 29~30단 반복(총 5코)
남아 있는 5코를 코막음한다.

꼬리

양말용 실과 대바늘 2.75mm를 이용하여 시작코 7코를 만든다.
1(겉면)~14단 메리야스뜨기 14단
15단 겉뜨기 2코, 2코 모아뜨기, 겉뜨기 3코(총 6코)
16~18단 메리야스뜨기 3단
크림색 실로 바꾼다.
19~21단 메리야스뜨기 3단
실을 자르고 돗바늘에 끼운 후, 남은 코 사이로 통과시켜 단단히 잡아당긴 후 마무리한다.

귀의 뒷면(2개)

양말용 실과 대바늘 2.75mm를 이용하여 시작코 7코를 만든다.
1~2단 겉뜨기로 시작하여 메리야스뜨기 2단
3단 겉뜨기 1코, 2코 모아뜨기, 겉뜨기 1코, 오른코 모아뜨기, 겉뜨기 1코(총 5코)
4단 안뜨기 1단
5단 2코 모아뜨기, 겉뜨기 1코, 오른코 모아뜨기(총 3코)
6단 안뜨기 1단
7단 오른코 중심 3코 모아뜨기(총 1코)
실을 자르고 남은 코 사이로 실을 뺀 후 잡아당겨 마무리한다.

귀의 앞면(2개)

연분홍색 실(2ply, laceweight)과 대바늘 2mm를 이용하여 시작코 7코를 만든 후 귀의 뒷면과 같은 방법으로 뜬다.

코

연분홍색 실(2ply, laceweight) 2겹과 대바늘 2mm를 이용하여 시작코 3코를 만든다.
1~2단 메리야스뜨기 2단
3단 오른코 중심 3코 모아뜨기(총 1코)
실을 자르고 남은 코 사이로 실을 뺀 후 잡아당겨 마무리한다.

연결하기

1. 몸통의 꼬리 쪽에 걸려 있는 마커링(그림 도안의 ★)과 고양이 배의 마지막 단의 가운데 코를 맞대어 시침핀으로 고정한다.
2. 몸통의 양쪽 옆면에 배를 꿰맨다. 이때 배와 연결되는 앞다리의 윗부분이 주름잡히지 않도록 주의하면서 꿰맨다.
3. 몸통에 솜을 채운다.
4. 줄모루를 반으로 접은 후 몸통의 앞쪽으로 통과시켜 줄모루의 양쪽 끝을 각 앞다리의 안쪽으로 밀어넣는다.
5. 앞발의 끝을 돗바늘로 홈질한 후 잡아당겨 동그랗게 마무리하고, 앞다리의 옆선을 꿰맨다.
6. 앞다리에 솜을 채우고, 앞다리의 마지막 단을 배에 꿰맨다.
7. 돗바늘을 이용하여 뒷발의 끝을 동그랗게 마무리한 후 뒷다리의 옆선을 꿰맨다.
8. 뒷다리의 안쪽에 줄모루를 통과시킨다. 뒷다리에 솜을 채우고, 작품 사진을 참고하여 각 다리를 몸통에 꿰맨다. 뒷다리의 마지막 단을 배에 꿰맨다.
9. 꼬리의 옆선을 꿰매어 원통형으로 만든 후 안에 줄모루를 넣고, 작품 사진을 참고하여 몸통에 꼬리를 달아준다.
10. 머리에 솜을 채우고 머리 앞쪽에 코를 꿰맨다.
11. 머리에서 크림색으로 되어 있는 부분에 인형 눈을 달아준 후, 각 눈을 달고 남은 실을 아래쪽으로 잡아당겨 단단하게 고정한다. 이렇게 하면 눈이 안으로 들어가서 얼굴의 형태가 멋지게 잡힌다.
12. 귀의 뒷면과 귀의 앞면을 안쪽 면끼리 서로 마주 대고 꿰맨 후 작품 사진을 참고하여 머리 위쪽에 귀를 고정한다.
13. 검정색 면사를 이용하여 수염을 달아준다.
14. 머리를 몸통에 꿰맨다.

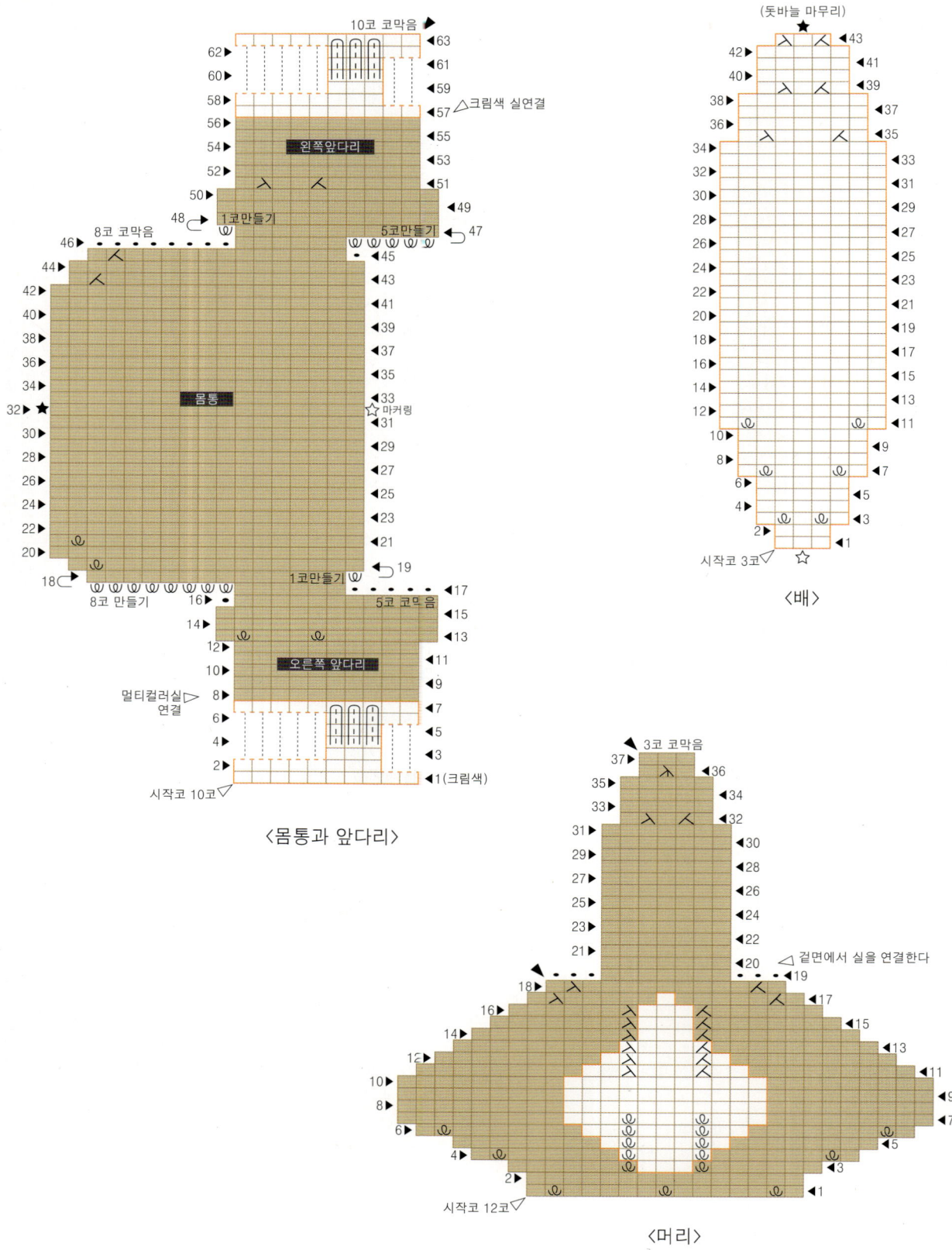

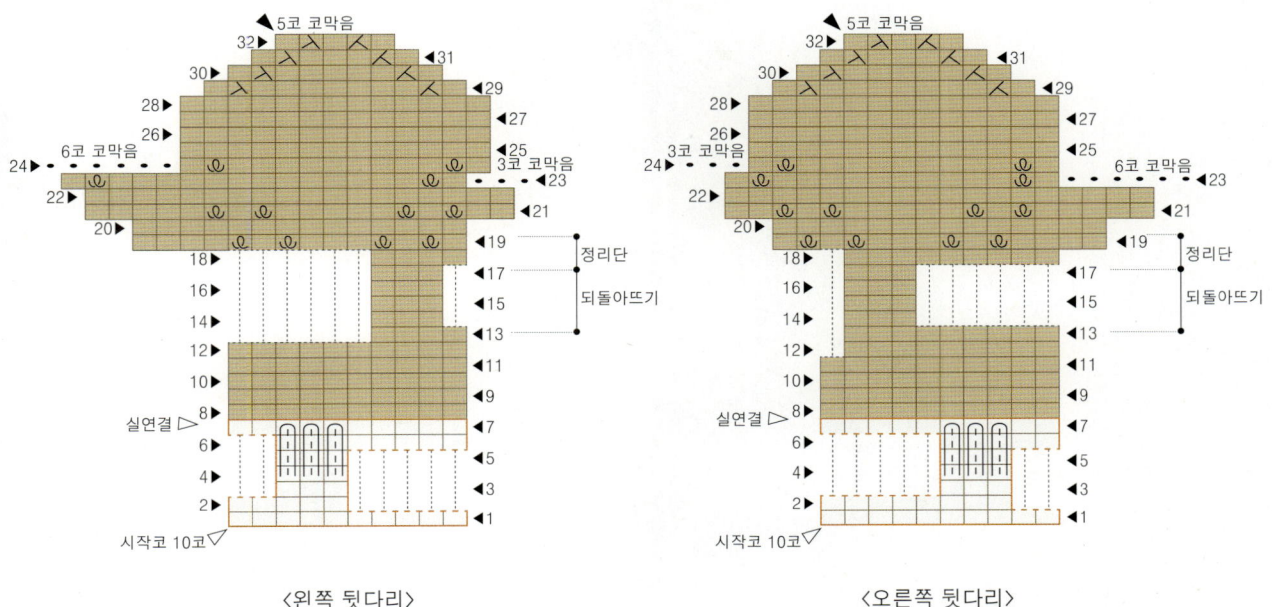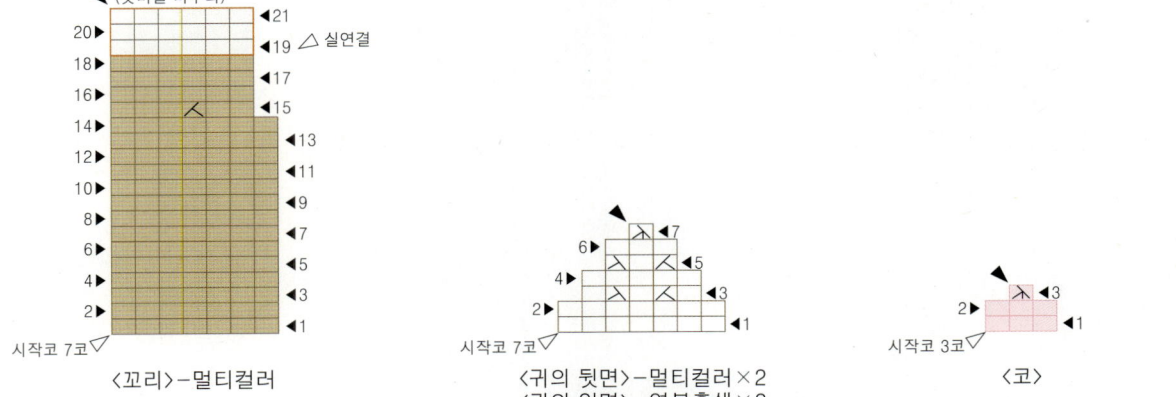

2
Tabby Grey

회색 태비 🐾

부드럽고 귀여운 고양이 태비는 주인에게 영원히 사랑을 받을 거예요!
촘촘히 떠서 이름을 지어준다면 손뜨개 아기 고양이가
오랫동안 아이들의 얼굴에 미소를 띠게 해줄 거랍니다.
생쥐를 만드는 방법은 198페이지에, 공을 만드는 방법은
194페이지에 설명되어 있어요.

준비물
- 연회색 실(10ply, Aran) 50g 2볼
- 진회색 실(10ply, Aran)
- 연분홍색 실(4ply, fingering)
- 인형눈 : 10mm 나사눈 2개
- 검정색 자수용 실
- 장난감용 구름솜
- PP알갱이

바늘
- 대바늘 4mm(영국 8호, 미국 6호)
- 대바늘 2.75mm(영국 12호, 미국 2호)

게이지
대바늘 4mm를 이용하여 메리야스뜨기로 2.5cm=4-5코

완성 크기
앞발바닥부터 머리끝까지의 높이=약 17cm

머리

머리 전체를 1장으로 뜨는데, 앞쪽 아랫부분부터 뜨기 시작한다.
연회색 실과 대바늘 4mm를 이용하여 시작코 16코를 만든다.

- **1~2단** 겉뜨기로 시작하여 메리야스뜨기 2단
- **3단** 겉뜨기 1코, 1코 만들기, 겉뜨기 6코, 1코 만들기, 겉뜨기 2코, 1코 만들기, 겉뜨기 6코, 1코 만들기, 겉뜨기 1코(총 20코)
- **4단** 안뜨기 1단
- **5단** 겉뜨기 1코, 2코 모아뜨기, 겉뜨기 6코, 1코 만들기, 겉뜨기 2코, 1코 만들기, 겉뜨기 6코, 오른코 모아뜨기, 겉뜨기 1코(총 20코)
- **6단** 안뜨기 1단
- **7~8단** 5~6단을 반복한다.
- **9단** 겉뜨기 9코, 1코 만들기, 겉뜨기 2코, 1코 만들기, 겉뜨기 9코(총 22코)
- **10단** 안뜨기 1단
- **11단** 겉뜨기 10코, 1코 만들기, 겉뜨기 2코, 1코 만들기, 겉뜨기 10코(총 24코)
- **12단** 안뜨기 1단
- **13단** 겉뜨기 11코, 1코 만들기, 겉뜨기 2코, 1코 만들기, 겉뜨기 11코(총 26코)
- **14단** 안뜨기 1단
- **15단** 겉뜨기 10코, 2코 모아뜨기, 겉뜨기 2코, 오른코 모아뜨기, 겉뜨기 10코(총 24코)
- **16단** 안뜨기 9코, 안뜨기로 2코 모아 꼬아뜨기, 안뜨기 2코, 안뜨기로 2코 모아뜨기, 안뜨기 9코(총 22코)
- **17단** 겉뜨기 8코, 2코 모아뜨기, 겉뜨기 2코, 오른코 모아뜨기, 겉뜨기 8코(총 20코)
- **18단** 안뜨기 1단
- **19단** 겉뜨기 7코, 2코 모아뜨기, 겉뜨기 2코, 오른코 모아뜨기, 겉뜨기 7코(총 18코)
- **20단** 안뜨기 1단
- **21단** 겉뜨기 1코, 2코 모아뜨기, 3코 남을 때까지 겉뜨기, 오른코 모아뜨기, 겉뜨기 1코(총 16코)
- **22단** 안뜨기 1코, 안뜨기로 2코 모아 꼬아뜨기, 3코 남을 때까지 안뜨기, 안뜨기로 2코 모아뜨기, 안뜨기 1코(총 14코)
- **23~24단** 21~22단 반복(총 10코)
- **25~26단** 메리야스뜨기 2단

이 부분이 머리의 정수리다.

- **27단** 겉뜨기 1코, 1코 만들기, 1코 남을 때까지 겉뜨기, 1코 만들기, 겉뜨기 1코(총 12코)
- **28단** 안뜨기 1코, 1코 만들기, 1코 남을 때까지 안뜨기, 1코 만들기, 안뜨기 1코(총 14코)
- **29~30단** 27~28단 반복(총 18코)
- **31~32단** 메리야스뜨기 2단
- **33단** 겉뜨기 1코, 1코 만들기, 1코 남을 때까지 겉뜨기, 1코 만들기, 겉뜨기 1코(총 20코)
- **34~36단** 메리야스뜨기 3단
- **37단** 겉뜨기 1코, 2코 모아뜨기, 3코 남을 때까지 겉뜨기, 오른코 모아뜨기, 겉뜨기 1코(총 18코)
- **38단** 안뜨기 1단
- **39~44단** [37~38단] 3회 반복(총 12코)
- **45단** 겉뜨기 1코, 2코 모아뜨기, 3코 남을 때까지 겉뜨기, 오른코 모아뜨기, 겉뜨기 1코(총 10코)
- **46단** 안뜨기 1코, 안뜨기로 2코 모아 꼬아뜨기, 3코 남을 때까지 안뜨기, 안뜨기로 2코 모아뜨기, 안뜨기 1코(총 8코)

남아 있는 8코를 코막음한다.

머리 옆면의 줄무늬(6개)

진회색 실과 대바늘 4mm를 이용하여 시작코 1코를 만든다.

- **1~2단** 겉뜨기로 시작하여 메리야스뜨기 2단
- **3단** 겉뜨기로 2코 늘리기(총 3코)
- **4단** 안뜨기 1단
- **5단** 겉뜨기 1코, 1코 만들기, 겉뜨기 1코, 1코 만들기, 겉뜨기 1코(총 5코)
- **6단** 안뜨기
- **7단** 2코 모아뜨기, 겉뜨기 1코, 2코 모아뜨기(총 3코)
- **8단** 안뜨기

9단 오른코 중심 3코 모아뜨기(총 1코)
실을 자르고 남은 코 사이로 실을 뺀 후 잡아당겨 마무리한다.

머리 윗부분의 줄무늬(3개)

진회색 실과 대바늘 4mm를 이용하여 시작코 1코를 만든다.
1단 겉뜨기로 2코 늘리기(총 3코)
2~4단 메리야스뜨기 3단
5단 오른코 중심 3코 모아뜨기(총 1코)
실을 자르고 남은 코 사이로 실을 뺀 후 잡아당겨 마무리한다.

귀(4개)

진회색 실과 대바늘 4mm를 이용하여 시작코 8코를 만든다.
1~2단 겉뜨기로 시작하여 메리야스뜨기 2단
3단 겉뜨기1코, 2코 모아뜨기, 3코 남을 때까지 겉뜨기, 오른코 모아뜨기, 겉뜨기 1코(총 6코)
4단 안뜨기 1단
5~6단 3~4단 반복(총 4코)
7단 2코 모아뜨기, 2코 모아뜨기(총 2코)
8단 안뜨기 1단
9단 2코 모아뜨기(총 1코)
실을 자르고 남은 코 사이로 실을 뺀 후 잡아당겨 마무리한다.

코

연분홍색 실과 대바늘 2.75mm를 이용하여 시작코 4코를 만든다.
1~2단 겉뜨기로 시작하여 메리야스뜨기 2단
3단 2코 모아뜨기, 오른코 모아뜨기(총 2코)
4단 안뜨기로 2코 모아뜨기(총 1코)
실을 자르고 남은 코 사이로 실을 뺀 후 잡아당겨 마무리한다.

발바닥(4개)

연분홍색 실과 대바늘 2.75mm를 이용하여 시작코 3코를 만든다.
1단 겉뜨기 1단
2단 안뜨기 1코, 1코 만들기, 안뜨기 1코, 1코 만들기, 안뜨기 1코 (총 5코)
3단 겉뜨기 1단
4단 1코 코막음, 단의 끝까지 안뜨기(총 4코)
5단 1코 코막음, 단의 끝까지 겉뜨기(총 3코)
6단 안뜨기 1단
7단 오른코 중심 3코 모아뜨기(총 1코)
실을 자르고 남은 코 사이로 실을 뺀 후 잡아당겨 마무리한다.

몸통

메리야스뜨기로 뜬다.
몸통은 등의 엉덩이부터 뜨기 시작한다.
연회색 실과 대바늘 4mm를 이용하여 시작코 5코를 만든다.
1단 겉뜨기 1단
2단 3코 만들기, 단의 끝까지 안뜨기(총 8코)
3단 3코 만들기, 단의 끝까지 겉뜨기(총 11코)
4단 2코 만들기, 단의 끝까지 안뜨기(총 13코)
5단 2코 만들기, 단의 끝까지 겉뜨기(총 15코)
6단 안뜨기 1단, 실 자르기(총 15코)
7단 바늘에 시작코 14코를 만들기, 6단의 바늘에 걸린 15코를 겉뜨기로 이어뜨기, 감아코 14코 만들기(총 43코)
지금부터 페어아일 기법(→p.21)으로 배색하며 뜨는데, **굵은 글씨**는 진회색 실로, 나머지는 연회색 실로 뜬다.
8단 [안뜨기 2코, **안뜨기 3코**] 3회 반복, 안뜨기 13코, [**안뜨기 3코**, 안뜨기 2코] 3회 반복
9단 겉뜨기 1코, 1코 만들기, 겉뜨기 1코, [**겉뜨기 3코**, 겉뜨기 2코] 3회 반복, 겉뜨기 11코, [**겉뜨기 3코**, 겉뜨기 2코] 2회 반복, **겉뜨기 3코**, 겉뜨기 1코, 1코 만들기, 겉뜨기 1코(총 45코)
10단 안뜨기 3코, [**안뜨기 3코**, 안뜨기 2코] 3회 반복, 안뜨기 11코, [**안뜨기 3코**, 안뜨기 2코] 3회 반복, 안뜨기 1코
11단 [겉뜨기 4코, **겉뜨기 1코**] 3회 반복, 겉뜨기 15코, [**겉뜨기 1코**, 겉뜨기 4코] 3회 반복
12단 안뜨기 1단(이때 진회색 실을 작업물의 뒷면에서 엮으면서 뜬다. 그렇게 해야 13단에서 진회색 실이 오른쪽으로 온다.)
13단 11단 반복
14단 10단 반복

15단 겉뜨기 1코, 2코 모아뜨기, [**겉뜨기 3코**, 겉뜨기 2코] 3회 반복, 겉뜨기 11코, [**겉뜨기 3코**, 겉뜨기 2코] 2회 반복, **겉뜨기 3코**, 오른코 모아뜨기, 겉뜨기 1코(총 43코)

16단 8단 반복

17단 15코 코막음(오른쪽 바늘에 1코 남음), 겉뜨기 11코, 16로 코막음, 실 자르고 마무리(총 12코)

18단(안쪽 면) 몸통에 실을 걸어 안뜨기(총 12코)

19단 겉뜨기 1코, 1코 만들기, 겉뜨기 2코, 1코 만들기, 겉뜨기 6코, 1코 만들기, 겉뜨기 2코, 1코 만들기, 겉뜨기 1코(총 16코)

20~38단 메리야스뜨기 19단

39단 겉뜨기 6코, 2코 모아뜨기, 오른코 모아뜨기, 겉뜨기 6코(총 14코)

40단 안뜨기 1단, 실 자르기

지금부터 앞다리를 만든다.

41단 바늘에 시작코 14코를 만들기, (40단의 바늘에 걸린 코로) 겉뜨기 5코, 2코 모아뜨기, 오른코 모아뜨기, 겉뜨기 5코, 감아코 14코 만들기(총 40코)

42단 [안뜨기 2코, **안뜨기 3코**] 3회 반복, 안뜨기 10코, [**안뜨기 3코**, 안뜨기 2코] 3회 반복

43단 겉뜨기 1코, 1코 만들기, 겉뜨기 1코, [**겉뜨기 3코**, 겉뜨기 2코] 3회 반복, 겉뜨기 1코, 2코 모아뜨기, 오른코 모아뜨기, 겉뜨기 1코, [겉뜨기 2코, **겉뜨기 3코**] 3회 반복, 겉뜨기 1코, 1코 만들기, 겉뜨기 1코(총 40코)

44단 안뜨기 3코, [**안뜨기 3코**, 안뜨기 2코] 3회 반복, 안뜨기 6코, [**안뜨기 3코**, 안뜨기 2코] 3회 반복, 안뜨기 1코

45단 [겉뜨기 4코, **겉뜨기 1코**] 3회 반복, 겉뜨기 3코, 2코 모아뜨기, 오른코 모아뜨기, 겉뜨기 3코, [**겉뜨기 1코**, 겉뜨기 4코] 3회 반복(총 38코)

46단 안뜨기 1단(이때 진회색 실을 작업물의 뒷면에서 엮으면서 뜬다. 그렇게 해야 47단에서 진회색 실이 오른쪽으로 온다.)

47단 [겉뜨기 4코, **겉뜨기 1코**] 3회 반복, 겉뜨기 3코, 1코 만들기, 겉뜨기 2코, 1코 만들기, 겉뜨기 3코, [**겉뜨기 1코**, 겉뜨기 4코] 3회 반복(총 40코)

48단 안뜨기 3코, [**안뜨기 3코**, 안뜨기 2코] 3회 반복, 안뜨기 6코, [**안뜨기 3코**, 안뜨기 2코] 3회 반복, 안뜨기 1코

49단 겉뜨기 1코, 2코 모아뜨기, [**겉뜨기 3코**, 겉뜨기 2코] 3회 반복, 겉뜨기 1코, 1코 만들기, 겉뜨기 2코, 1코 만들기, 겉뜨기 3코, [**겉뜨기 3코**, 겉뜨기 2코] 2회 반복, **겉뜨기 3코**, 오른코 모아뜨기, 겉뜨기 1코(총 40코)

50단 [안뜨기 2코, **안뜨기 3코**] 3회 반복, 안뜨기 10코, [**안뜨기 3코**, 안뜨기 2코] 3회 반복

51단 [겉뜨기 2코, **겉뜨기 3코**] 3회 반복, 겉뜨기 4코, 1코 만들기, 겉뜨기 2코, 1코 만들기, 겉뜨기 4코, [**겉뜨기 3코**, 겉뜨기 2코] 3회 반복(총 42코)

52단 안뜨기 1코, 1코 만들기, 안뜨기 1코, [**안뜨기 3코**, 안뜨기 2코] 3회 반복, 안뜨기 10코, [**안뜨기 3코**, 안뜨기 2코] 2회 반복, **안뜨기 3코**, 안뜨기 1코, 1코 만들기, 안뜨기 1코(총 44코)

53단 겉뜨기 3코, [**겉뜨기 3코**, 겉뜨기 2코] 3회 반복, 겉뜨기 3코, 1코 만들기, 겉뜨기 2코, 1코 만들기, 겉뜨기 5코, [**겉뜨기 3코**, 겉뜨기 2코] 3회 반복, 겉뜨기 1코(총 46코)

54단 [안뜨기 4코, **안뜨기 1코**] 3회 반복, 안뜨기 16코, [**안뜨기 1코**, 안뜨기 4코] 3회 반복

55단 겉뜨기 22코, 1코 만들기, 겉뜨기 2코, 1코 만들기, 겉뜨기 22코(이때 진회색 실을 작업물의 뒷면에서 엮으면서 뜬다. 그렇게 해야 56단에서 진회색 실이 오른쪽으로 온다.)(총 48코)

56단 [안뜨기 4코, **안뜨기 1코**] 3회 반복, 안뜨기 18코, [**안뜨기 1코**, 안뜨기 4코] 3회 반복

57단 겉뜨기 3코, [**겉뜨기 3코**, 겉뜨기 2코] 3회 반복, 겉뜨기 5코, 1코 만들기, 겉뜨기 2코, 1코 만들기, 겉뜨기 7코, [**겉뜨기 3코**, 겉뜨기 2코] 3회 반복, 겉뜨기 1코(총 50코)

58단 안뜨기 1코, 안뜨기로 2코 모아뜨기, [**안뜨기 3코**, 안뜨기 2코] 3회 반복, 안뜨기 16코, [**안뜨기 3코**, 안뜨기 2코] 2회 반복, **안뜨기 3코**, 안뜨기로 2코 모아뜨기, 안뜨기 1코(총 48코)

59단 [겉뜨기 2코, **겉뜨기 3코**] 3회 반복, 겉뜨기 8코, 1코 만들기, 겉뜨기 2코, 1코 만들기, 겉뜨기 8코, [**겉뜨기 3코**, 겉뜨기 2코] 3회 반복(총 50코)

60단 15코 코막음(오른쪽 바늘에 1코 남음), 안뜨기 18코, 남아 있는 16코 코막음, 실 자르기(총 19코)

61단 (겉에서 실을 연결하고) 겉뜨기 1코, 1코 만들기, 겉뜨기 8코, **겉뜨기 1코**, 겉뜨기 8코, 1코 만들기, 겉뜨기 1코(총 21코)

62단 안뜨기 8코, **안뜨기 5코**, 안뜨기 8코(총 21코)

63단 겉뜨기 5코, **겉뜨기 11코**, 겉뜨기 5코

64단 안뜨기 2코, **안뜨기 17코**, 안뜨기 2코

65단 63단 반복

66단 62단 반복

67단 겉뜨기 10코, **겉뜨기 1코**, 겉뜨기 10코

68~79단 [62~67단] 2회 반복

80단 62단과 같은 방법으로 뜨고 실을 자른다.

81단 바늘에 시작코 14코를 만들기, (80단의 바늘에 걸린 코로) 겉뜨기 5코, **겉뜨기 11코**, 겉뜨기 5코, 감아코 14코 만들기(총 49코)

82단 [안뜨기 2코, **안뜨기 3코**] 3회 반복, 안뜨기 7코, **안뜨기 5코**, 안뜨기 7코, [**안뜨기 3코**, 안뜨기 2코] 3회 반복

83단 겉뜨기 1코, 1코 만들기, 겉뜨기 1코, [**겉뜨기 3코**, 겉뜨기 2코] 3회 반복, 겉뜨기 6코, **겉뜨기 3코**, 겉뜨기 8코, [**겉뜨기 3코**, 겉뜨기 2코] 2회 반복, **겉뜨기 3코**, 겉뜨기 1코, 1코 만들기, 겉뜨기 1코(총 51코)

84단 안뜨기 3코, [**안뜨기 3코**, 안뜨기 2코] 3회 반복, 안뜨기 7코, **안뜨기 1코**, 안뜨기 9코, [**안뜨기 3코**, 안뜨기 2코] 3회 반복, 안뜨기 1코

85단 [겉뜨기 4코, **겉뜨기 1코**] 3회 반복, 겉뜨기 9코, **겉뜨기 3코**, 겉뜨기 9코, [**겉뜨기 1코**, 겉뜨기 4코] 3회 반복

86단 안뜨기 22코, **안뜨기 7코**, 안뜨기 22코(이때 진회색 실을 작업물의 뒷면에 엮으면서 뜬다. 그렇게 해야 87단에서 진회색 실이 오른쪽으로 온다.)

87단 [겉뜨기 4코, **겉뜨기 1코**] 3회 반복, 겉뜨기 9코, **겉뜨기 3코**, 겉뜨기 9코, [**겉뜨기 1코**, 겉뜨기 4코] 3회 반복

88단 안뜨기 3코, [**안뜨기 3코**, 안뜨기 2코] 3회 반복, 안뜨기 7코, **안뜨기 1코**, 안뜨기 9코, [**안뜨기 3코**, 안뜨기 2코] 3회 반복, 안뜨기 1코

89단 겉뜨기 1코, 2코 모아뜨기, [**겉뜨기 3코**, 겉뜨기 2코] 3회 반복, 겉뜨기 6코, **겉뜨기 3코**, 겉뜨기 8코, [**겉뜨기 3코**, 겉뜨기 2코] 2회 반복, **겉뜨기 3코**, 오른코 모아뜨기, 겉뜨기 1코(총 49코)

90단 [안뜨기 2코, **안뜨기 3코**] 3회 반복, 안뜨기 6코, **안뜨기 7코**, 안뜨기 6코, [**안뜨기 3코**, 안뜨기 2코] 3회 반복

91단 22코 코막음(오른쪽 바늘에 1코 남음), **겉뜨기 3코**, 겉뜨기 1코, 22코 코막음, 실 자르기(총 5코)

92단(안쪽 면) 바늘에 시작코 2코 만들기, (91단의 바늘에 걸린 코로) 안뜨기 2코, **안뜨기 1코**, 안뜨기 2코, 감아코 2코 만들기(총 9코)

93단 겉뜨기 3코, **겉뜨기 3코**, 겉뜨기 3코

94단 안뜨기 1코, **안뜨기 7코**, 안뜨기 1코

95단 93단 반복.

96단 안뜨기 4코, **안뜨기 1코**, 안뜨기 4코

97~112단 [93~96단] 4회 반복(총 9코)

113단 [겉뜨기 1코, 2코 모아뜨기] 3회 반복(총 6코)

114단 안뜨기 1단

115단 [2코 모아뜨기] 3회 반복(총 3코)

실을 자르고 돗바늘에 끼운 후, 남은 코 사이로 통과시켜 단단히 잡아당긴 후 마무리한다.

연결하기

1. 작품 사진을 참고하여 얼굴의 앞면에 나사눈을 고정한다.
2. 머리의 옆선을 꿰매고 솜을 채운다.
3. 귀 2장을 안쪽 면끼리 마주 대고 가장자리를 꿰맨다. 나머지 귀 2장도 같은 방법으로 작업한다.
4. 머리의 양쪽 윗부분에 귀의 위치를 잡는데, 두 개의 귀 사이에 줄무늬 3개가 올 수 있도록 충분히 거리를 띄우고 시침핀으로 고정한다.
5. 얼굴의 양쪽 옆으로 줄무늬를 각 3개씩 배치하고, 머리 위쪽에 줄무늬 3개를 배치하여 시침핀으로 고정한다.
6. 모든 줄무늬와 귀를 머리에 꿰맨다.
7. 연분홍색 실을 이용하여 얼굴에 코를 꿰맨다.
8. 검정색 자수실을 이용하여 입과 수염을 수놓는다.
9. 몸통을 앞뒤로 반으로 접는다.(p.147의 '털북숭이 집고양이'의 도식화 참고) 옆선을 꿰매는데, 앞발에서 시작하여 몸통의 옆선을 따라 꿰매다가 뒷다리까지 꿰맨다. 각 발바닥에 PP알갱이를 넣어주고 몸통에 솜을 서서히 채운다. 몸통의 반대쪽도 위와 같이 연결한다. 작업하면서 조금씩 솜을 채운다. 몸통의 아랫부분을 연결한다.
10. 꼬리의 옆솔기끼리 꿰매면서 적당히 솜을 넣는다. 꼬리의 시작단을 몸통에 꿰맨다.
11. 작품 사진을 참고하면서 연분홍색 발바닥을 각 발의 끝에 꿰맨다.
12. 연분홍색 실과 돗바늘을 이용하여 각 발바닥의 끝에 프렌치 노트 스티치(→p.24)를 3개씩 수놓아 발가락을 만든다.

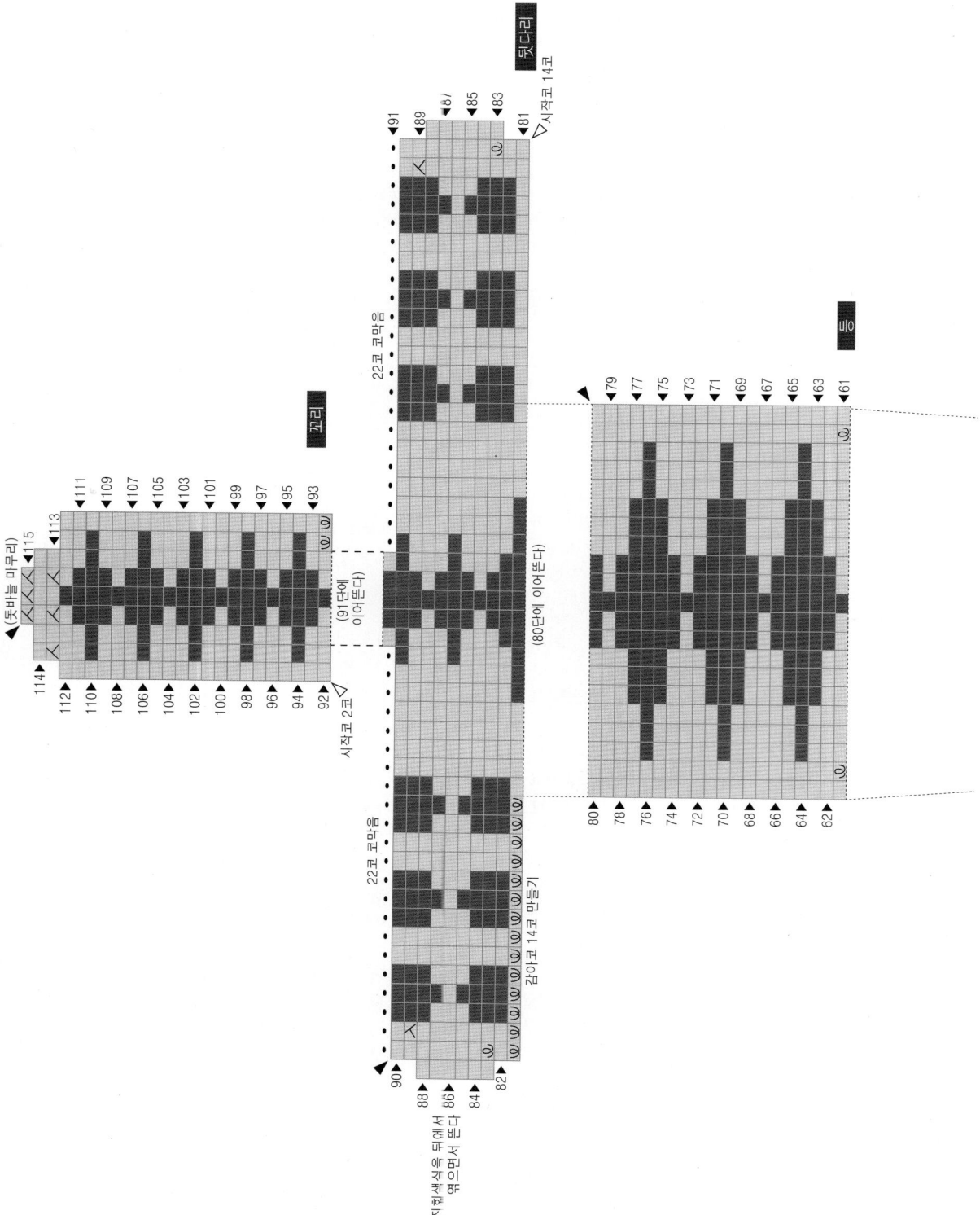

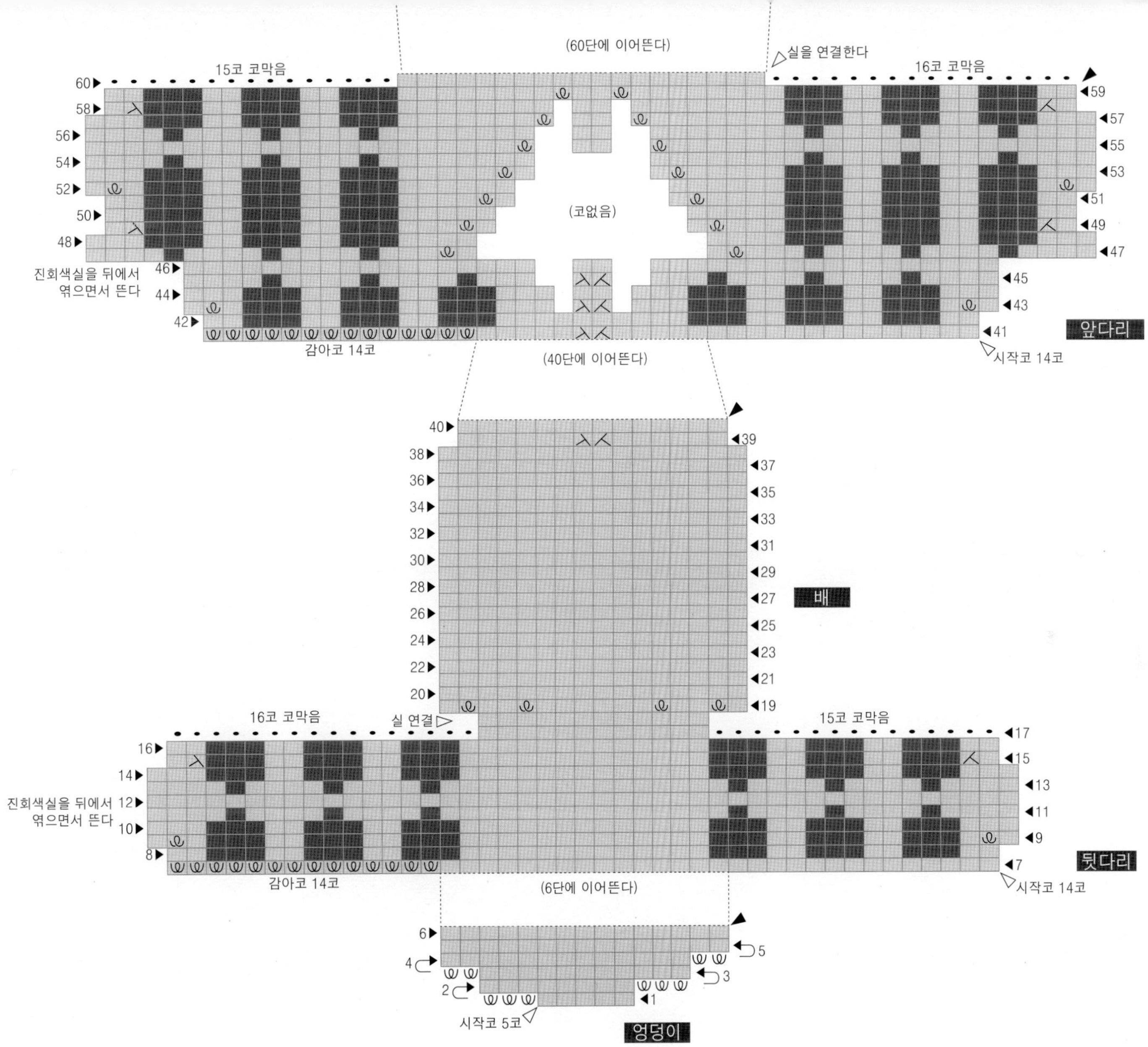
앞다리
(60단에 이어뜬다)
실을 연결한다
15코 코막음
16코 코막음
(코없음)
진회색실을 뒤에서 엮으면서 뜬다
감아코 14코
시작코 14코
(40단에 이어뜬다)
배
실 연결
16코 코막음
15코 코막음
진회색실을 뒤에서 엮으면서 뜬다
감아코 14코
시작코 14코
뒷다리
(6단에 이어뜬다)
시작코 5코
엉덩이

〈몸 통〉

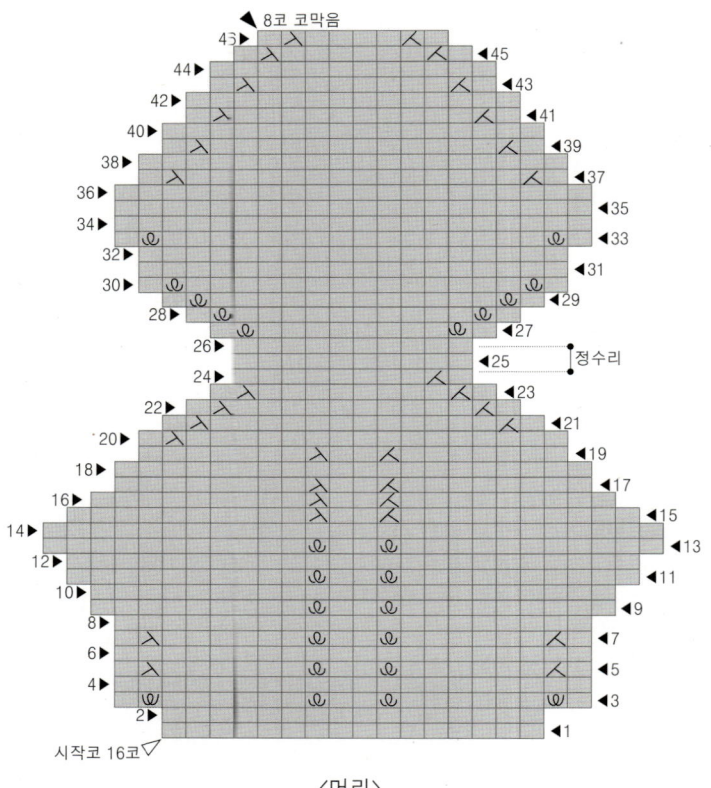

〈머리〉

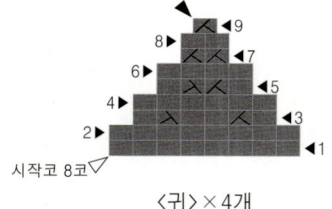

〈귀〉×4개

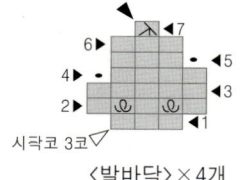

〈발바닥〉×4개

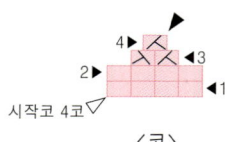

〈코〉

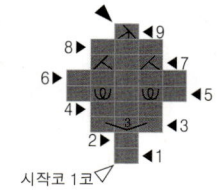

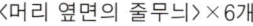

〈머리 옆면의 줄무늬〉×6개

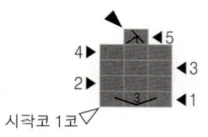

〈머리 윗부분의 줄무늬〉×3개

먼지 인형

익살스러운 고양이가 원하는 만큼 푹신해진다는 사실!
금세 뜰 수 있는 이 고양이는 브로치나 열쇠고리
또는 자동차의 참으로도 응용할 수 있답니다.
고양이 스크래처를 만드는 방법은
188페이지에 나와 있어요.

준비물
- 검정색 솔잎사
- 털이 많은 검정색 실(2ply, laceweight)
- 털이 많은 연분홍색 실(2ply, laceweight)
- 장난감용 구름솜
- 인형 눈 : 6mm 크리스털 캣아이 2개

바늘
- 대바늘 2.75mm(영국 12호, 미국 2호)
- 대바늘 3.25mm(영국 10호, 미국 3호)

게이지
솔잎사는 코가 잘 보이지 않아서 게이지를 내기 힘들다. 다만 실에 표기된 바늘보다 더 가는 굵기의 바늘을 사용하여 촘촘하게 뜬다.

완성 크기
전체 높이=약 6cm

몸통(안뜨기 면이 겉면이 된다)

검정색 솔잎사와 대바늘 3.25mm를 이용하여 시작코 14코를 만든다.
  1단 안뜨기 1단
다음과 같이 늘리며 뜬다.
  2단 겉뜨기 1코, [1코 늘리기, 겉뜨기 1코, 1코 늘리기] 4회 반복, 겉뜨기 1코(총 22코)
  3단 안뜨기 1단
  4단 겉뜨기 1코, [1코 늘리기, 겉뜨기 3코, 1코 늘리기] 4회 반복, 겉뜨기 1코(총 30코)
  5단 안뜨기 1단
  6단 겉뜨기 1코, [1코 늘리기, 겉뜨기 5코, 1코 늘리기] 4회 반복, 겉뜨기 1코(총 38코)
  7단 안뜨기 1단
  8단 겉뜨기 1코, [1코 늘리기, 겉뜨기 7코, 1코 늘리기] 4회 반복, 겉뜨기 1코(총 46코)
  9단 안뜨기 1단
  10~13단 메리야스뜨기 4단
다음과 같이 줄이며 뜬다.
  14단 겉뜨기 1코, [2코 모아뜨기, 겉뜨기 7코, 오른코 모아뜨기] 4회 반복, 겉뜨기 1코(총 38코)
  15단 안뜨기 1단
  16단 겉뜨기 1코, [2코 모아뜨기, 겉뜨기 5코, 오른코 모아드기] 4회 반복, 겉뜨기 1코(총 30코)
  17단 안뜨기 1단
  18단 겉뜨기 1코, [2코 모아뜨기, 겉뜨기 3코, 오른코 모아드기] 4회 반복, 겉뜨기 1코(총 22코)
  19단 안뜨기 1단
  20단 겉뜨기 1코, [2코 모아뜨기, 겉뜨기 1코, 오른코 모아뜨기] 4회 반복, 겉뜨기 1코(총 14코)
  21단 안뜨기 1단
실을 자르고 돗바늘에 끼운 후, 남은 코 사이로 통과시켜 단단히 잡아당긴 후 마무리한다.

귀의 뒷면(2개)

검정색 실(2ply, laceweight) 2겹과 대바늘 2.75mm을 이용하여 시작코 6코를 만든다.
  1~2단 겉뜨기로 시작하여 메리야스뜨기 2단
  3단 2코 모아뜨기, 겉뜨기 2코, 오른코 모아뜨기(총 4코)
  4단 안뜨기 1단
  5단 2코 모아뜨기, 오른코 모아뜨기(총 2코)
  6단 안뜨기 1단
  7단 2코 모아뜨기(총 1코)
실을 자르고 남은 코 사이로 실을 뺀 후 잡아당겨 마무리한다.

귀의 앞면(2개)

연분홍색 실(2ply, laceweight) 1겹과 대바늘 2.75mm을 이용하여 시작코 6코를 만든 후 귀의 뒷면과 같은 방법으로 뜬다.

꼬리(안뜨기 면이 겉면이 된다)

검정색 솔잎사와 대바늘 3.25mm를 이용하여 시작코 7코를 만든다.
  1~4단 겉뜨기로 시작하여 메리야스뜨기 4단
  5단 겉뜨기 1코, 1코 만들기, 1코 남을 때까지 겉뜨기, 1코 만들기, 겉뜨기 1코(총 9코)
  6~10단 안뜨기로 시작하여 메리야스뜨기 5단
  11~16단 5~10단 반복(총 11코)
  17단 겉뜨기 1코, 2코 모아뜨기, 겉뜨기 1코, 오른코 중심 3코 모아뜨기, 겉뜨기 1코, 2코 모아뜨기, 겉뜨기 1코(총 7코)
실을 자르고 돗바늘에 끼운 후, 남은 코 사이로 통과시켜 단단히 잡아당긴 후 마무리한다.

코

연분홍색 실(2ply, laceweight) 2겹과 대바늘 2.75mm을 이용하여 시작코 1코를 만든다.

1단 2코 늘리기(총 3코)
2(겉면)~4단 겉뜨기 단으로 시작해서 메리야스뜨기 3단

5단 오른코 중심 3코 모아뜨기(총 1코)
실을 자르고 남은 코 사이로 실을 뺀 후, 잡아당겨 마무리한다.

연결하기

1. 몸통은 안뜨기 면이 겉면이 되도록 놓고 인형 눈을 고정한 후 옆선을 꿰매고, 솜을 채운 후 구멍을 막는다.
2. 꼬리도 안뜨기 면이 겉면이 되도록 옆선을 꿰매는데, 꼬리에는 솜을 넣지 않는다.
3. 꼬리를 몸통 아랫부분에 고정한다.
4. 귀의 뒷면과 귀의 앞면은 안뜨기 면끼리 마주 대어 겉뜨기로 뜬 부분이 겉면이 되도록 꿰맨다. 작품 사진을 보면서 몸통에 귀를 단단하게 고정한다.
5. 연분홍색 실을 돗바늘에 끼우고 코의 가장자리를 홈질한 후 살짝 잡아당겨 봉긋하게 모양을 만들어주고, 고양이 얼굴에 코를 꿰맨다.
6. 눈과 코 주변에 있는 긴 실들은 짧게 잘라 눈과 코의 형태가 잘 보이도록 정리한다.

메리야스뜨기로 떴는데, 안메리야스가 겉메리야스보다 더 복슬복슬하기 때문에 안뜨기로 뜬 면을 겉면으로 썼답니다.

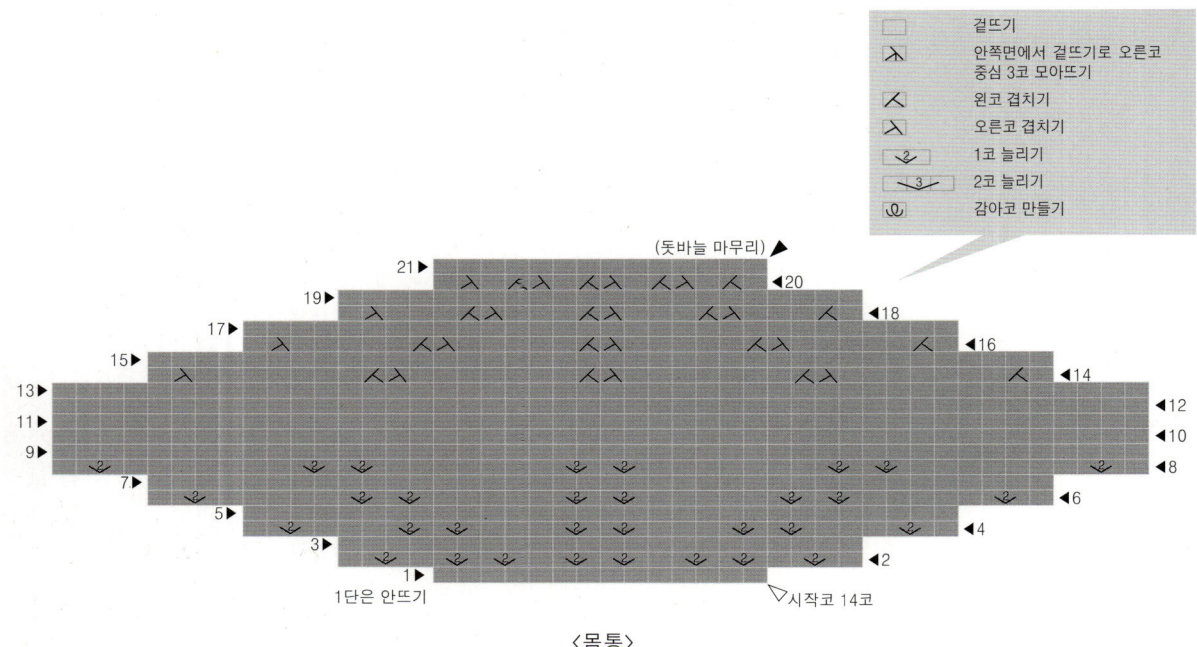
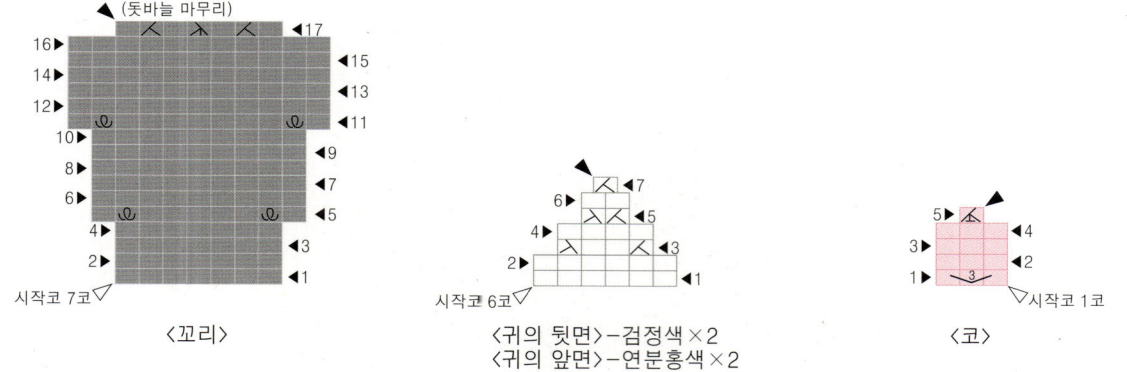

4
Sweet Siamese

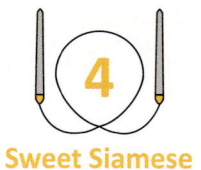

친절한 샴고양이

대바늘 손뜨개 고양이 인형 중에 최고로 가냘프고 맵시가 나는 아이!
반짝이는 파란 눈을 보니 틀림없는 샴고양이네요.
공을 만드는 방법은 194페이지에 나와 있어요.

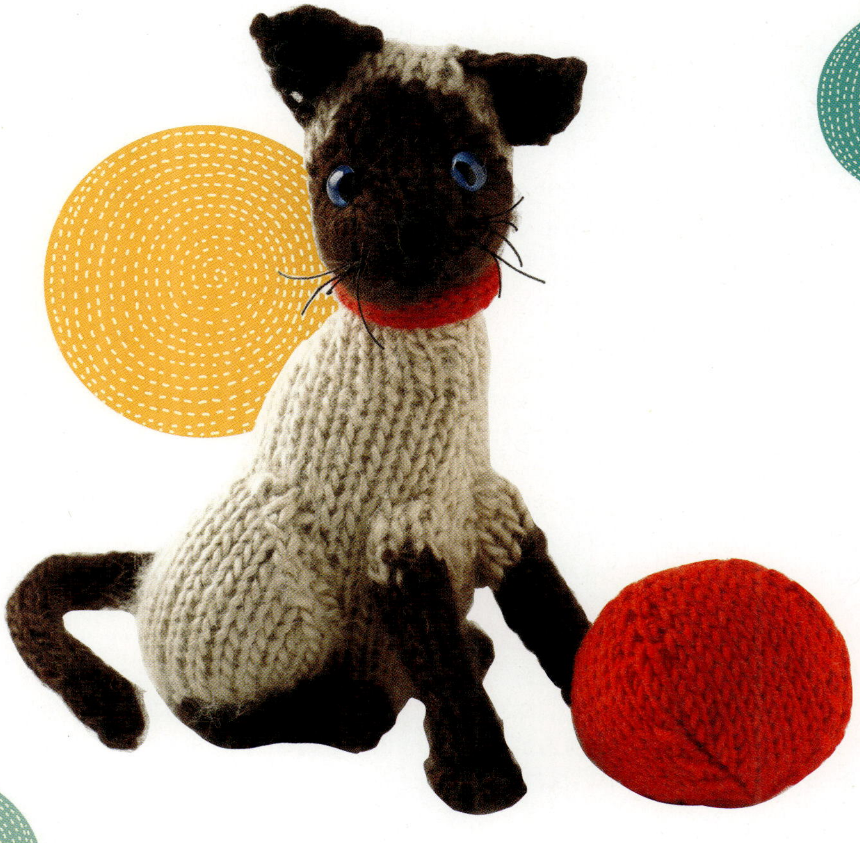

준비물
- 연갈색 실(8ply, DK)
- 진갈색 실(8ply, DK)
- 검정색 실(4ply, fingering)
- 빨간색 실(4ply, fingering)
- 인형 눈 : 8mm 크리스털 캣아이 2개
- 검정색 리넨 실(콧수염 용)
- 장난감용 구름솜
- 줄모루
- 지름 2.5cm의 동전 2개

바늘
- 대바늘 3.75mm(영국 9호, 미국 5호)
- 대바늘 2.75mm(영국 12호, 미국 2호)
- 마커링

게이지
대바늘 3.75mm를 이용하여 메리야스뜨기로 2.5cm=5-6코

완성 크기
머리끝까지의 높이=약 15cm

몸통

연갈색 실과 대바늘 3.75mm를 이용하여 시작코 15코를 만든다.

1(겉면)~4단 겉뜨기 단으로 시작하여 메리야스뜨기 4단
5단 겉뜨기 6코, 1코 만들기, 겉뜨기 3코, 1코 만들기, 겉뜨기 6코(총 17코)
6단 안뜨기 1단(이후 모든 짝수단은 안뜨기로 뜬다)
7단 겉뜨기 7코, 1코 만들기, 겉뜨기 3코, 1코 만들기, 겉뜨기 7코(총 19코)
9단 겉뜨기 1코, 1코 만들기, 겉뜨기 7코, 1코 만들기, 겉뜨기 3코, 1코 만들기, 겉뜨기 7코, 1코 만들기, 겉뜨기 1코(총 23코)
11단 겉뜨기 1코, 1코 만들기, 겉뜨기 9코, 1코 만들기, 겉뜨기 3코, 1코 만들기, 겉뜨기 9코, 1코 만들기, 겉뜨기 1코(총 27코)
13단 겉뜨기 1코, 1코 만들기, 겉뜨기 11코, 1코 만들기, 겉뜨기 3코, 1코 만들기, 겉뜨기 11코, 1코 만들기, 겉뜨기 1코(총 31코)
15단 겉뜨기 1코, 1코 만들기, 겉뜨기 13코, 1코 만들기, 겉뜨기 3코, 1코 만들기, 겉뜨기 13코, 1코 만들기, 겉뜨기 1코(총 35코)
17단 겉뜨기 1코, 1코 만들기, 겉뜨기 15코, 1코 만들기, 겉뜨기 3코, 1코 만들기, 겉뜨기 15코, 1코 만들기, 겉뜨기 1코(총 39코)
19단 겉뜨기 1코, 2코 모아뜨기, 3코 남을 때까지 겉뜨기, 오른코 모아뜨기, 겉뜨기 1코(총 37코)
20단 안뜨기 1단
21~24단 [19~20단] 2회 반복(총 33코)
25~26단 메리야스뜨기 2단
27단 겉뜨기 1코, 2코 모아뜨기, 겉뜨기 10코, 2코 모아뜨기, 겉뜨기 3코, 오른코 모아뜨기, 겉뜨기 10코, 오른코 모아뜨기, 겉뜨기 1코(총 29코)
28단 안뜨기 1단
29단 겉뜨기 1코, 2코 모아뜨기, 겉뜨기 8코, 2코 모아뜨기, 겉뜨기 3코, 오른코 모아뜨기, 겉뜨기 8코, 오른코 모아뜨기, 겉뜨기 1코(총 25코)
30단 9코 코막음, 단의 끝까지 안뜨기(총 16코)
31단 9코 코막음, 단의 끝까지 겉뜨기(총 7코)
32~38단 안뜨기 단으로 시작하여 메리야스뜨기 8단
모든 코를 코막음한다.

머리

연갈색 실과 대바늘 3.75mm를 이용하여 시작코 8코를 만든다.
가운데 2코의 양쪽으로 마커링을 끼운다.(바늘에 3코-마커링-2코-마커링-3코가 된다)

1단 마커링까지 겉뜨기, 1코 만들기(마커링 옮기기), 겉뜨기 2코(마커링 옮기기), 1코 만들기, 단의 끝까지 겉뜨기(총 10코)
2단 마커링까지 안뜨기, 1코 만들기(마커링 옮기기), 안뜨기 2코(마커링 옮기기), 1코 만들기, 단의 끝까지 안뜨기(총 12코)
3~6단 [1~2단] 2회 반복(총 20코)
7단 1단 반복(총 22코)
8단 안뜨기 1단
9단 마커링 전에 2코 남을 때까지 겉뜨기, 2코 모아뜨기(마커링 옮기기), 겉뜨기 2코(마커링 옮기기), 오른코 모아뜨기, 단의 끝까지 겉뜨기(총 20코)
10단 마커링 전에 2코 남을 때까지 안뜨기, 안뜨기로 2코 모아 꼬아뜨기(마커링 옮기기), 안뜨기 2코(마커링 옮기기), 안뜨기로 2코 모아 꼬아뜨기, 단의 끝까지 안뜨기(총 18코)
11~12단 9~10단 반복(총 14코)
13~14단 메리야스뜨기 2단
15단 겉뜨기 1코, 2코 모아뜨기, 3코 남을 때까지 겉뜨기, 오른코 모아뜨기, 겉뜨기 1코(총 12코)
16단 3코 코막음, 단의 끝까지 안뜨기(총 9코)
17단 3코 코막음, 단의 끝까지 겉뜨기(총 6코)
18~20단 안뜨기 단으로 시작하여 메리야스뜨기 3단
21단 겉뜨기 1코, 1코 만들기, 1코 남을 때까지 겉뜨기, 1코 만들기, 겉뜨기 1코(총 8코)
22~26단 안뜨기 단으로 시작하여 메리야스뜨기 5단
27단 겉뜨기 1코, 2코 모아뜨기, 3코 남을 때까지 겉뜨기, 오른코 모아뜨기, 겉뜨기 1코(총 6코)
28~30단 안뜨기 단으로 시작하여 메리야스뜨기 3단

31단 겉뜨기 1코, 2코 모아뜨기, 오른코 모아뜨기, 겉뜨기 1코(총 4코)
32단 안뜨기 1단
33단 겉뜨기 1코, 2코 모아뜨기, 겉뜨기 1코(총 3코)
34단 안뜨기 1단
모든 코를 코막음한다.

얼굴

진갈색 실과 대바늘 3.75mm를 이용하여 시작코 6코를 만든다. 가운데 2코의 양쪽으로 마커링을 끼운다. 바늘에 2코-마커링-2코-마커링-2코가 된다.

1단 마커링까지 겉뜨기, 1코 만들기(마커링 옮기기), 겉뜨기 2코(마커링 옮기기), 1코 만들기, 단의 끝까지 겉뜨기(총 8코)
2단 마커링까지 안뜨기, 1코 만들기(마커링 옮기기), 안뜨기 2코(마커링 옮기기), 1코 만들기, 단의 끝까지 안뜨기(총 10코)
3~4단 1~2단 반복(총 14코)
5단 1단 반복(총 16코)
6단 안뜨기 1단
7단 마커링 전에 2코 남을 때까지 겉뜨기, 2코 모아뜨기(마커링 옮기기), 겉뜨기 2코(마커링 옮기기), 오른코 모아뜨기, 단의 끝까지 겉뜨기(총 14코)
8단 마커링 전에 2코 남을 때까지 안뜨기, 안뜨기로 2코 모아 꼬아뜨기(마커링 옮기기), 안뜨기 2코(마커링 옮기기), 안뜨기로 2코 모아 꼬아뜨기, 단의 끝까지 안뜨기(총 12코)
9~10단 7~8단 반복(총 8코)
11단 7단 반복(총 6코)
12단 2코 코막음, 단의 끝까지 안뜨기(총 4코)
13단 2코 코막음, 단의 끝까지 겉뜨기(총 2코)
남은 2코를 코막음한다.

귀의 뒷면(2개)

진갈색 실과 대바늘 3.75mm를 이용하여 시작코 5코를 만든다.

1~2단 겉뜨기로 시작하여 메리야스뜨기 2단
3단 2코 모아뜨기, 겉뜨기 1코, 오른코 모아뜨기(총 3코)
4단 안뜨기 1단
5단 오른코 중심 3코 모아뜨기(총 1코)
실을 자르고 남은 코 사이로 실을 뺀 후 잡아당겨 마무리한다.

귀의 앞면(2개)

검정색 실(4ply, fingering)과 대바늘 2.75mm를 이용하여 시작코 5코를 만든다.

1~2단 겉뜨기로 시작하여 메리야스뜨기 2단
3단 2코 모아뜨기, 겉뜨기 1코, 오른코 모아뜨기(총 3코)
4단 안뜨기 1단
5단 오른코 중심 3코 모아뜨기(총 1코)
실을 자르고 남은 코 사이로 실을 뺀 후 잡아당겨 마무리한다.

코

검정색 실(4ply, fingering)과 대바늘 2.75mm를 이용하여 시작코 4코를 만든다.

1~2단 겉뜨기로 시작하여 메리야스뜨기 2단
3단 [2코 모아뜨기] 2회 반복(총 2코)
4단 안뜨기 1단
5단 2코 모아뜨기(총 1코)
실을 자르고 남은 코 사이로 실을 뺀 후 잡아당겨 마무리한다.

오른쪽 뒷다리

진갈색 실과 대바늘 3.75mm를 이용하여 시작코 6코를 만든다.

1~2단 겉뜨기로 시작하여 메리야스뜨기 2단

3단 겉뜨기 1코, 1코 만들기, 1코 남을 때까지 겉뜨기, 1코 만들기, 겉뜨기 1코(총 8코)
4~12단 안뜨기 단으로 시작하여 메리야스뜨기 9단
13단 3코 코막음, 1코 만들기, 1코 남을 때까지 겉뜨기, 1코 만들기, 겉뜨기 1코(총 7코)
연갈색 실로 바꾼다.
14단 안뜨기 1코, 1코 만들기, 1코 남을 때까지 안뜨기, 1코 만들기, 안뜨기 1코(총 9코)
15단 겉뜨기 1코, 1코 만들기, 1코 남을 때까지 겉뜨기, 1코 만들기, 겉뜨기 1코(총 11코)
16~17단 14~15단 반복(총 15코)
18~22단 안뜨기 단으로 시작하여 메리야스뜨기 5단
23단 겉뜨기 1코, 오른코 모아뜨기, 3코 남을 때까지 겉뜨기, 2코 모아뜨기, 겉뜨기 1코(총 13코)
24단 안뜨기 1단
25~28단 [23~24단] 2회 반복(총 9코)
29단 23단 반복(총 7코)
30단 안뜨기 1코, 안뜨기로 2코 모아 꼬아뜨기, 안뜨기 1코, 안뜨기로 2코 모아뜨기, 안뜨기 1코(총 5코)
남은 코는 모두 코막음한다.

왼쪽 뒷다리

진갈색 실과 대바늘 3.75mm를 이용하여 시작코 6코를 만든다.
1~2단 겉뜨기로 시작하여 메리야스뜨기 2단
3단 겉뜨기 1코, 1코 만들기, 1코 남을 때까지 겉뜨기, 1코 만들기, 겉뜨기 1코(총 8코)
4~12단 안뜨기 단으로 시작하여 메리야스뜨기 9단
13단 겉뜨기 1단
14단 3코 코막음, 1코 만들기, 1코 남을 때까지 안뜨기, 1코 만들기, 안뜨기 1코(총 7코)
연갈색 실로 바꾼다.
15단 겉뜨기 1코, 1코 만들기, 1코 남을 때까지 겉뜨기, 1코 만들기, 겉뜨기 1코(총 9코)
16단 안뜨기 1코, 1코 만들기, 1코 남을 때까지 안뜨기, 1코 만들기, 안뜨기 1코(총 11코)
17~18단 15~16단 반복(총 15코)
19~23단 메리야스뜨기 5단
24단(안쪽 면) 안뜨기 1코, 안뜨기로 2코 모아뜨기, 3코 남을 때까지 안뜨기, 안뜨기로 2코 모아 꼬아뜨기, 안뜨기 1코(총 13코)
25단 겉뜨기 1단
26~29단 [24~25단] 2회 반복(총 9코)
30단 24단 반복(총 7코)

31단 겉뜨기 1코, 오른코 모아뜨기, 겉뜨기 1코, 2코 모아뜨기, 겉뜨기 1코(총 5코)
남아 있는 모든 코를 코막음한다.

앞다리(2개)

진갈색 실과 대바늘 3.75mm를 이용하여 시작코 8코를 만든다.
1단 겉뜨기 6코(편물을 뒤로 돌린다)
2단 안뜨기 4코(편물을 뒤로 돌린다)
3단 겉뜨기 4코(편물을 뒤로 돌린다)
4단 안뜨기 6코(단의 끝이 된다)
5~16단 겉뜨기 단으로 시작하여 메리야스뜨기 12단(각 8코씩)
연갈색 실을 연결한다.
17단 (연갈색실로)겉뜨기 2코, (진갈색실로)겉뜨기 4코, (연갈색실로)겉뜨기 2코
진갈색 실은 자르고 연갈색 실로만 이어뜬다.
18단 2코 코막음, 단의 끝까지 안뜨기(총 6코)
19단 2코 코막음, 단의 끝까지 겉뜨기(총 4코)
남아 있는 4코를 코막음한다.

꼬리

진갈색 실과 대바늘 3.75mm를 이용하여 시작코 8코를 만든다.
1~4단 겉뜨기 단으로 시작하여 메리야스뜨기 4단
5단 겉뜨기 1코, 2코 모아뜨기, 겉뜨기 2코, 오른코 모아뜨기, 겉뜨기 1코(총 6코)
지금부터 메리야스뜨기로 7cm 뜬다.
다음 단 겉뜨기 2코, 2코 모아뜨기, 겉뜨기 2코(총 5코)
안뜨기 단으로 시작하여 메리야스뜨기 3단
다음 단 겉뜨기 1코, 2코 모아뜨기, 겉뜨기 2코
다음 단 안뜨기 1단(총 4코)
실을 자르고 돗바늘에 끼운 후, 남은 코 사이로 통과시켜 단단히 잡아당긴 후 마무리한다.

목걸이

빨간색 실과 대바늘 2.75mm를 이용하여 시작코 4코를 만든다.
인형의 목둘레를 충분히 두를 정도의 길이만큼 메리야스뜨기한 후 코막음한다.

연결하기

1. 머리의 솔기를 꿰매고 솜을 단단히 채운다. 모양이 잡히는 부분이 뒤통수다. 머리의 솔기가 앞으로 가고 진갈색 얼굴로 가려진다.
2. 머리를 몸통에 고정한다. 이때 머리의 시작 단이 몸통의 목과 연결되고, 중앙의 2코(마커링으로 표시해둔 부분)가 정면을 향하게 한다.
3. 작품 사진을 참고하여 얼굴의 시작 단이 머리의 아래로 가도록 하여 시침핀을 꽂는다. 인형 눈을 얼굴에 고정하고, 얼굴역 안쪽에 솜을 약간 채워서 모양을 살린 후 머리에 꿰맨다.
4. 작품 사진을 참고하여 검정색 실로 귀와 코를 머리에 꿰맨다. 검정색 리넨 실을 이용하여 입과 콧수염을 수놓는다.
5. 몸통의 앞솔기를 꿰매고 솜을 채워 넣는다. 몸통 아랫부분을 접어서 몸통에 꿰매는데, 필요한 경우 솜을 조금 더 채우고 지름 2.5cm짜리 동전 2개를 넣어주어, 고양이가 앉아 있는 포즈를 취할 때 지탱할 수 있도록 한다.
6. 뒷다리의 아랫부분을 꿰매고 줄모루를 길이에 맞게 잘라서 아랫부분 안쪽에 넣어준다. 뒷다리의 윗부분은 솜을 채워준 후 몸통의 옆선에 꿰맨다. 반대쪽 다리도 같은 방법으로 작업하는데, 뒷중심에서 양쪽으로 같은 간격으로 다리가 벌어져 있는지 확인하고 꿰맨다. 뒷다리의 아랫부분을 몸통의 옆면에 안전하게 고정한다.
7. 앞다리의 옆선끼리 꿰매주고 다리 길이에 맞춰 줄모루를 자른 후 각 다리 안쪽에 넣는다. 앞다리가 일자로 되도록 놓고 몸통에 꿰맨다.
8. 꼬리의 옆선끼리 꿰매고 길이에 맞춰 줄모루를 자른 후 꼬리 안쪽에 넣는다. 꼬리를 몸통의 뒤쪽에, 두 개의 뒷다리 사이에 꿰맨다.
9. 목걸이를 고양이의 목둘레에 두르고 솔기끼리 꿰맨다.

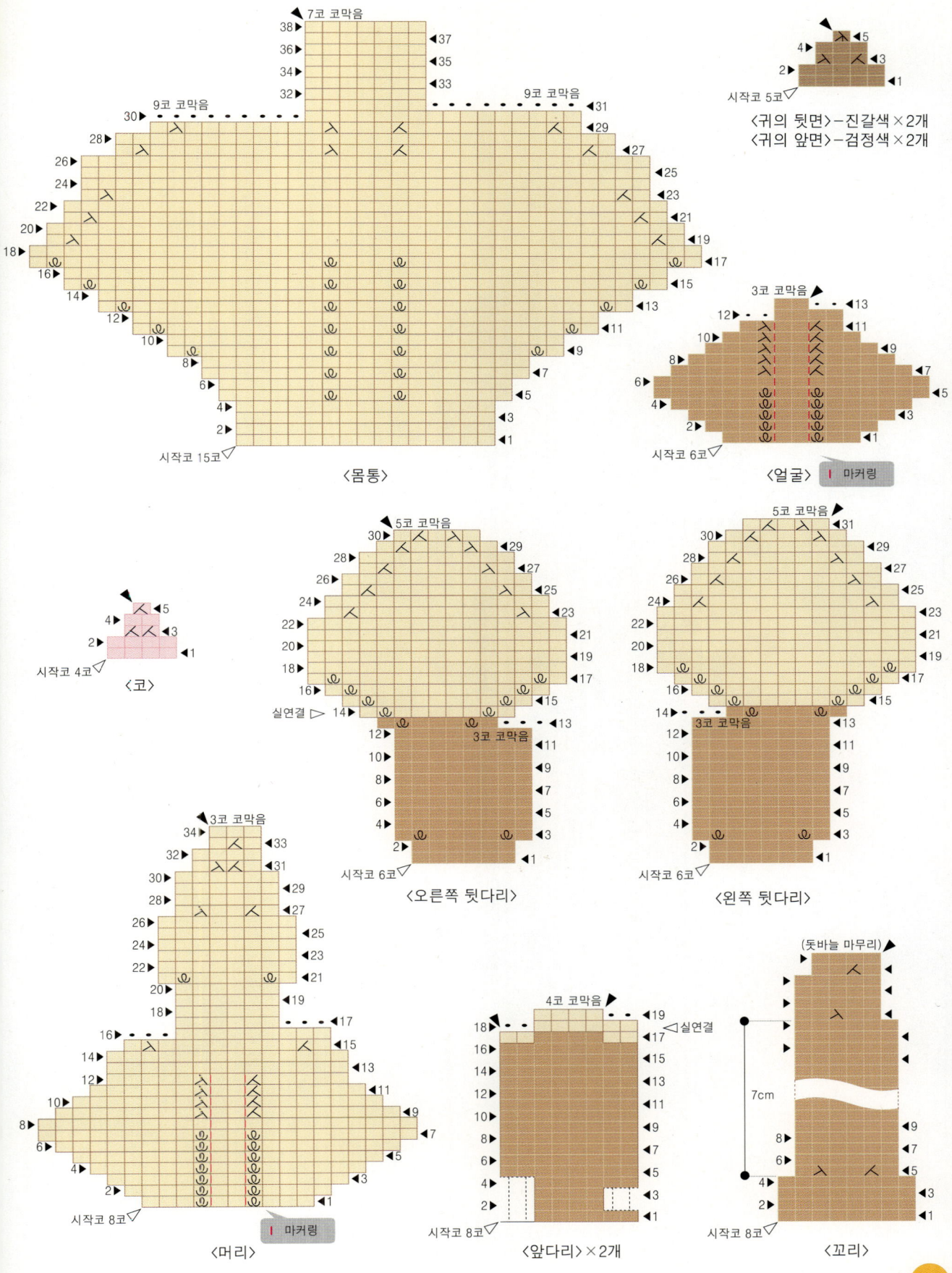

타이니 & 스트라이피

빠르고 쉽게 뜰 수 있는 인형을 찾는다면
바로 이 컬러풀한 인형 세트가 딱이지요!
색깔이 저절로 바뀌는 양말용 실로 만들어도 되지만
자투리 실로 뜨더라도 멋진 인형이 완성될 거예요.

준비물
- 멀티 컬러 양말용 실(4ply, fingering)
- 검정색 봉제용 면사
- 인형 눈 : 작은 검정색 비즈 2개
- 장난감용 구름솜

바늘
- 장갑바늘 2.75mm(영국 12호, 미국 2호)
- 마커링

게이지
대바늘 2.75mm를 이용하여 메리야스 원형뜨기로 2.5cm=7~8코

완성 크기
- 큰 고양이의 높이=약 6cm
- 작은 고양이의 높이=약 3.5cm

큰 고양이

몸통

시작코 40코를 만들고 원형을 만든다.

Note 시작코가 꼬이지 않도록 주의하면서 4개의 장갑바늘에 나누어 옮긴다.

원형 1단 겉뜨기 1단

원형 2단 겉뜨기 10코(마커링을 끼운다), 겉뜨기 20코(마커링을 끼운다), 겉뜨기 10코

원형 3단 첫 마커링 전에 1코 남을 때까지 겉뜨기, 1코 만들기, 겉뜨기 1코(마커링 옮기기), 겉뜨기 1코, 1코 만들기, 두 번째 마커링 전에 1코 남을 때까지 겉뜨기, 1코 만들기, 겉뜨기 1코(마커링 옮기기), 겉뜨기 1코, 1코 만들기, 원형 단의 끝까지 겉뜨기(총 44코)

원형 4~5단 겉뜨기 2단

원형 6~8단 3~5단 반복(총 48코)

원형 9~14단 겉뜨기 6단

원형 15단 첫 마커링 전에 3코 남을 때까지 겉뜨기, 2코 코아뜨기, 겉뜨기 1코(마커링 옮기기), 겉뜨기 1코, 오른코 모아뜨기 두 번째 마커링 전에 3코 남을 때까지 겉뜨기, 2코 모아뜨기, 겉뜨기 1코(마커링 옮기기), 겉뜨기 1코, 오른코 모아뜨기, 원형 단의 끝까지 겉뜨기(총 44코)

원형 16~18단 겉뜨기 3단

원형 19~30단 [15~18단] 3회 반복(총 32코)

원형 31단 겉뜨기 1코, 오른코 모아뜨기, 겉뜨기 2코, 2코 모아뜨기, 겉뜨기 1코(마커링 옮기기), 겉뜨기 1코, 오른코 모아뜨기, 겉뜨기 2코, 2코 모아뜨기, 겉뜨기 2코, 오른코 모아뜨기, 겉뜨기 2코, 2코 모아뜨기, 겉뜨기 1코(마커링 옮기기), 겉뜨기 1코, 오른코 모아뜨기, 겉뜨기 2코, 2코 모아뜨기, 겉뜨기 1코(총 24코)

원형 32단 겉뜨기 1단

원형 33단 겉뜨기 1코, 오른코 모아뜨기, 2코 모아뜨기, 겉뜨기 1코(마커링 옮기기), 겉뜨기 1코, 오른코 모아뜨기, 2코 모아뜨기, 겉뜨기 2코, 오른코 모아뜨기, 2코 모아뜨기, 겉뜨기 1코(마커링 옮기기), 겉뜨기 1코, 오른코 모아뜨기, 2코 모아뜨기, 겉뜨기 1코(총 16코)

원형 34단 겉뜨기 1단(마커링 제거)

원형 35단 [2코 모아뜨기] 8회 반복(총 8코)

실을 자르고 돗바늘에 끼운 후, 남은 코 사이로 통과시켜 단단히 잡아당긴 후 마무리한다.

꼬리

단뜨기(=평뜨기)로 진행한다. 시작코 8코를 만든다.

1~4단 겉뜨기 단으로 시작하여 메리야스뜨기 4단

5단 겉뜨기 7코(되돌아뜨기하고 편물을 뒤로 돌린다)

6단 안뜨기 4코(되돌아뜨기하고 편물을 뒤로 돌린다)

7단 단의 끝까지 겉뜨기

8단 안뜨기 1단

9~12단 5~8단 반복

13단 겉뜨기 1코, 1코 만들기, 1코 남을 때까지 겉뜨기, 1코 만들기, 겉뜨기 1코(총 10코)

14단 안뜨기 1단

15단 겉뜨기 9코(되돌아뜨기하고 편물을 뒤로 돌린다)

16단 안뜨기 6코(되돌아뜨기하고 편물을 뒤로 돌린다)

17단 단의 끝까지 겉뜨기

18단 안뜨기 1단

19단 겉뜨기 1코, 1코 만들기, 1코 남을 때까지 겉뜨기, 1코 만들기, 겉뜨기 1코(총 12코)

20단 안뜨기 1단

21단 겉뜨기 11코(되돌아뜨기하고 편물을 뒤로 돌린다)

22단 안뜨기 8코(편물을 뒤로 돌린다)

23단 단의 끝까지 겉뜨기

24단 안뜨기 1단

25~28단 메리야스뜨기 4단

29~32단 21~24단 반복

33단 겉뜨기 1코, 2코 모아뜨기, 3코 남을 때까지 겉뜨기, 오른코 모아뜨기, 겉뜨기 1코(총 10코)

34단 안뜨기 1단
35~38단 15~18단 반복
39단 [겉뜨기 1코, 2코 모아뜨기] 3회 반복, 겉뜨기 1코(총7코)
40단 안뜨기 1단
41단 [겉뜨기 1코, 2코 모아뜨기] 2회 반복, 겉뜨기 1코(총 5코)
42단 안뜨기 1단
43단 2코 모아뜨기, 겉뜨기 1코, 2코 모아뜨기(총 3코)
실을 자르고 돗바늘에 끼운 후, 남은 코 사이로 통과시켜 단단히 잡아당긴 후 마무리한다.

귀(4개)

단뜨기로 진행한다. 시작코 6코를 만든다.
1~2단 겉뜨기로 시작하여 메리야스뜨기 2단

3단 겉뜨기 1코, 2코 모아뜨기, 오른코 모아뜨기, 겉뜨기 1코(총 4코)
4단 안뜨기 1단
5단 겉뜨기 1코, 2코 모아뜨기, 겉뜨기 1코(총 3코)
6단 안뜨기로 오른코 중심 3코 모아뜨기(=안뜨기로 걸러뜨기, 안뜨기로 2코 모아뜨기, 걸러뜬 코로 모아뜬 코를 덮어씌우기)(총 1코)
실을 자르고 남은 코 사이로 실을 뺀 후 잡아당겨 마무리한다.

발가락(6개)

단뜨기로 진행한다. 시작코 1코를 만든다.
1단 겉뜨기로 2코 늘리기(총 3코)
2(겉면)~4단 겉뜨기 단으로 시작하여 메리야스뜨기 3단
5단 안뜨기로 오른코 중심 3코 모아뜨기(=안뜨기로 걸러뜨기, 안

우리 몸은 '원형' 메리야스뜨기예요. 안뜨기할 필요 없이 원형으로 돌리면서 계속 겉뜨기만 하면 된답니다!

뜨기로 2코 모아뜨기, 걸러뜬 코로 모아뜬 코를 덮어씌우기)(총 1코)
실을 자르고 남은 코 사이로 실을 뺀 후 잡아당겨 마무리한다

발(2개)

단뜨기로 진행한다. 시작코 3코를 만든다.
  1단 [겉뜨기로 1코 늘리기] 3회 반복(총 6코)
  2(겉면)~5단 겉뜨기 단으로 시작하여 메리야스뜨기 4단
  6단 [2코 모아뜨기] 3회 반복(총 3코)
실을 자르고 돗바늘에 끼운 후, 남은 3코 사이로 통과시켜 간단히 잡아당긴 후 마무리한다.

다리(2개)

단뜨기로 진행한다. 시작코 10코를 만든다.
  1~6단 겉뜨기 단으로 시작하여 메리야스뜨기 6단
  7단 [겉뜨기 1코, 2코 모아뜨기] 3회 반복, 겉뜨기 1코(총 7코)
  8단 안뜨기 1단
실을 자르고 돗바늘에 끼운 후, 남은 코 사이로 통과시켜 단단히 잡아당긴 후 마무리한다.

연결하기

1. 몸통에 솜을 채우고 바닥 솔기를 꿰매는데, 양쪽 옆면에서 약 2.5cm씩 홈질하고 살짝 잡아당겨 양옆을 둥글게 만든다.
2. 각 발가락의 바깥쪽 가장자리에 홈질을 하고 잡아당겨 공 모양으로 동글게 오므려준다. 동글게 만들어진 발가락 3개씩을 각 발에 꿰맨다. 59페이지 작품 사진을 참고한다.
3. 다리의 옆선끼리 꿰매고 발을 다리의 마지막 단에 꿰맨다. 두 번째 다리도 같은 방법으로 작업한다.
4. 고양이 몸통의 아랫솔기에 다리를 고정한다.
5. 꼬리의 옆선끼리 꿰매면서 솜을 넣는다. 꼬리를 몸통의 엉덩이에 고정한다.
6. 귀 2장을 안쪽 면끼리 마주 대고 가장자리를 꿰맨 후, 몸통의 윗부분에 귀를 고정한다. 두 번째 귀도 같은 방법으로 작업한다.
7. 검정색 봉제용 면사를 2가닥으로 하여 검정색 비즈를 눈의 위치에 꿰매고, 작품 사진을 참고하여 코와 입을 수놓는다. 검정색 봉제용 면사를 이용하여 얼굴의 양쪽에 콧수염을 장식한다.

작은 고양이

몸통

시작코 24코를 만들고 원형을 만든다.
  원형 1단 겉뜨기 1단
  원형 2단 겉뜨기 4코(마커링을 끼운다), 겉뜨기 12코(마커링을 끼운다), 겉뜨기 8코
  원형 3단 첫 마커링 전에 1코 남을 때까지 겉뜨기, 1코 만들기, 겉뜨기 1코(마커링 옮기기), 겉뜨기 1코, 1코 만들기, 두 번째 마커링 전에 1코 남을 때까지 겉뜨기, 1코 만들기, 겉뜨기 1코(마커링 옮기기), 겉뜨기 1코, 1코 만들기, 원형 단의 끝까지 겉뜨기(총 28코)
  원형 4단 3단 반복(총 32코)
  원형 5~7단 겉뜨기 3단
  원형 8단 첫 마커링 전에 3코 남을 때까지 겉뜨기, 오른코 모아뜨기, 겉뜨기 1코(마커링 옮기기), 겉뜨기 1코, 2코 모아뜨기, 두 번째 마커링 전에 3코 남을 때까지 겉뜨기, 오른코 모아뜨기, 겉뜨기 1코(마커링 옮기기), 겉뜨기 1코, 2코 모아뜨기, 원형 단의 끝까지 겉뜨기(총 28코)
  원형 9~10단 겉뜨기 2단
  원형 11~16단 [8~10단] 2회 반복(총 20코)
  원형 17단 겉뜨기 1단
  원형 18단 8단 반복(총 16코)
  원형 19단 겉뜨기 1단
  원형 20단 8단 반복(총 12코)
실을 자르고 돗바늘에 끼운 후, 남은 코 사이로 통과시켜 단단히 잡아당긴 후 마무리한다.

60

저는 이 책에서 가장 작은 고양이예요!

다리와 발(2개)

시작코 6코를 만든다.
- **1단** 겉뜨기 4코(편물을 뒤로 돌린다)
- **2단** 안뜨기 2코(편물을 뒤로 돌린다)
- **3단** 겉뜨기 2코(편물을 뒤로 돌린다)
- **4단** 안뜨기 2코(편물을 뒤로 돌린다)
- **5단** 겉뜨기 2코(편물을 뒤로 돌린다)
- **6단** 안뜨기 2코(편물을 뒤로 돌린다)
- **7단** 겉뜨기 4코
- **8단** 단의 끝까지 안뜨기
- **9~12단** 겉뜨기 단으로 시작하여 메리야스뜨기 4단

모든 코를 코막음한다.

연결하기

1. 몸통에 솜을 채우고 바닥 솔기를 꿰맨다.
2. 다리와 발의 옆솔기끼리 꿰맨다.
3. 다리를 몸통의 아랫부분에 고정한다.
4. 꼬리의 옆솔기끼리 꿰매면서 솜을 넣어준다. 꼬리를 몸통의 엉덩이에 달아준다.
5. 머리의 윗부분에 귀를 고정할 때는 겉뜨기로 뜬 면이 뒤로 가도록 꿰맨다. 그렇게 해야 귀의 테두리가 앞쪽으로 말린다.
6. 검정색 봉제용 면사를 이용하여 눈에 비즈를 달아주고, 작품 사진을 참고하여 코와 입을 수놓는다. 검정색 봉제용 면사를 이용하여 얼굴의 양쪽에 콧수염을 장식한다.

귀(2개)

단뜨기로 진행한다. 시작코 4코를 만든다.
- **1단** 겉뜨기 1단
- **2단** 안뜨기 1코, 안뜨기로 2코 모아뜨기, 안뜨기 1코(총 3코)
- **3단** 오른코 중심 3코 모아뜨기(총 1코)

실을 자르고 남은 코 사이로 실을 뺀 후 잡아당겨 마무리한다.

꼬리

단뜨기로 진행한다. 시작코 6코를 만든다.
- **1~4단** 겉뜨기 단으로 시작하여 메리야스뜨기 4단
- **5단** 겉뜨기 1코, 1코 만들기, 1코 남을 때까지 겉뜨기, 1코 만들기, 겉뜨기 1코(총 8코)
- **6단** 안뜨기 1단
- **7단** 겉뜨기 6코(되돌아뜨기하고 편물을 뒤로 돌린다)
- **8단** 안뜨기 4코(되돌다뜨기하고 편물을 뒤로 돌린다)
- **9단** 단의 끝까지 겉뜨기
- **10단** 안뜨기 1단
- **11~14단** 7~10단 반복
- **15단** 겉뜨기 2코, 2코 모아뜨기, 오른코 모아뜨기, 겉뜨기 2코(총 6코)
- **16단** 안뜨기 1단
- **17단** [2코 모아뜨기] 3회 반복(총 3코)
- **18단** 안뜨기 1단

실을 자르고 돗바늘에 끼운 후, 남은 3코 사이로 통과시켜 단단히 잡아당긴 후 마무리한다.

큰 고양이

마커링

〈몸통〉

〈귀〉

〈발〉×2개

〈다리〉×2개

〈발가락〉×6개

〈꼬리〉

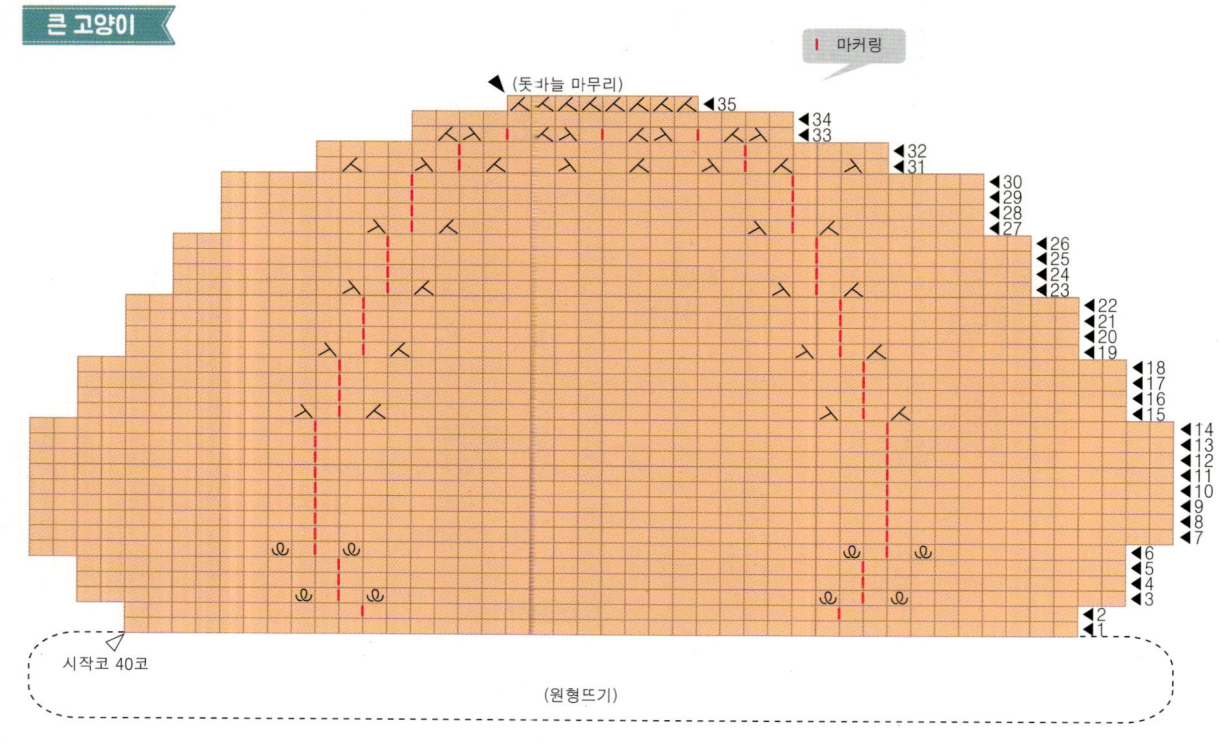

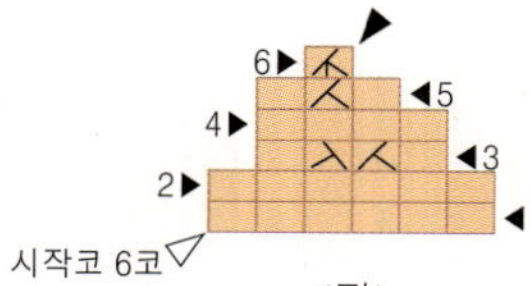

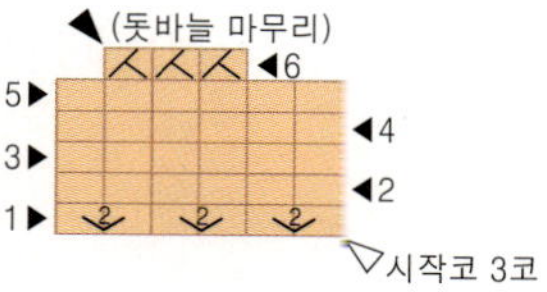

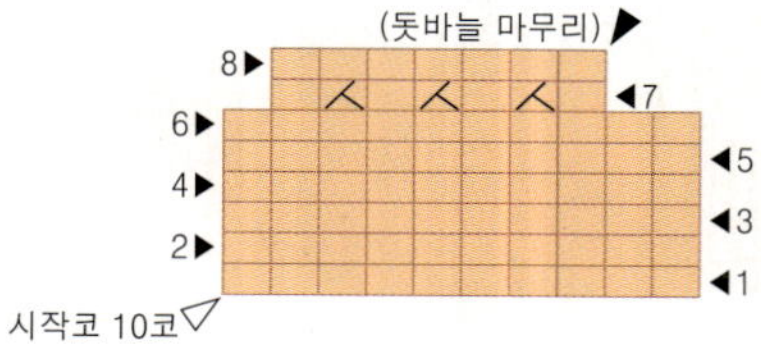

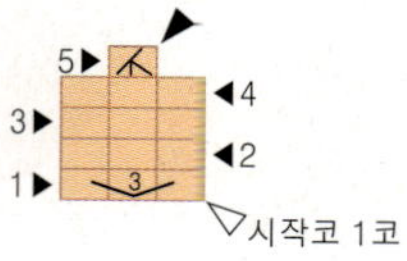

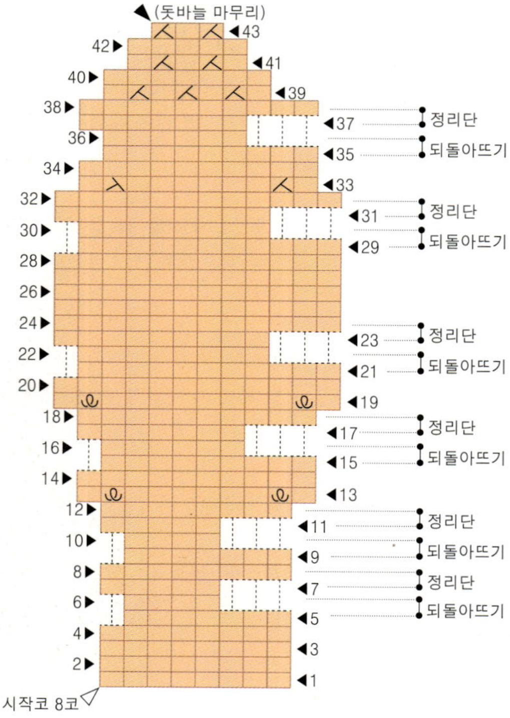

작은 고양이

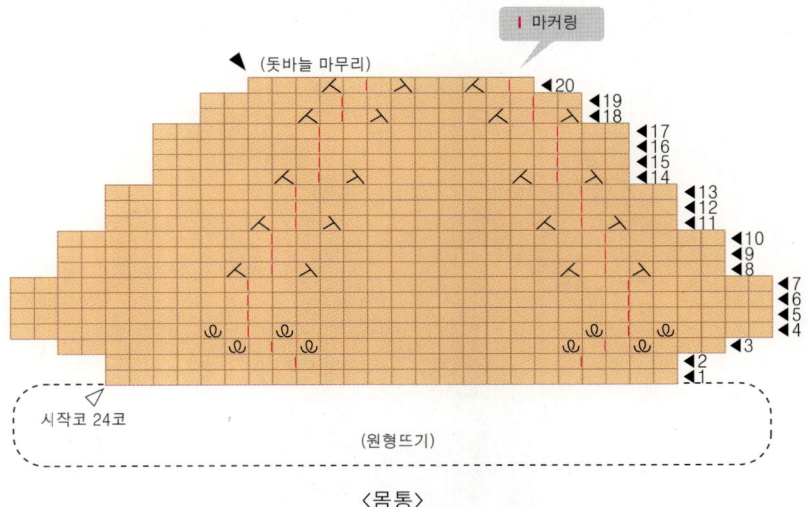

〈몸통〉

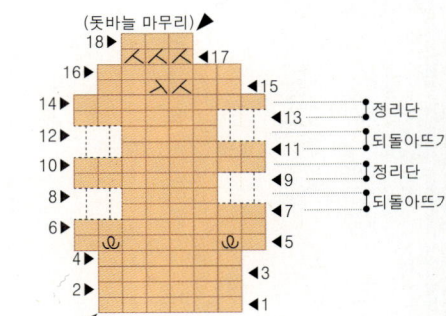

〈꼬리〉

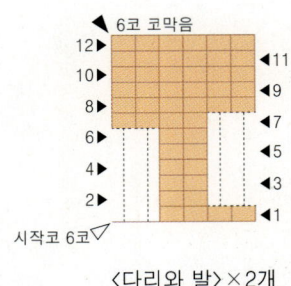

〈다리와 발〉×2개

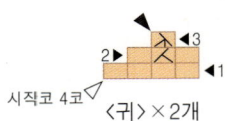

〈귀〉×2개

코지 토즈

추운 겨울밤, 발가락을 따뜻하게 해줄
기분 좋은 보온 물주머니 커버!
아이들을 위한 사랑스러운 크리스마스 선물이나
생일선물이 되어줄 거예요.

준비물
- 인조모피사 100g 2볼
- 분홍색 실(5ply, sportweight)
- 인형 눈 : 12mm 플라스틱 나사눈 2개
- 인형 코 1개
- 작은 보온 물주머니 : 약 25×15cm 크기
- 검정색 자수용 실 약간

바늘
- 대바늘 9mm(영국 00호, 미국 13호)
- 대바늘 4mm(영국 8호, 미국 6호)

게이지
대바늘 9mm를 이용하여 메리야스뜨기로 2.5cm=2코

완성 크기
머리끝까지의 길이=약 30cm

뒤판(안뜨기 면이 겉면이 된다)

인조모피사와 대바늘 9mm를 이용하여 시작코 12코를 만들고 메리야스뜨기한다. 길이는 뜨개지를 살짝 잡아당겼을 때 보온 물주머니의 길이에 맞도록 뜬다. 모든 코를 코막음한다.

앞판(안뜨기 면이 겉면이 된다)

뒤판과 같은 방법으로 뜨는데, 길이를 8cm 더 길게 메리야스뜨기로 뜬다.(이 부분이 뒤판과 겹쳐지며, 물주머니를 안쪽에서 잡아주는 역할을 한다) 모든 코를 코막음한다.

머리(안뜨기 면이 겉면이 된다)

인조모피사와 대바늘 9mm를 이용하여 시작코 3코를 만든다.
- **1단** 겉뜨기 1코, 1코 만들기, 1코 남을 때까지 겉뜨기, 1코 만들기, 겉뜨기 1코(총 5코)
- **2단** 안뜨기 1코, 1코 만들기, 1코 남을 때까지 안뜨기, 1코 만들기, 안뜨기 1코(총 7코)
- **3~4단** 1~2단 반복(총 11코)
- **5단** 1단 반복(총 13코)
- **6단** 안뜨기 1단
- **7~9단** 겉뜨기로 시작하여 메리야스뜨기 3단
- **10단** 안뜨기 1코, 안뜨기로 2코 모아 꼬아뜨기, 3코 남을 때까지 안뜨기, 안뜨기로 2코 모아뜨기, 안뜨기 1코(총 11코)
- **11단** 겉뜨기 1코, 2코 모아뜨기, 3코 남을 때까지 겉뜨기, 오른코 모아뜨기, 겉뜨기 1코(총 9코)
- **12~13단** 10~11단 반복(총 5코)
- **14단** 안뜨기 1단
- **15단** 겉뜨기 1코, 1코 만들기, 1코 남을 때까지 겉뜨기, 1코 만들기, 겉뜨기 1코(총 7코)
- **16단** 안뜨기 1코, 1코 만들기, 1코 남을 때까지 안뜨기, 1코 만들기, 안뜨기 1코(총 9코)
- **17~18단** 15~16단 반복(총 13코)
- **19~21단** 겉뜨기로 시작하여 메리야스뜨기 3단
- **22단** 안뜨기 1코, 안뜨기로 모아 꼬아뜨기, 3코 남을 때까지 안뜨기, 안뜨기로 모아뜨기, 안뜨기 1코(총 11코)
- **23단** 겉뜨기 1코, 2코 모아뜨기, 3코 남을 때까지 겉뜨기, 오른코 모아뜨기, 겉뜨기 1코(총 9코)
- **24~25단** 22~23단 반복(총 5코)
- **26단** 안뜨기로 2코 모아 꼬아뜨기, 안뜨기 1코, 안뜨기로 2코 모아뜨기(총 3코)

모든 코를 코막음한다.

팔(2개)(안뜨기 면이 겉면이 된다)

인조모피사와 대바늘 9mm를 이용하여 시작코 4코를 만든다.
- **1~2단** 겉뜨기로 시작하여 메리야스뜨기 2단
- **3단** 겉뜨기 1코, 2코 모아뜨기, 겉뜨기 1코(총 3코)
- **4단** 안뜨기 1단
- **5단** 겉뜨기 1코, 1코 늘리기, 겉뜨기 1코(총 4코)
- **6단** 안뜨기 1단
- **7단** 겉뜨기 1단

모든 코를 코막음한다.

다리(2개)(안뜨기 면이 겉면이 된다)

인조모피사와 대바늘 9mm를 이용하여 시작코 4코를 만든다.
- **1단** 겉뜨기 1단
- **2단** 안뜨기 1코, 1코 만들기, 1코 남을 때까지 안뜨기, 1코 만들기, 안뜨기 1코(총 6코)
- **3~6단** 메리야스뜨기 4단
- **7단** 2코 모아뜨기, 겉뜨기 2코, 2코 모아뜨기(총 4코)
- **8단** 안뜨기 1단

모든 코를 코막음한다.

꼬리(안뜨기 면이 겉면이 된다)

인조모피사와 대바늘 9mm를 이용하여 시작코 8코를 만든다.

- 1~4단 겉뜨기로 시작하여 메리야스뜨기 4단
- 5단 겉뜨기 5코(되돌아뜨기하고 편물을 뒤로 돌린다)
- 6단 안뜨기 2코(되돌아뜨기하고 편물을 뒤로 돌린다)
- 7단 겉뜨기 2코(되돌아뜨기하고 편물을 뒤로 돌린다)
- 8단 안뜨기 2코(되돌아뜨기하고 편물을 뒤로 돌린다)
- 9단 단의 끝까지 겉뜨기로 뜬다.
- 10단 안뜨기 1단(총 8코)
- 11~22단 [5~10단] 2회 반복
- 23~25단 겉뜨기로 시작하여 메리야스뜨기 3단
- 26단 [안뜨기로 2코 모아뜨기] 4회 반복(총 4코)

실을 자르고 돗바늘에 끼운 후, 남은 코 사이로 통과시켜 단단히 잡아당긴 후 마무리한다.

귀(2개)

인조모피사와 대바늘 9mm를 이용하여 시작코 4코를 만들고 가터뜨기로 뜬다.

- 1~2단 겉뜨기로 시작하여 메리야스뜨기 2단
- 3단 [2코 모아뜨기] 2회 반복(총 2코)

실을 자르고 돗바늘에 끼운 후, 남은 코 사이로 통과시켜 단단히 잡아당긴 후 마무리한다.

보타이의 밴드

분홍색 실과 대바늘 4mm를 이용하여 시작코 10코를 만든다.

가터뜨기로 길이가 15cm 될 때까지 뜬 후, 모든 코를 코막음한다.

보타이의 중앙 매듭

분홍색 실과 대바늘 4mm를 이용하여 시작코 5코를 만든다.
가터뜨기로 길이가 5cm 될 때까지 뜬 후, 모든 코를 코막음한다.

보타이의 리본(2개)

분홍색 실과 대바늘 4mm를 이용하여 시작코 10코를 만든다.
길이가 3cm 될 때까지 가터뜨기로 뜬다.

- 다음 단 겉뜨기 1코, 2코 모아뜨기, 단의 끝까지 겉뜨기(총 9코)
- 다음 단 겉뜨기 1단

위의 2단을 7번 더 반복하면 2코가 남는다.(총 2코)

- 다음 단 2코 모아뜨기(총 1코)

실을 자르고 남은 코 사이로 실을 뺀 후 잡아당겨 마무리한다.

연결하기

1. 머리는 안쪽 면이 겉면이 되도록 반으로 접는다. 시작 단과 마지막 단이 목둘레가 된다. 나사눈과 코를 고정하고 머리의 솔기를 꿰맨다. 검정색 실로 입과 수염을 수놓는다.
2. 몸통의 앞판과 뒤판을 안쪽 면이 겉면이 되도록 마주 대고 시침핀으로 고정한 후, 머리의 위치를 잡아 시침핀으로 고정한다. 몸통의 솔기를 꿰매고 몸통의 윗부분에 머리를 꿰맨다. 보온 물주머니의 윗부분이 머리 안으로 들어가게 된다. 머리 위에 귀를 꿰맨다.
3. 앞판의 아랫부분(8cm 긴 부분)을 뒤로 접은 후 몸통의 옆솔기에 깔끔하게 꿰맨다.
4. 꼬리는 안쪽 면이 겉면이 되도록 접어서 솔기를 꿰맨 후, 고양이의 옆솔기에 고정한다.
5. 다리는 반을 접어서 솔기끼리 꿰맨다. 두 번째 다리도 같은 방법으로 반복한 후, 몸통의 아랫부분에 꿰맨다.
6. 팔도 다리와 같은 방법으로 작업한 후, 작품 사진을 참고하여 몸통의 옆솔기에 고정한다.
7. 보타이의 밴드를 고양이 목에 두르고 양쪽 끝을 뒤쪽에서 꿰맨다. 보타이의 중앙 매듭을 한 번 묶어서 모양을 만든 후 밴드의 가운데에 고정한다. 작품 사진을 참고하여 보타이 뒤쪽으로 리본 2개를 비스듬히 꿰맨다.

〈뒷판〉

〈앞판〉

〈머리〉

〈팔〉×2개

〈다리〉×2개

〈꼬리〉

〈보타이의 밴드〉

〈귀〉×2개

〈보타이의 중앙매듭〉

〈보타이의 리본〉×2개

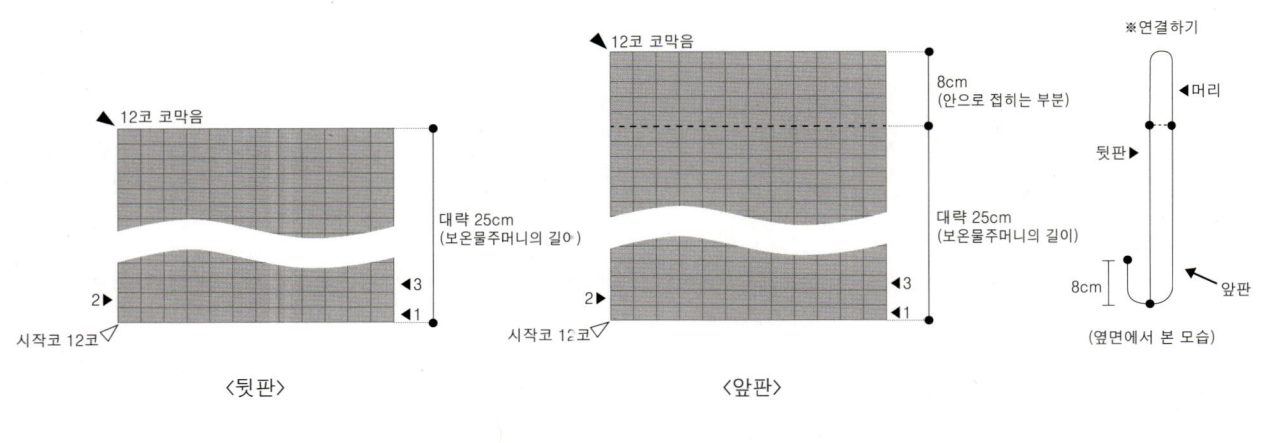

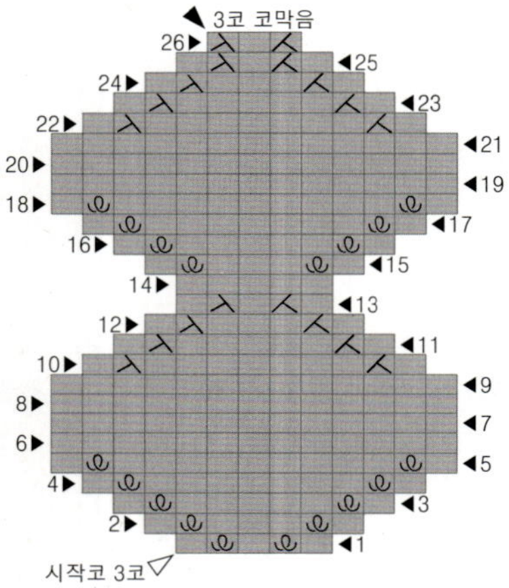

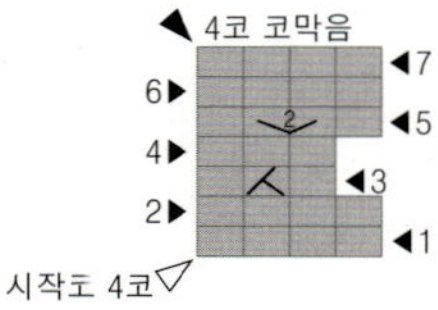

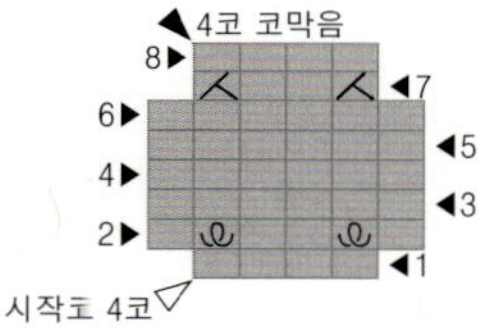

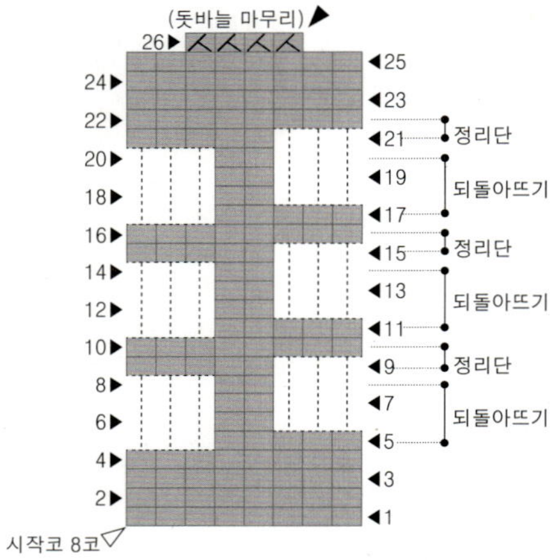

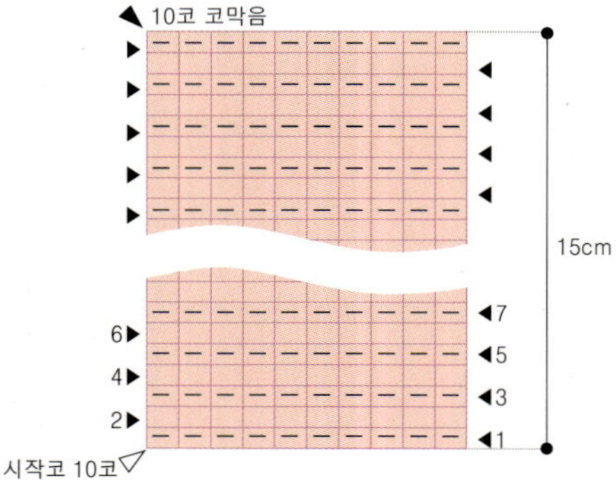

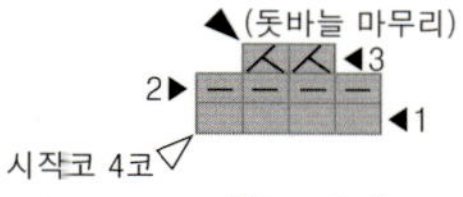

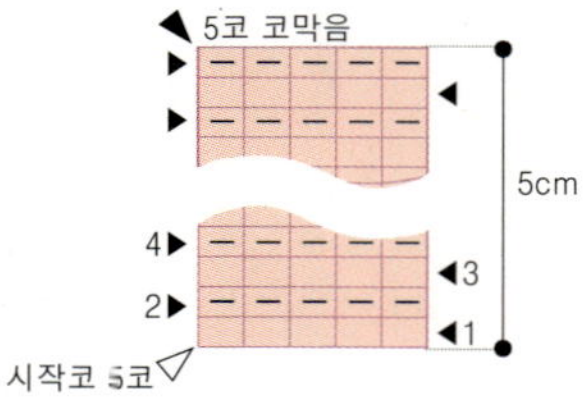

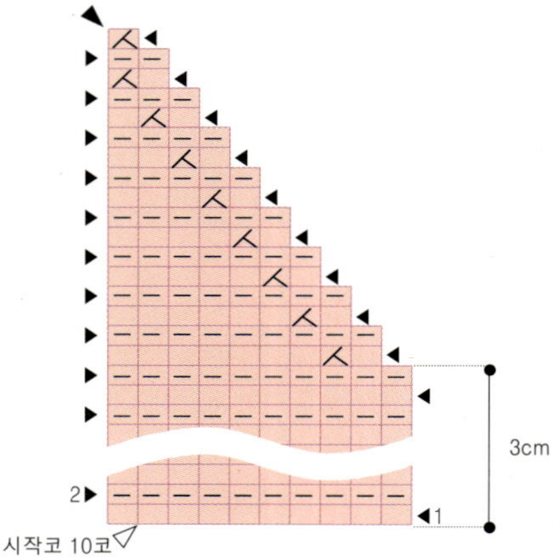

진저 톰

크림을 너무 많이 먹은 것일까요?
작고 통통한 고양이가 무척 귀엽네요.
불룩한 배 덕분에 누워 있을 때뿐만 아니라
앉아 있을 때도 편안해 보이지요.
모두 매력덩어리 진저 톰을 좋아하게 될 거예요!

준비물
- 크림색 실(5ply, sportweight)
- 주황색 실(5ply, sportweight)
- 분홍색 실(4ply, fingering) 조금
- 인형 눈 : 8mm 플라스틱 나사눈 2개(뒷면을 은색 매니큐어로 칠함)
- 검정색 자수용 실 조금
- 장난감용 구름솜
- PP알갱이

바늘
- 대바늘 3.25mm(영국 10호, 미국 3호)
- 대바늘 2.75mm(영국 12호, 미국 2호)
- 마커링 2개

게이지
대바늘 3.25mm와 5ply실(sportweight)을 이용하여 메리야스뜨기로 2.5cm=6코

완성 크기
발바닥에서 머리끝까지의 높이=약 19cm

뒷몸통

크림색 실과 대바늘 3.25mm를 이용하여 시작코 12코를 만든다.

1~4단 겉뜨기로 시작하여 메리야스뜨기 4단

5단 겉뜨기 1코, 2코 모아뜨기, 3코 남을 때까지 겉뜨기, 오른코 모아뜨기, 겉뜨기 1코(총 10코)

6단 안뜨기 1단

7단 5단 반복(총 8코)

8단 안뜨기 1코, 안뜨기로 2코 모아뜨기, 3코 남을 때까지 안뜨기, 안뜨기로 2코 모아 꼬아뜨기, 안뜨기 1코(총 6코)

9단 겉뜨기 6코, 코줄임한 가장자리를 따라 5코를 주워서 겉뜨기 5코(총 11코)

10단 안뜨기 11코, 코줄임한 가장자리를 따라 5코를 주워서 안뜨기 5코(총 16코)

11단 겉뜨기 1코, 1코 만들기, 1코 남을 때까지 겉뜨기, 1코 만들기, 겉뜨기 1코(총 18코)

12단 안뜨기 1코, 1코 만들기, 1코 남을 때까지 안뜨기, 1코 만들기, 안뜨기 1코(총 20코)

13~14단 11~12단 반복(총 24코)

주황색 실을 연결하고 지금부터 배색하며 뜨는데, **굵은 글씨**는 주황색 실로 나머지는 크림색 실로 메리야스뜨기한다. 배색은 작업물의 뒷면에서 실을 끌어와 배색하는 페어아일 기법(→p.21)으로 한다.

Note 작업물의 양쪽에 주황색 실을 각각 걸어 뜨면, 작업물의 뒷면에 실이 늘어지는 것을 방지할 수 있다.

15단 **겉뜨기 2코**, 겉뜨기 20코, **겉뜨기 2코**

16단 **안뜨기 4코**, 안뜨기 16코, **안뜨기 4코**

17단 **겉뜨기 7코**, 겉뜨기 10코, **겉뜨기 7코**

18단 16단 반복

19단 15단 반복

20단 안뜨기 1단

21~26단 15~20단 반복

27단 15단 반복

28단 16단 반복

29단 **겉뜨기 7코**, 겉뜨기 1코, 2코 모아뜨기, 겉뜨기 4코, 오른코 모아뜨기, 겉뜨기 1코, **겉뜨기 7코**(총 22코)

30단 **안뜨기 4코**, 안뜨기 14코, **안뜨기 4코**

다음 단이 주황색 실을 사용하는 마지막 단이다.

31단 **겉뜨기 2코**, 겉뜨기 6코, 2코 모아뜨기, 겉뜨기 2코, 오른코 모아뜨기, 겉뜨기 6코, **겉뜨기 2코**(총 20코)

32단 안뜨기 1단

33단 겉뜨기 1코, 2코 모아뜨기, 겉뜨기 5코, 2코 모아뜨기, 오른코 모아뜨기, 겉뜨기 5코, 오른코 모아뜨기, 겉뜨기 1코(총 16코)

34단 안뜨기 1단

35단 겉뜨기 1코, 2코 모아뜨기, 겉뜨기 4코, 2코 모아뜨기, 겉뜨기 4코, 오른코 모아뜨기, 겉뜨기 1코(총 13코)

36단 안뜨기 1단

37단 겉뜨기 1코, 2코 모아뜨기, 3코 남을 때까지 겉뜨기, 오른코 모아뜨기, 겉뜨기 1코(총 11코)

38단 안뜨기 1단

39단 37단 반복(총 9코)

40단 안뜨기 1단

남아 있는 9코를 모두 코막음한다.

앞몸통

크림색 실과 대바늘 3.25mm를 이용하여 시작코 8코를 만든다.

1단 안뜨기 1단

2단(겉면) 겉뜨기 1코, 1코 만들기, [겉뜨기 2코, 1코 만들기] 3회 반복, 겉뜨기 1코(총 12코)

3단 안뜨기 1단

4단 겉뜨기 1코, 1코 만들기, 겉뜨기 3코, 1코 만들기, 겉뜨기 4코, 1코 만들기, 겉뜨기 3코, 1코 만들기, 겉뜨기 1코(총 16코)

5단 안뜨기 1단

6단 겉뜨기 1코, 1코 만들기, 겉뜨기 4코, 1코 만들기, 겉뜨기 6코, 1코 만들기, 겉뜨기 4코, 1코 만들기, 겉뜨기 1코(총 20코)

7단 안뜨기 1단

8단 겉뜨기 1코, 1코 만들기, 겉뜨기 5코, 1코 만들기, 겉뜨기 8

코, 1코 만들기, 겉뜨기 5코, 1코 만들기, 겉뜨기 1코(총 24코)
9단 안뜨기 1단
10단 겉뜨기 1코, 1코 만들기, 겉뜨기 6코, 1코 만들기, 겉뜨기 10코, 1코 만들기, 겉뜨기 6코, 1코 만들기, 겉뜨기 1코(총 28코)
주황색 실을 연결하고 페어아일 기법(→p.21)으로 작업물 뒤로 실을 걸어가며 배색한다. **굵은 글씨**는 주황색 실로, 나머지는 크림색 실로 뜬다.
11단 안뜨기 2코, 안뜨기 24코, **안뜨기 2코**
12단 겉뜨기 4코, 겉뜨기 20코, **겉뜨기 4코**
13단 안뜨기 7코, 안뜨기 14코, **안뜨기 7코**
14단 12단 반복
15단 11단 반복
16단 겉뜨기 1단
17~22단 11~16단 반복
23단 안뜨기 2코, 안뜨기 24코, **안뜨기 2코**
24단 겉뜨기 4코, 겉뜨기 4코, 2코 모아뜨기, 겉뜨기 8코 오른코 모아뜨기, 겉뜨기 4코, **겉뜨기 4코**(총 26코)
25단 안뜨기 7코, 안뜨기 12코, **안뜨기 7코**
26단 겉뜨기 4코, 겉뜨기 4코, 2코 모아뜨기, 겉뜨기 6코 오른코 모아뜨기, 겉뜨기 4코, **겉뜨기 4코**(총 24코)
다음 단이 주황색 실을 사용하는 마지막 단이다.
27단 안뜨기 2코, 안뜨기 20코, **안뜨기 2코**
28단 겉뜨기 8코, 2코 모아뜨기, 겉뜨기 4코, 오른코 모아뜨기, 겉뜨기 8코(총 22코)
29단 안뜨기 1단
30단 겉뜨기 1코, 2코 모아뜨기, 겉뜨기 5코, 2코 모아뜨기, 겉뜨기 2코, 오른코 모아뜨기, 겉뜨기 5코, 오른코 모아뜨기, 겉뜨기 1코(총 18코)
31단 안뜨기 1단
32단 겉뜨기 1코, 2코 모아뜨기, 겉뜨기 4코, 2코 모아뜨기, 오른코 모아뜨기, 겉뜨기 4코, 오른코 모아뜨기, 겉뜨기 1코(총 14코)
33단 안뜨기 1코, 안뜨기로 2코 모아 꼬아뜨기, 3코 남을 때까지 안뜨기, 안뜨기로 2코 모아뜨기, 안뜨기 1코(총 12코)
34단 겉뜨기 1코, 2코 모아뜨기, 겉뜨기 2코, 2코 모아뜨기, 겉뜨기 2코, 오른코 모아뜨기, 겉뜨기 1코(총 9코)
35단 안뜨기 1코, 안뜨기로 2코 모아 꼬아뜨기, 안뜨기 3코, 안뜨기로 2코 모아뜨기, 안뜨기 1코(총 7코)
남아 있는 7코를 모두 코막음한다.

머리

앞쪽 아래 가장자리에서 시작하여 1장으로 뜬다.
크림색 실과 대바늘 3.25mm를 이용하여 시작코 9코를 만든다.
1단 겉뜨기 1단
2단 안뜨기 1코, 1코 만들기, 1코 남을 때까지 안뜨기, 1코 만들기, 안뜨기 1코(총 11코)
주황색 실을 연결하고 페어아일 기법(→p.21)으로 작업물 뒤로 실을 걸어가며 배색한다. **굵은 글씨**는 주황색 실로, 나머지는 크림색 실로 뜬다.
3단 겉뜨기 1코, 1코 만들기, 1코 남을 때까지 겉뜨기, 1코 만들기, **겉뜨기 1코**(총 13코)
4단 안뜨기 1코, **1코 만들기**, **안뜨기 3코**, 안뜨기 1코, 1코 만들기, 안뜨기 3코, 1코 만들기, 안뜨기 1코, **안뜨기 3코**, **1코 만들기**, **안뜨기 1코**(총 17코)
5단 겉뜨기 3코, 겉뜨기 4코, 1코 만들기, 겉뜨기 3코, 1코 만들기, 겉뜨기 4코, **겉뜨기 3코**(총 19코)
6단 안뜨기 8코, 1코 만들기, 안뜨기 3코, 1코 만들기, 안뜨기 8코(총 21코)
7단 겉뜨기 2코, 겉뜨기 7코, 1코 만들기, 겉뜨기 3코, 1코 만들기, 겉뜨기 7코, **겉뜨기 2코**(총 23코)
8단 안뜨기 3코, 안뜨기 17코, **안뜨기 3코**
9단 겉뜨기 2코, 겉뜨기 19코, **겉뜨기 2코**
10단 안뜨기 1단
11단 겉뜨기 2코, 겉뜨기 7코, 2코 모아뜨기, 겉뜨기 1코, 오른코 모아뜨기, 겉뜨기 7코, **겉뜨기 2코**(총 21코)
12단 안뜨기 4코, 안뜨기 4코, 안뜨기로 2코 모아 꼬아뜨기, 안뜨기 1코, 안뜨기로 2코 모아뜨기, 안뜨기 4코, **안뜨기 4코**(총 19코)
13단 겉뜨기 2코, 겉뜨기 5코, 2코 모아뜨기, 겉뜨기 1코, 오른코 모아뜨기, 겉뜨기 5코, **겉뜨기 2코**(총 17코)
14단 안뜨기 1단
15단 겉뜨기 1코, 2코 모아뜨기, 겉뜨기 3코, **겉뜨기 1코**, 겉뜨기 3코, **겉뜨기 1코**, 겉뜨기 3코, 오른코 모아뜨기, 겉뜨기 1코(총 15코)
16단 안뜨기 1코, 안뜨기로 2코 모아 꼬아뜨기, 안뜨기 2코, **안뜨기 1코**, 안뜨기 3코, **안뜨기 1코**, 안뜨기 2코, 안뜨기로 2코 모

안뜨기, 안뜨기 1코(총 13코)
17단 겉뜨기 1코, 2코 모아뜨기, **겉뜨기 3코**, 겉뜨기 1코, **겉뜨기 3코**, 오른코 모아뜨기, 겉뜨기 1코(총 11코)
18단 안뜨기 2코, **안뜨기 3코**, 안뜨기 1코, **안뜨기 3코**, 안뜨기 2코
19단 겉뜨기 1코, 1코 만들기, 겉뜨기 1코, **겉뜨기 3코**, 겉뜨기 1코, **겉뜨기 3코**, 겉뜨기 1코, 1코 만들기, 겉뜨기 1코(총 13코)
20단 안뜨기 1코, 1코 만들기, 안뜨기 3코, **안뜨기 1코**, 안뜨기 3코, **안뜨기 1코**, 안뜨기 3코, 1코 만들기, 안뜨기 1코(총 15코)
21단 겉뜨기 2코, 겉뜨기 3코, **겉뜨기 1코**, 겉뜨기 3코, **겉뜨기 1코**, 겉뜨기 3코, **겉뜨기 2코**(총 15코)
22단 안뜨기 **4코**, 안뜨기 7코, **안뜨기 4코**
23단 겉뜨기 2코, 겉뜨기 11코, **겉뜨기 2코**
24단 안뜨기 1단
25단 23단 반복
26단 **안뜨기 3코**, 안뜨기 9코, **안뜨기 3코**
27단 23단 반복
28단 안뜨기 1단
29단 **겉뜨기 3코**, 겉뜨기 9코, **겉뜨기 3코**
30단 22단 반복
31단 **겉뜨기 1코**, 2코 모아뜨기, 겉뜨기 9코, **오른코 모아뜨기**, 겉뜨기 1코(총 13코)
32단 **안뜨기 1코**, 안뜨기로 2코 모아 꼬아뜨기, 안뜨기 7코, **안뜨기로 2코 모아뜨기, 안뜨기 1코**(총 11코)
33단 겉뜨기로 1단
34단 안뜨기로 1단
모든 코를 코막음한다.

팔(2개)

크림색 실과 대바늘 3.25mm를 이용하여 시작코 12코를 만든다.
　1단 겉뜨기 1단
주황색 실을 연결하고 페어아일 기법(→p.21)으로 작업물 뒤로 실을 걸어가며 배색한다. **굵은 글씨**는 주황색 실로, 나머지는 크림색 실로 뜬다.
　2단 **안뜨기 2코**, [안뜨기 3코, **안뜨기 2코**] 2회 반복
　3단 **겉뜨기 3코**, 겉뜨기 1코, **겉뜨기 4코**, 겉뜨기 1코, **겉뜨기 3코**
　4단 2단 반복
　5~8단 1~4단 반복
　9단 겉뜨기 1단
　10단 안뜨기 1단
　11단 겉뜨기 1코, 1코 만들기, 겉뜨기 4코, 1코 만들기, 겉뜨기 2코, 1코 만들기, 겉뜨기 4코, 1코 만들기, 겉뜨기 1코(총 16코)
　12~14단 안뜨기로 시작하여 메리야스뜨기 3단

15단 겉뜨기 1코, 2코 모아뜨기, 겉뜨기 2코, 오른코 모아뜨기, 겉뜨기 2코, 2코 모아뜨기, 겉뜨기 2코, 오른코 모아뜨기, 겉뜨기 1코(총 12코)
모든 코를 안쪽 면에서 안뜨기로 코막음한다.

발(2개)

크림색 실과 대바늘 3.25mm를 이용하여 시작코 6코를 만든다.
　1단 겉뜨기 1단
　2단 안뜨기 1코, 1코 만들기, 1코 남을 때까지 안뜨기, 1코 만들기, 안뜨기 1코(총 8코)
　3단 겉뜨기 1코, 1코 만들기, 1코 남을 때까지 겉뜨기, 1코 만들기, 겉뜨기 1코(총 10코)
　4~8단 안뜨기로 시작하여 메리야스뜨기 5단
　9단 겉뜨기 1코, 2코 모아뜨기, 3코 남을 때까지 겉뜨기, 오른코 모아뜨기, 겉뜨기 1코(총 8코)
　10단 안뜨기 1단
　11단 겉뜨기 1코, 1코 만들기, 1코 남을 때까지 겉뜨기, 1코 만들기, 겉뜨기 1코(총 10코)
　12~16단 안뜨기로 시작하여 메리야스뜨기 5단
　17단 겉뜨기 1코, 2코 모아뜨기, 3코 남을 때까지 겉뜨기, 오른코 모아뜨기, 겉뜨기 1코(총 8코)
　18단 안뜨기 1코, 안뜨기로 2코 모아 꼬아뜨기, 3코 남을 때까지 안뜨기, 안뜨기로 2코 모아뜨기, 안뜨기 1코(총 6코)
　19단 겉뜨기 1단
모든 코를 안쪽 면에서 안뜨기로 코막음한다.

다리(2개)

크림색 실과 대바늘 3.25mm를 이용하여 시작코 14코를 만든다.
　1단 겉뜨기 1단
　2단 안뜨기 1단
주황색 실을 연결하고 페어아일 기법(→p.21)으로 작업물 뒤로 실을 걸어가며 배색한다. **굵은 글씨**는 주황색 실로, 나머지는 크림색 실로 뜬다.
　3단 **겉뜨기 2코**, [겉뜨기 4코, **겉뜨기 2코**] 2회 반복
　4단 **안뜨기 3코**, 안뜨기 2코, **안뜨기 4코**, 안뜨기 2코, **안뜨기 3코**
　5단 3단 반복
　6단 2단 반복
　7단 1단 반복
　8단 **안뜨기 2코**, [안뜨기 4코, **안뜨기 2코**] 2회 반복
　9단 **겉뜨기 3코**, 겉뜨기 2코, **겉뜨기 4코**, 겉뜨기 2코, **겉뜨기 3코**
　10단 8단 반복

11단 겉뜨기 1단
12단 안뜨기 1단
모든 코를 코막음한다.

꼬리

크림색 실과 대바늘 3.25mm를 이용하여 시작코 12코를 만든다.
1~4단 겉뜨기로 시작하여 메리야스뜨기 4단
주황색 실을 연결하고 페어아일 기법(→p.21)으로 작업물 뒤로 실을 걸어가며 배색한다. **굵은 글씨**는 주황색 실로, 나머지는 크림색 실로 뜬다.
5단 **겉뜨기 2코**, [겉뜨기 3코, **겉뜨기 2코**] 2회 반복
6단 **안뜨기 3코**, 안뜨기 1코, **안뜨기 4코**, 안뜨기 1코, **안뜨기 3코**
7단 5단 반복
8단 안뜨기 1단
9단 겉뜨기 1단
10단 안뜨기 1단
11~16단 5~10단 반복
17~22단 5~10단 반복
23단 [겉뜨기 1코, 2코 모아뜨기] 4회 반복(총 8코)
24단 안뜨기 1단
25단 [2코 모아뜨기] 4회 반복(총 4코)
실을 자르고 돗바늘에 끼운 후, 남은 4코 사이로 통과시켜 단단히 잡아당긴 후 마무리한다.

귀(4개)

주황색 실과 대바늘 3.25mm를 이용하여 시작코 7코를 만든다.
1~2단 겉뜨기로 시작하여 메리야스뜨기 2단
3단 2코 모아뜨기, 2코 남을 때까지 겉뜨기, 오른코 모아드기(총 5코)
4단 안뜨기 1단
5~6단 3~4단 반복(총 3코)
7단 오른코 중심 3코 모아뜨기(총 1코)
실을 자르고 남은 코 사이로 실을 뺀 후 마무리한다.

코

분홍색 실과 대바늘 2.75mm를 이용하여 시작코 5코를 만든다.
1~2단 겉뜨기로 시작하여 메리야스뜨기 2단
3단 2코 모아뜨기, 겉뜨기 1코, 오른코 모아뜨기(총 3코)
4단 안뜨기 1단
5단 오른코 중심 3코 모아뜨기(총 1코)

실을 자르고 남은 코 사이로 실을 뺀 후 마무리한다.

연결하기

1. 팔을 반으로 접어 옆솔기를 꿰맨 후, 마지막 단끼리 꿰매어 앞발바닥을 만든다. 이때 주황색으로 뜬 부분을 맞춰가며 꿰맨다. 팔에 솜을 채우고 주황색 실을 이용하여 앞발바닥에 2땀 스티치하여 발가락의 느낌을 살린다.
2. 발은 반으로 접어서 솜을 채워가며 꿰맨다. 팔의 앞발바닥에 있는 스티치와 같은 방법으로 2개의 스티치를 한다. 두 번째 발도 같은 방법으로 작업한다.
3. 다리의 옆선을 꿰매고 솜을 채운다. 다리의 아래 끝에 발을 꿰맨다. 두 번째 다리도 같은 방법으로 작업한다.
4. 앞뒤 몸통을 연결하여 시침핀을 꽂아두고 팔과 다리의 위치를 잡아 시침핀으로 고정한다. 몸통의 옆선을 꿰맨다. 몸통의 아랫부분에 PP알갱이를 채운 후 솜을 채운다. 팔과 다리를 몸통의 솔기 사이에 끼워 꿰맨다.
5. 얼굴에 나사눈을 고정하고 솜을 채운다.
6. 귀 2장을 안쪽 면끼리 마주 대고 가장자리를 꿰맨다. 나머지 귀 2장도 같은 방법으로 작업한다. 작품 사진을 참고하여 머리 양쪽에 귀를 고정한다.
7. 코를 얼굴에 꿰맨다. 검정색 자수실을 이용하여 입과 수염을 수놓는다.
8. 실과 돗바늘을 이용하여 머리의 아랫단과 각 눈의 안쪽을 한 땀씩 꿰맨 후, 실을 아래쪽으로 잡아당겨 단단하게 고정한다. 이렇게 하면 얼굴의 형태가 제대로 잡힌다.
9. 머리를 몸통에 꿰맨다.
10. 꼬리의 옆선을 꿰매는데 주황색 실을 잘 맞춰가며 연결한 후 솜을 채운다. 작품 사진을 참고하여 꼬리를 단다.

크림색 실
9코 코막음
주황색실
자르기
주황색실
연결
(8단에 이어뜬다)
5코 줍기
5코 줍기
크림색실
시작코 12코

〈뒷몸통〉

11코 코막음
시작코 9코

〈머리〉

크림색 실
7코 코막음
주황색실
자르기
주황색실
연결
크림색실로
시작코 8코

〈앞몸통〉

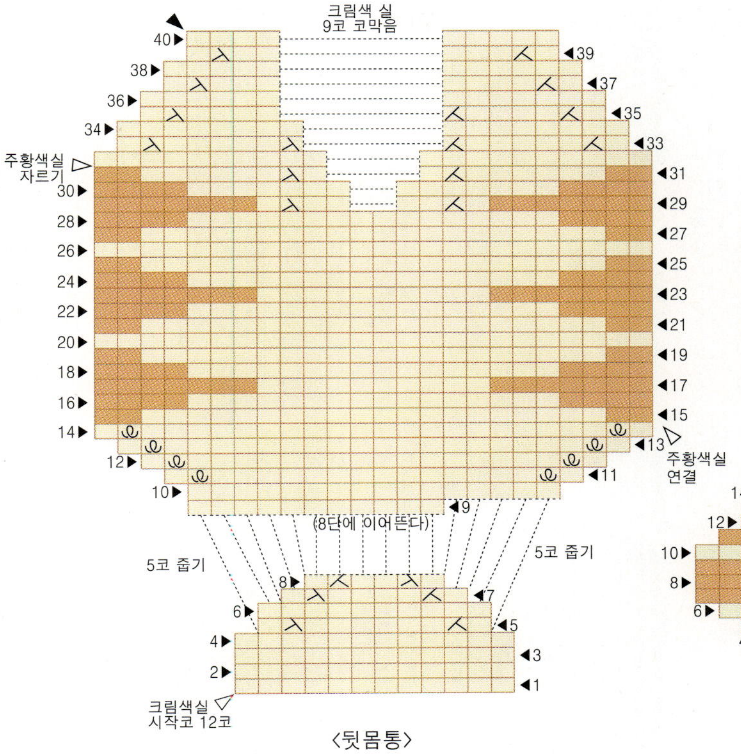

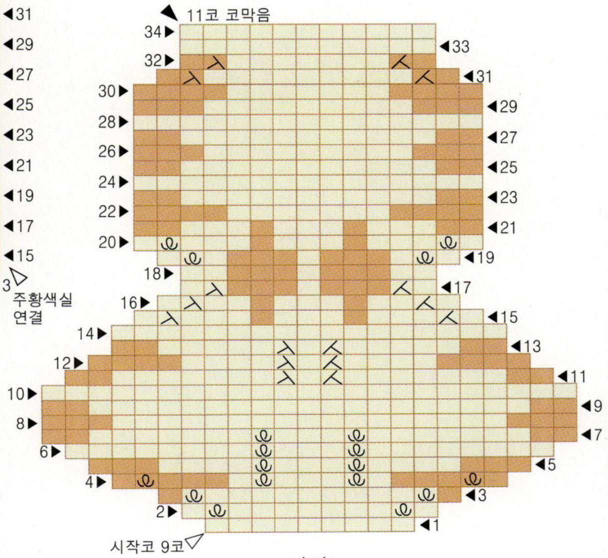

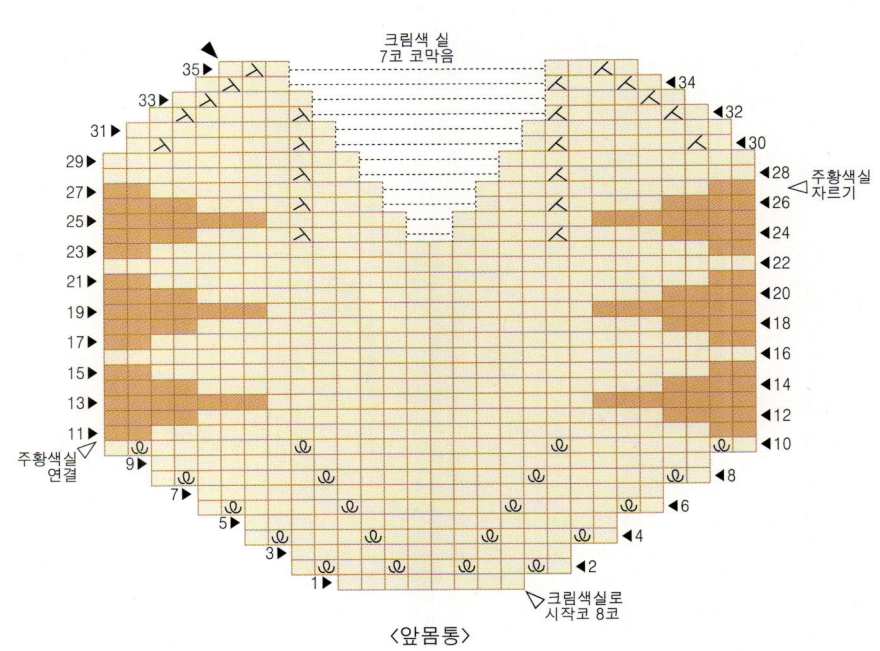

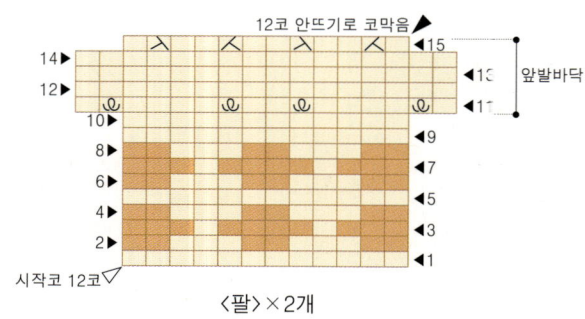

〈팔〉×2개

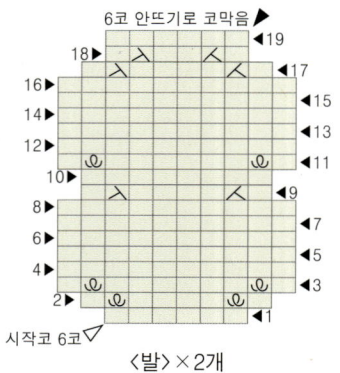

〈발〉×2개

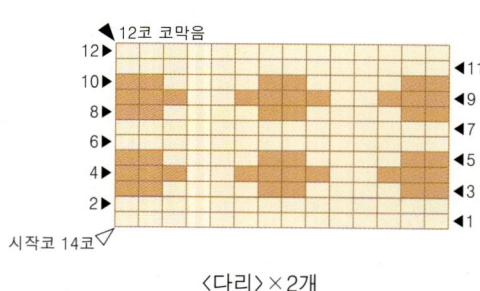

〈다리〉×2개

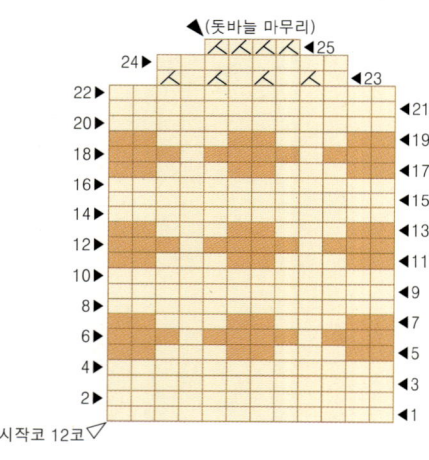

〈꼬리〉

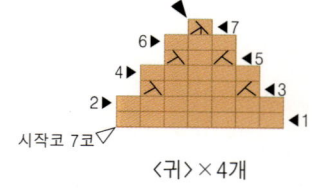

〈귀〉×4개

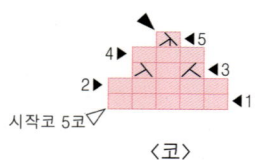

〈코〉

레인보우

사람들이 말하기를 표범은 절대로 무늬를 바꾸지 않는다고 하죠.
하지만 고양이는 표범과 달리 줄무늬를 바꿀 수 있어요!
이 익살스러운 고양이는 햇볕을 쬐고 있네요.
좀 더 몽환적인 밤 분위기를 원한다면
파란색과 보라색 실로 고양이를 떠보세요.

준비물
- 주황색 실(5ply, sportweight)
- 노란색 실(5ply, sportweight)
- 녹색 실(5ply, sportweight)
- 파란색 실(5ply, sportweight)
- 검정색 실(4ply, fingering)
- 인형 눈 : 8mm 검정색 플라스틱 나사눈 2개
- 장난감용 구름솜
- 무게감 있는 작은 조각이나 엉덩이 사이즈에 맞춰 자른 카드

바늘
- 대바늘 3.25mm(영국 10호, 미국 3호)
- 대바늘 2.75mm(영국 12호, 미국 2호)

게이지
대바늘 3.25mm를 이용하여 가터뜨기 2.5cm=6코

완성 크기
발바닥에서 머리끝까지의 높이=약 32cm

줄무늬 패턴

모든 조각은 2단짜리 줄무늬 가터뜨기로 뜬다. 줄무늬의 패턴은 다음과 같다.

주황색 2단→노란색 2단→녹색 2단→파란색 2단

머리

Note 시작코 만든 단을 줄무늬 패턴의 1단으로 센다.

1단(주황색) 시작코 30코 만든다.
2단 겉뜨기 7코, 1코 만들기, 겉뜨기 1코, 1코 만들기, 겉뜨기 6코, 1코 만들기, 겉뜨기 2코, 1코 만들기, 겉뜨기 6코, 1코 만들기, 겉뜨기 1코, 1코 만들기, 겉뜨기 7코(총 36코)
3단(노란색) 겉뜨기 1단
4단 겉뜨기 8코, 1코 만들기, 겉뜨기 1코, 2코 모아뜨기, 겉뜨기 6코, 1코 만들기, 겉뜨기 2코, 1코 만들기, 겉뜨기 6코, 오른코 모아뜨기, 겉뜨기 1코, 1코 만들기, 겉뜨기 8코(총 38코)
5단(녹색) 겉뜨기 1단
6단 겉뜨기 9코, 1코 만들기, 겉뜨기 1코, 2코 모아뜨기, 겉뜨기 6코, 1코 만들기, 겉뜨기 2코, 1코 만들기, 겉뜨기 6코, 오른코 모아뜨기, 겉뜨기 1코, 1코 만들기, 겉뜨기 9코(총 40코)
7단(파란색) 겉뜨기 1단
8단 겉뜨기 10코, 1코 만들기, 겉뜨기 1코, 2코 모아뜨기, 겉뜨기 6코, 1코 만들기, 겉뜨기 2코, 1코 만들기, 겉뜨기 6코, 오른코 모아뜨기, 겉뜨기 1코, 1코 만들기, 겉뜨기 10코(총 42코)
9단(주황) 겉뜨기 1단
10단 겉뜨기 20코, 1코 만들기, 겉뜨기 2코, 1코 만들기, 겉뜨기 20코(총 44코)
11단(노란색) 겉뜨기 1단
12단 겉뜨기 21코, 1코 만들기, 겉뜨기 2코, 1코 만들기, 겉뜨기 21코(총 46코)
13단(녹색) 겉뜨기 1단
14단 겉뜨기 22코, 1코 만들기, 겉뜨기 2코, 1코 만들기, 겉뜨기 22코(총 48코)
15단(파란색) 겉뜨기 1단
16단 겉뜨기 21코, 2코 모아뜨기, 겉뜨기 2코, 오른코 모아뜨기, 겉뜨기 21코(총 46코)
17단(주황색) 겉뜨기 1단
18단 겉뜨기 20코, 2코 모아뜨기, 겉뜨기 2코, 오른코 모아뜨기, 겉뜨기 20코(총 44코)
19단(노란색) 겉뜨기 1단
20단 겉뜨기 19코, 2코 모아뜨기, 겉뜨기 2코, 오른코 모아뜨기, 겉뜨기 19코(총 42코)
21단(녹색) 겉뜨기 1단
22단 겉뜨기 18코, 2코 모아뜨기, 겉뜨기 2코, 오른코 모아뜨기, 겉뜨기 18코(총 40코)
23단(파란색) 겉뜨기 17코, 2코 모아뜨기, 겉뜨기 2코, 오른코 모아뜨기, 겉뜨기 17코(총 38코)
24단 겉뜨기 1코, 2코 모아뜨기, 3코 남을 때까지 겉뜨기, 오른코 모아뜨기, 겉뜨기 1코(총 36코)
25~26단(주황색) [24단] 2회 반복(총 32코)
27단(노란색) 겉뜨기 6코, 2코 모아뜨기, 오른코 모아뜨기, 겉뜨기 12코, 2코 모아뜨기, 오른코 모아뜨기, 겉뜨기 6코(총 28코)
28단 겉뜨기 5코, 2코 모아뜨기, 오른코 모아뜨기, 겉뜨기 10코, 2코 모아뜨기, 오른코 모아뜨기, 겉뜨기 5코(총 24코)
29단(녹색) 겉뜨기 4코, 2코 모아뜨기, 오른코 모아뜨기, 겉뜨기 8코, 2코 모아뜨기, 오른코 모아뜨기, 겉뜨기 4코(총 20코)
30단 겉뜨기 3코, 2코 모아뜨기, 오른코 모아뜨기, 겉뜨기 6코, 2코 모아뜨기, 오른코 모아뜨기, 겉뜨기 3코(총 16코)

모든 코를 코막음한다.

몸통

2단짜리 줄무늬 패턴으로 작업한다.
주황색 실과 대바늘 3.25mm를 이용하여 시작코 14코를 만들고 가터뜨기로 이어뜬다.

1단(주황색) 시작코 14코 만든다.
2단 겉뜨기 1단

3~4단(노란색) 가터뜨기 2단
5단(녹색) 겉뜨기 1코, 1코 만들기, 1코 남을 때까지 겉뜨기, 1코 만들기, 겉뜨기 1코(총 16코)
6단 겉뜨기 1단
7~8단(파란색) 5~6단 반복(총 18코)
9~10단(주황색) 5~6단 반복(총 20코)
11~24단 줄무늬 가터뜨기로 총 14단 뜨기(노란색 2단→녹색 2단→파란색 2단→주황색 2단→노란색 2단→녹색 2단→파란색 2단)
25단(주황색) 겉뜨기 1코, 2코 모아뜨기, 3코 남을 때까지 겉뜨기, 오른코 모아뜨기, 겉뜨기 1코(총 18코)
26단 겉뜨기 1단
27~28단(노란색) 25~26단 반복(총 16코)
29~30단(녹색) 25~26단 반복(총 14코)
31~32단(파란색) 가터뜨기 2단
33단(주황색) 주황색 실로 단의 시작 부분에 21코를 만든 후, 바늘에 걸린 35코를 겉뜨기로 뜨고, 편물을 뒤로 돌려서 21코를 만든다.(총 56코)
34~56단 줄무늬 가터뜨기로 총 23단 뜨기(주황색 1단→노란색 2단→녹색 2단→파란색 2단→주황색 2단→노란색 2단→녹색 2단→파란색 2단→주황색 2단→노란색 2단→녹색 2단→파란색 2단)
57단(주황색) 겉뜨기 1단
58단 겉뜨기 2코, 2코 모아뜨기, [겉뜨기 5코, 2코 모아뜨기] 7회 반복, 겉뜨기 3코(총 48코)
59~64단 줄무늬 가터뜨기로 총 6단 뜨기(노란색 2단→녹색 2단→파란색 2단)
65단(주황색) 겉뜨기 1단
66단 겉뜨기 2코, 2코 모아뜨기, [겉뜨기 4코, 2코 모아뜨기] 7회 반복, 겉뜨기 2코(총 40코)
67~72단 줄무늬 가터뜨기로 총 6단 뜨기(노란색 2단→녹색 2단→파란색 2단)
73단(주황색) 겉뜨기 1단
74단 겉뜨기 1코, 2코 모아뜨기, [겉뜨기 3코, 2코 모아뜨기] 7회 반복, 겉뜨기 2코(총 32코)
75~78단 줄무늬 가터뜨기로 총 4단 뜨기(노란색 2단→녹색 2단)
79단(파란색) 겉뜨기 1단
80단 겉뜨기 1코, 2코 모아뜨기, [겉뜨기 2코, 2코 모아뜨기] 7회 반복, 겉뜨기 1코(총 24코)
81~82단(주황색) 가터뜨기 2단
83단(노란색) 겉뜨기 1단
84단 [겉뜨기 1코, 2코 모아뜨기] 8회 반복(총 16코)
실을 자르고 돗바늘에 끼운 후, 남은 코 사이로 통과시켜 단단히 잡아당긴 후 마무리한다.

다리(2개)

주황색 실과 대바늘 3.25mm를 이용하여 시작코 16코를 만든다.
가터뜨기로 [주황색 2단→노란색 2단→녹색 2단→파란색 2단] 7회 반복한 후 모든 코를 코막음한다.

발(2개)

줄무늬 패턴으로 작업한다.
주황색 실과 대바늘 3.25mm를 이용하여 시작코 7코를 만든다.
1단(주황색) 시작코 7코 만든다.
2단 겉뜨기 1단
3단(노란색) 겉뜨기 1코, 1코 만들기, 1코 남을 때까지 겉뜨기, 1코 만들기, 겉뜨기 1코(총 9코)
4단 겉뜨기 1코, 1코 만들기, 1코 남을 때까지 겉뜨기, 1코 만들기, 겉뜨기 1코(총 11코)
5~9단 줄무늬 가터뜨기로 5단 뜬다.(녹색 2단→파란색 2단→주황색 1단)
10단 겉뜨기 1코, 1코 만들기, 1코 남을 때까지 겉뜨기, 1코 만들기, 겉뜨기 1코(총 13코)
11단(노란색) 겉뜨기 1단
12단 10단 반복(총 15코)
13~14단(녹색) 가터뜨기 2단
15단(파란색) 겉뜨기 1단
16단 겉뜨기 1코, 2코 모아뜨기, 3코 남을 때까지 겉뜨기, 오른코 모아뜨기, 겉뜨기 1코(총 13코)
17단(주황색) 16단 반복(총 11코)
18단 겉뜨기 1단
19단(노란색) 겉뜨기 1단
20단 겉뜨기 1코, 1코 만들기, 1코 남을 때까지 겉뜨기, 1코 만들기, 겉뜨기 1코(총 13코)
21단(녹색) 20단 반복(총 15코)
22단 겉뜨기 1단
23단(파란색) 겉뜨기 1단
24단 겉뜨기 1코, 2코 모아뜨기, 3코 남을 때까지 겉뜨기, 오른코 모아뜨기, 겉뜨기 1코(총 13코)
25단(주황색) 겉뜨기 1단
26단 24단 반복(총 11코)
27단(노란색) 겉뜨기 1단
28~31단 줄무늬 가터뜨기로 총 4단 뜬다.(노란색 1단→녹색 2단→파란색 1단)
32단 겉뜨기 1코, 2코 모아뜨기, 3코 남을 때까지 겉뜨기, 오른코 모아뜨기, 겉뜨기 1코(총 9코)

33단(주황색) 겉뜨기 1코, 2코 모아뜨기, 3코 남을 때까지 겉뜨기, 오른코 모아뜨기, 겉뜨기 1코(총 7코)
모든 코를 코막음한다.

팔(2개)

주황색 실과 대바늘 3.25mm를 이용하여 시작코 14코를 만든다.
[주황색 2단→노란색 2단→녹색 2단→파란색 2단] 5회 반복하여 40단까지 뜬 후, 다음과 같이 앞발바닥을 만든다.
41단(주황색) 겉뜨기 1코, 1코 만들기, 겉뜨기 5코, 1코 만들기, 겉뜨기 2코, 1코 만들기, 겉뜨기 5코, 1코 만들기, 겉뜨기 1코(총 18코)
42단 겉뜨기 1단
43단(노란색) 겉뜨기 1코, 1코 만들기, 겉뜨기 7코, 1코 만들기, 겉뜨기 2코, 1코 만들기, 겉뜨기 7코, 1코 만들기, 겉뜨기 1코(총 22코)
44단 겉뜨기 1단
45~46단(녹색) 가터뜨기 2단
47단(파란색) 겉뜨기 1코, 2코 모아뜨기, 겉뜨기 5코, 오른코 모아뜨기, 겉뜨기 2코, 2코 모아뜨기, 겉뜨기 5코, 오른코 모아뜨기, 겉뜨기 1코(총 18코)

48단 겉뜨기 1코, 2코 모아뜨기, 겉뜨기 3코, 오른코 모아뜨기, 겉뜨기 2코, 2코 모아뜨기, 겉뜨기 3코, 오른코 모아뜨기, 겉뜨기 1코(총 14코)
모든 코를 코막음한다.

꼬리

주황색 실과 대바늘 3.25mm를 이용하여 시작코 14코를 만든다.
[주황색 2단→노란색 2단→녹색 2단→파란색 2단] 9회 반복하여 72단까지 뜬다.
73~76단 줄무늬 가터뜨기로 4단 뜨기(주황색 2단→노란색 2단)
77단(녹색) [겉뜨기 2코, 2코 모아뜨기] 3회 반복, 겉뜨기 2코(총 11코)
78단 겉뜨기 1단
79단(파란색) 겉뜨기 1코, [2코 모아뜨기] 5회 반복(총 6코)
실을 자르고 돗바늘에 끼운 후, 남은 코 사이로 통과시켜 단단히 잡아당긴 후 마무리한다.

코

검정색 실과 대바늘 2.75mm를 이용하여 시작코 5코를 만든다.

- **1~2단** 겉뜨기로 메리야스뜨기 2단
- **3단** 2코 모아뜨기, 겉뜨기 1코, 2코 모아뜨기(총 3코)
- **4단** 안뜨기 1단
- **5단** 오른코 중심 3코 모아뜨기(총 1코)

실을 자르고 남은 코 사이로 실을 뺀 후 잡아당겨 마무리한다.

귀(4개)

⚠️ **Note** 줄무늬 패턴으로 작업한다.

주황색 실과 대바늘 3.25mm를 이용하여 시작코 8코를 만든다.

- **1단(주황색)** 시작코 8코 만든다.
- **2단** 겉뜨기 1단
- **3단(노란색)** 겉뜨기 1코, 2코 모아뜨기, 3코 남을 때까지 겉뜨기, 오른코 모아뜨기, 겉뜨기 1코(총 6코)
- **4단** 겉뜨기 1단
- **5단(녹색)** 3단 반복(총 4코)
- **6단** 겉뜨기 1단
- **7단(파란색)** [2코 모아뜨기] 2회 반복(총 2코)
- **8단** 2코 모아뜨기(총 1코)

실을 자르고 남은 코 사이로 실을 뺀 후 잡아당겨 마무리한다.

연결하기

1. 주황색 실을 이용하여 머리 뒤통수의 솔기를 꿰매고 코막음한 단을 꿰맨다.
2. 작품 사진을 참고하여 나사눈을 고정한 후, 머리에 솜을 채우고 시작단의 코를 모아 머리의 입구를 막아준다.
3. 귀 2개를 안쪽 면끼리 마주 대고 적당한 색상의 실을 이용하여 꼼꼼하게 꿰맨다. 나머지 2개도 같은 방법으로 작업한 후 머리에 귀를 고정한다.
4. 코를 얼굴에 꿰매고 검정색 자수실을 이용하여 입과 수염을 수놓는다.
5. 몸통의 뒷솔기를 꿰매고 엉덩이를 접어서 몸통에 꿰맨다.
6. 엉덩이에 무게감 있는 작은 조각이나 카드 넣어 단단하고 평평하게 만들어준다.
7. 몸통에 솜을 채우고 목 솔기에 있는 코를 모아 몸통의 입구를 막아준다.
8. 머리를 몸통에 꿰맨다.
9. 팔과 앞발바닥의 솔기를 꿰맨 후 솜을 채운다. 작품 사진을 참고하여 주황색 실로 앞발바닥에 스티치하여 발가락의 느낌을 살린다. 팔을 몸통에 꿰맨다.
10. 발을 반으로 접어 솔기를 꿰매고 솜을 채운다. 주황색 실로 스티치하여 발가락의 느낌을 살린다.(작품 사진 참고)
11. 다리의 옆선끼리 꿰매고 솜을 채운 후, 다리의 아래 끝에 발을 꿰맨다. 두 번째 다리도 같은 방법으로 작업한 후 다리를 몸통에 꿰맨다.
12. 꼬리의 옆선끼리 꿰매고 솜을 채운 후 엉덩이에 단다.

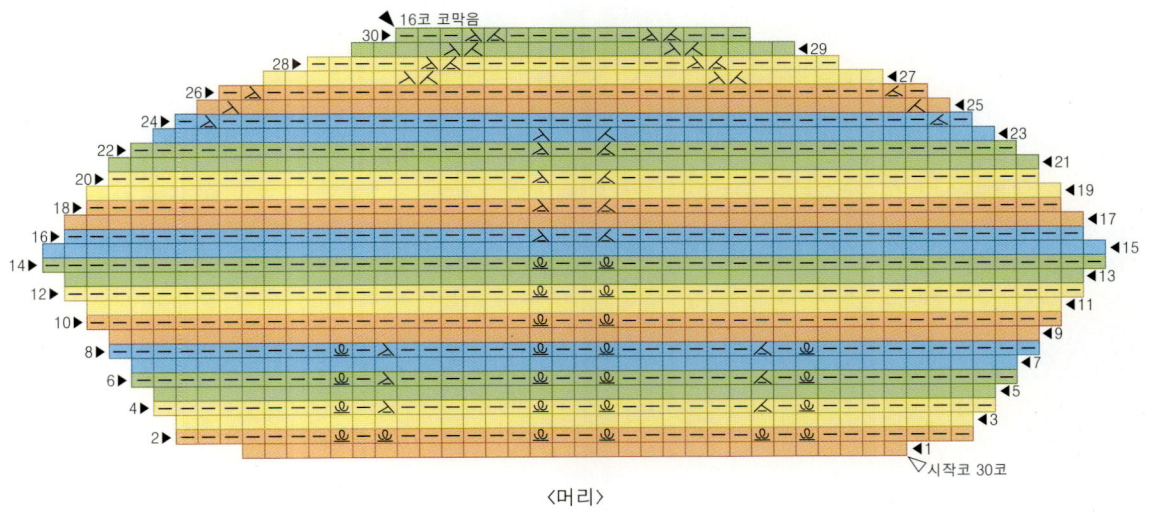

〈머리〉

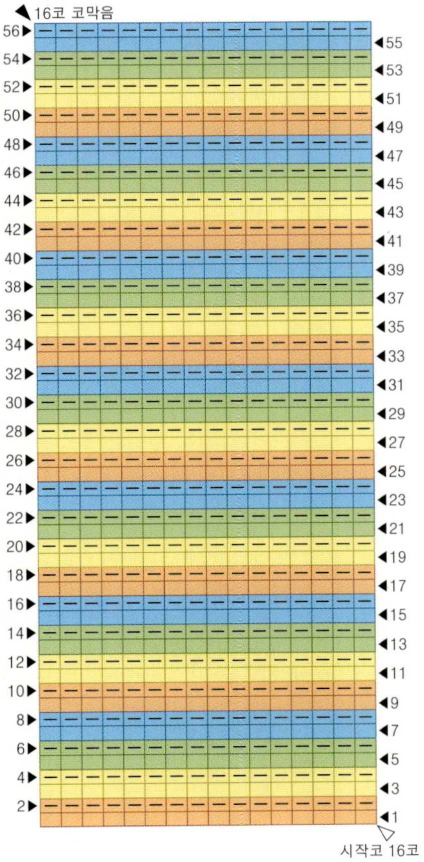

〈다리〉×2개

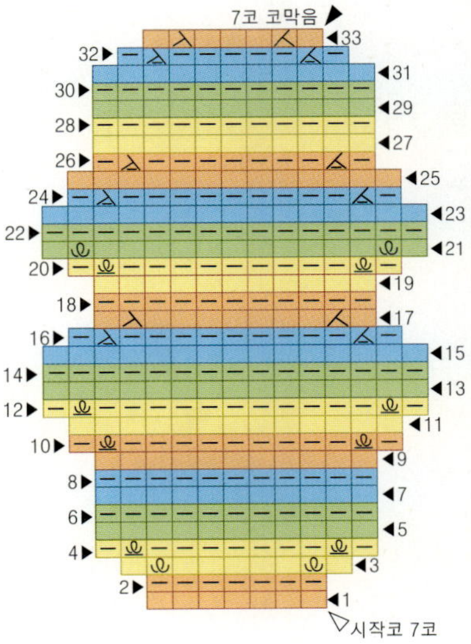

〈발〉×2개

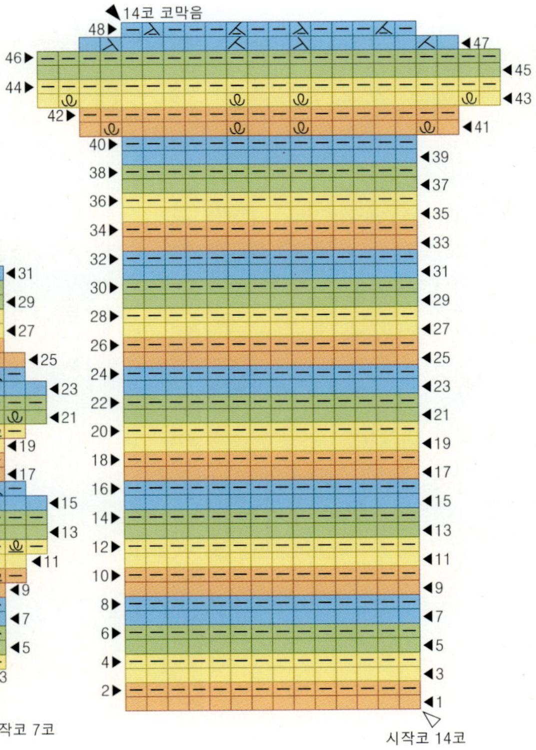

〈팔〉×2개

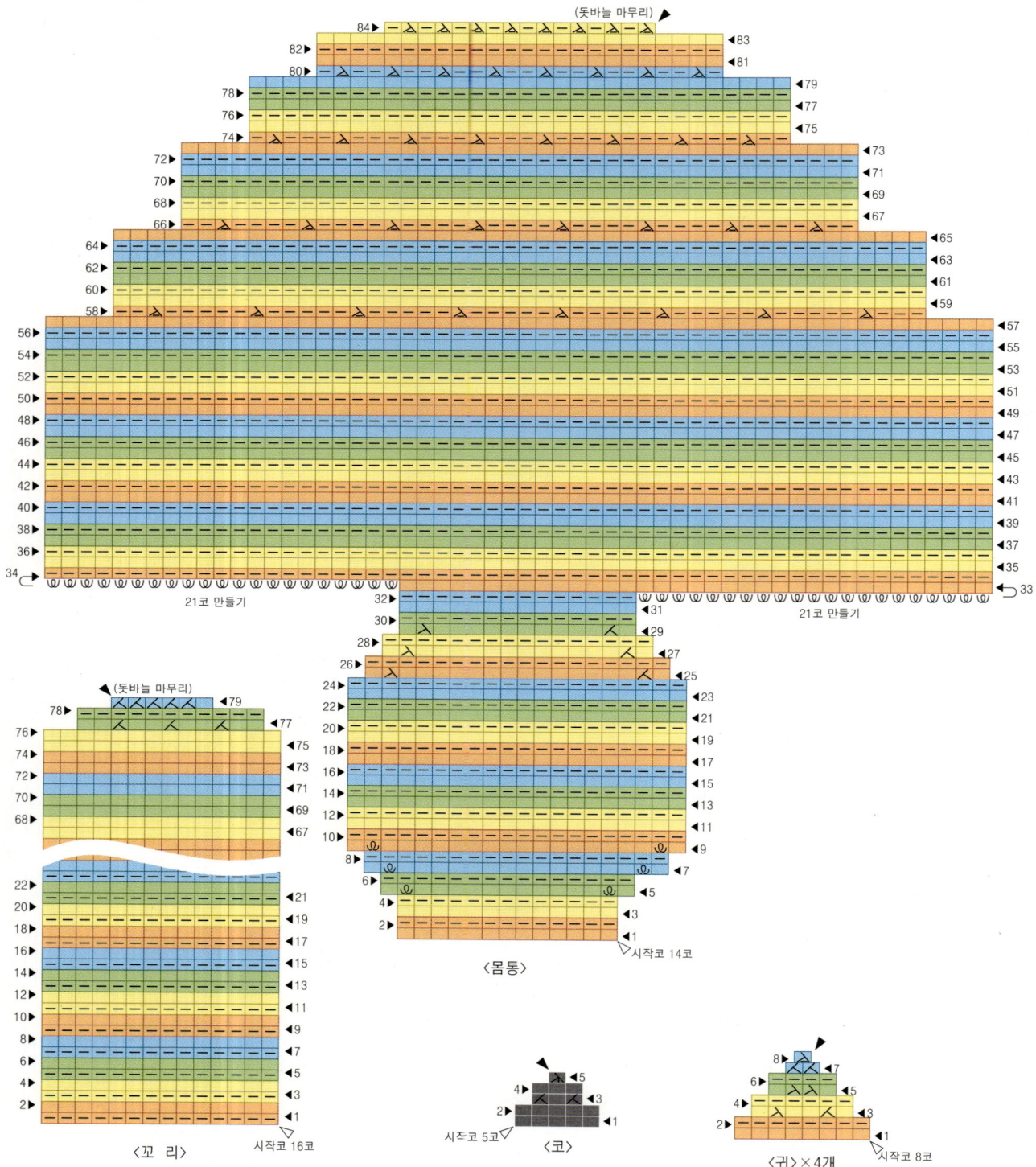

키티 캣

숙녀에게 옷은 아무리 많아도 늘 부족하지요.
고양이도 마찬가지예요.
멋쟁이 고양이는 잠옷과 일상복이 있고요,
차려입는 걸 무척 좋아한답니다.

준비물
- 회색 실(8ply, DK)
- 크림색 실(8ply, DK)
- 분홍색 실(2ply, laceweight) 조금
- 인형 눈 : 9mm 검정색 플라스틱 나사눈 2개(뒷면을 은색 매니큐어로 칠함)
- 검정색 자수실 조금
- 장난감용 구름솜

바늘
- 대바늘 3.75mm(영국 9호, 미국 5호)
- 마커링 2개

게이지
대바늘 3.75mm를 이용하여 메리야스뜨기로 2.5cm=4~5코

완성 크기
발바닥에서 머리끝까지의 높이=약 25cm

뒷몸통

회색 실을 이용하여 시작코 10코를 만든다.
- **1~2단** 겉뜨기로 시작하여 메리야스뜨기 2단
- **3단** 겉뜨기 1코, 1코 만들기, 1코 남을 때까지 겉뜨기, 1코 만들기, 겉뜨기 1코(총 12코)
- **4단** 안뜨기 1코, 1코 만들기, 1코 남을 때까지 안뜨기, 1코 만들기, 안뜨기 1코(총 14코)
- **5~6단** 3~4단 반복(총 18코)
- **7단** 3단 반복(총 20코)
- **8~14단** 메리야스뜨기 7단
- **15단** 겉뜨기 1코, 2코 모아뜨기, 3코 남을 때까지 겉뜨기, 오른코 모아뜨기, 겉뜨기 1코(총 18코)
- **16단** 안뜨기 1단
- **17~20단** [15~16단] 2회 반복(총 14코)
- **21단** 겉뜨기 1코, 2코 모아뜨기, 3코 남을 때까지 겉뜨기, 오른코 모아뜨기, 겉뜨기 1코(총 12코)
- **22~24단** 안뜨기로 시작하여 메리야스뜨기 3단
- **25~32단** [21~24단] 2회 반복(총 8코)

모든 코를 코막음한다.

앞몸통

회색 실을 이용하여 시작코 10코를 만든다.
- **1~2단** 겉뜨기로 시작하여 메리야스뜨기 2단

양쪽 끝에서 4코 떨어진 곳에 마커링을 끼운다.
- **3단** 겉뜨기 1코, 1코 만들기, 마커링까지 겉뜨기(마커링 옮기기), 1코 만들기, 마커링까지 겉뜨기, 1코 만들기(마커링 옮기기), 1코 남을 때까지 겉뜨기, 1코 만들기, 겉뜨기 1코(총 14코)
- **4단** 안뜨기 1코, 1코 만들기, 1코 남을 때까지 안뜨기, 1코 만들기, 안뜨기 1코(총 16코)
- **5~8단** [3~4단] 2회 반복(총 28코)
- **9단** 3단 반복(총 32코)
- **10~16단** 안뜨기로 시작하여 메리야스뜨기 7단
- **17단** 겉뜨기 1코, 2코 모아뜨기, 마커링까지 겉뜨기(마커링 옮기기), 2코 모아뜨기, 마커링 전에 2코 남을 때까지 겉뜨기, 오른코 모아뜨기(마커링 옮기기), 3코 남을 때까지 겉뜨기, 오른코 모아뜨기, 겉뜨기 1코(총 28코)
- **18단** 안뜨기 1단
- **19~24단** [17~18단] 3회 반복(총 16코)

마커링을 제거한다.
- **25단** 겉뜨기 1코, 2코 모아뜨기, 3코 남을 때까지 겉뜨기, 오른코 모아뜨기, 겉뜨기 1코(총 14코)
- **26~28단** 안뜨기로 시작하여 메리야스뜨기 3단
- **29~32단** 25~28단 반복(총 12코)
- **33단** 겉뜨기 1코, 2코 모아뜨기, 3코 남을 때까지 겉뜨기, 오른코 모아뜨기, 겉뜨기 1코(총 10코)
- **34단** 안뜨기 1단

모든 코를 코막음한다.

머리

회색 실을 이용하여 시작코 12코를 만든다.
- **1단** 겉뜨기 1코, 1코 만들기, 겉뜨기 5코, 1코 만들기, 겉뜨기 5코, 1코 만들기, 겉뜨기 1코(총 15코)
- **2단** 안뜨기 1단

페어아일 기법(→p.21)으로 작업물 뒤로 실을 걸어가며 배색한다.
굵은 글씨는 크림색 실로, 나머지는 회색 실로 뜬다.
- **3단** 겉뜨기 6코, 1코 만들기, **겉뜨기 3코**, 1코 만들기, 겉뜨기 6코(총 17코)
- **4단** 안뜨기 1코, 1코 만들기, 안뜨기 6코, **1코 만들기, 안뜨기 3코, 1코 만들기**, 안뜨기 6코, 1코 만들기, 안뜨기 1코(총 21코)
- **5단** 겉뜨기 8코, **겉뜨기 1코, 1코 만들기, 겉뜨기 3코, 1코 만들기, 겉뜨기 1코**, 겉뜨기 8코(총 23코)
- **6단** 안뜨기 1코, 1코 만들기, 안뜨기 7코, **안뜨기 2코, 1코 만들기, 안뜨기 3코, 1코 만들기, 안뜨기 2코**, 안뜨기 7코, 1코 만들기, 안뜨기 1코(총 27코)
- **7단** 겉뜨기 9코, **겉뜨기 3코, 1코 만들기, 겉뜨기 3코, 1코 만들기, 겉뜨기 3코**, 겉뜨기 9코(총 29코)

8단 안뜨기 9코, **안뜨기 11코**, 안뜨기 9코
9단 겉뜨기 9코, **겉뜨기 11코**, 겉뜨기 9코
10단 안뜨기 9코, **안뜨기 11코**, 안뜨기 9코
11단 겉뜨기 9코, **겉뜨기 2코, 2코 모아뜨기, 겉뜨기 3코, 오른코 모아뜨기, 겉뜨기 2코,** 겉뜨기 9코(총 27코)
12단 안뜨기 9코, **안뜨기 1코, 안뜨기로 2코 모아 꼬아뜨기, 안뜨기 3코, 안뜨기로 2코 모아뜨기, 안뜨기 1코,** 안뜨기 9코(총 25코)
13단 겉뜨기 9코, **2코 모아뜨기, 겉뜨기 3코, 오른코 모아뜨기,** 겉뜨기 9코(총 23코)
14단 안뜨기 8코, 안뜨기로 2코 모아 꼬아뜨기, **안뜨기 3코,** 안뜨기로 2코 모아뜨기, 안뜨기 8코(총 21코)
15단 겉뜨기 7코, 2코 모아뜨기, **겉뜨기 3코,** 오른코 모아뜨기, 겉뜨기 7코(총 19코)
16단 안뜨기 6코, 안뜨기로 2코 모아 꼬아뜨기, **안뜨기 3코,** 안뜨기로 2코 모아뜨기, 안뜨기 6코(총 17코)
17단 겉뜨기 1코, 2코 모아뜨기, 겉뜨기 5코, **겉뜨기 1코,** 겉뜨기 5코, 오른코 모아뜨기, 겉뜨기 1코(총 15코)
주황색 실을 자른다.
18단 안뜨기 1코, 안뜨기로 2코 모아 꼬아뜨기, 3코 남을 대까지 안뜨기, 안뜨기로 2코 모아뜨기, 안뜨기 1코(총 13코)
19단 3코 코막음, 겉뜨기 6코, 남은 3코 코막음(총 7코)
20~29단 안쪽 면에서 새로운 실을 걸어 남아 있는 7코로 메리야스뜨기 10단

30단 안뜨기 1코, 안뜨기로 2코 모아 꼬아뜨기, 겉뜨기 1코, 안뜨기로 2코 모아뜨기, 안뜨기 1코(총 5코)
31~32단 메리야스뜨기 2단
33단 겉뜨기 1코, 오른코 중심 3코 모아뜨기, 겉뜨기 1코(총 3코)
34단 안뜨기 1단
모든 코를 코막음한다.

코

분홍색 실 2겹을 이용하여 시작코 5코를 만든다.
1~2단 겉뜨기로 시작하여 메리야스뜨기 2단
3단 2코 모아뜨기, 겉뜨기 1코, 오른코 모아뜨기(총 3코)
4단 안뜨기 1단
5단 오른코 중심 3코 모아뜨기(총 1코)
실을 자르고 남은 코 사이로 실을 뺀 후 잡아당겨 마무리한다.

팔(2개)

회색 실을 이용하여 시작코 10코를 만든다.
1~10단 겉뜨기로 시작하여 메리야스뜨기 10단
크림색 실로 바꾼다.
11~12단 메리야스뜨기 2단
13단 겉뜨기 1코, 1코 만들기, 겉뜨기 3코, 1코 만들기, 겉뜨기 2코, 1코 만들기, 겉뜨기 3코, 1코 만들기, 겉뜨기 1코(총 14코)
14단 안뜨기 1단
15단 겉뜨기 1코, 1코 만들기, 겉뜨기 5코, 1코 만들기, 겉뜨기 2코, 1코 만들기, 겉뜨기 5코, 1코 만들기, 겉뜨기 1코(총 18코)
16단 안뜨기 1단
17단 겉뜨기 1코, 2코 모아뜨기, 겉뜨기 3코, 오른코 모아뜨기, 겉뜨기 2코, 2코 모아뜨기, 겉뜨기 3코, 오른코 모아뜨기, 겉뜨기 1코(총 14코)
모든 코를 안쪽 면에서 안뜨기로 코막음한다.

발(2개)

크림색 실을 이용하여 시작코 6코를 만든다.
1단 겉뜨기 1단
2단 안뜨기 1코, 1코 만들기, 1코 남을 때까지 안뜨기, 1코 만들기, 안뜨기 1코(총 8코)
3단 겉뜨기 1코, 1코 만들기, 1코 남을 때까지 안뜨기, 1코 만들기, 겉뜨기 1코(총 10코)
4~8단 안뜨기로 시작하여 메리야스뜨기 5단
9단 겉뜨기 1코, 2코 모아뜨기, 3코 남을 때까지 겉뜨기, 오른코

모아뜨기, 겉뜨기 1코(총 8코)
10단 안뜨기 1단
11단 겉뜨기 1코, 1코 만들기, 1코 남을 때까지 겉뜨기, 1코 만들기, 겉뜨기 1코(총 10코)
12~16단 안뜨기로 시작하여 메리야스뜨기 5단
17단 겉뜨기 1코, 2코 모아뜨기, 3코 남을 때까지 겉뜨기, 오른코 모아뜨기, 겉뜨기 1코(총 8코)
18단 안뜨기 1코, 안뜨기로 2코 모아 꼬아뜨기, 3코 남을 때까지 안뜨기, 안뜨기로 2코 모아뜨기, 안뜨기 1코(총 6코)
19단 겉뜨기 1단

모든 코를 안쪽 면에서 안뜨기로 코막음한다.

다리(2개)

회색 실을 이용하여 시작코 10코를 만든 후, 메리야스뜨기 12단을 뜬다.
모든 코를 코막음한다.

꼬리

회색 실을 이용하여 시작코 9코를 만든다.
1~10단 겉뜨기로 시작하여 메리야스뜨기 10단
11단 겉뜨기 6코(되돌아뜨기하고 편물을 뒤로 돌린다)
12단 안뜨기 3코(되돌아뜨기하고 편물을 뒤로 돌린다)
13단 단의 끝까지 겉뜨기
14단 안뜨기 1단
15~22단 [11~14단] 2회 반복
22~33단 메리야스뜨기 11단
크림색 실로 바꾼다.
34단 안뜨기 1단
35단 [겉뜨기 1코, 2코 모아뜨기] 3회 반복(총 6코)
36단 안뜨기 1단
37단 [2코 모아뜨기] 3회 반복(총 3코)
실을 자르고 돗바늘에 끼운 후, 남은 코 사이로 통과시켜 단단히 잡아당긴 후 마무리한다.

귀(4개)

회색 실을 이용하여 시작코 7코를 만든다.
1~2단 겉뜨기로 시작하여 메리야스뜨기 2단
3단 2코 모아뜨기, 2코 남을 때까지 겉뜨기, 오른코 모아뜨기(총 5코)
4단 안뜨기 1단

5~6단 3~4단 반복(총 3코)
7단 오른코 중심 3코 모아뜨기(총 1코)
실을 자르고 남은 코 사이로 실을 뺀 후 잡아당겨 마무리한다.

연결하기

1. 몸통의 옆선을 꿰매면서 솜을 채워 넣는다.
2. 머리에 나사눈을 고정하고 솜을 채운다.
3. 귀 2장을 안쪽 면끼리 마주 대고 가장자리를 꿰맨다. 나머지 귀 2장도 같은 방법으로 작업한다. 작품 사진을 참고하여 머리 양쪽에 귀를 고정한다.
4. 코를 얼굴에 꿰맨다. 검정색 자수실을 이용하여 입과 수염을 수놓는다.
5. 실과 돗바늘을 이용하여 머리의 아랫단과 각 눈의 안쪽을 한 땀씩 꿰맨 후, 실을 아래쪽으로 잡아당겨 단단하게 고정한다. 이렇게 하면 얼굴의 형태가 제대로 잡힌다.
6. 머리를 몸통에 꿰맨다.
7. 팔과 앞발바닥의 솔기를 꿰맨 후 솜을 채운다. 작품 사진을 참고하여 크림색 실로 앞발바닥에 스티치하여 발가락의 느낌을 살린다.
8. 발은 반으로 접어서 솜을 채워가며 꿰맨다. 앞발바닥에 있는 스티치와 같은 방법으로 2개의 스티치를 한다. 두 번째 발도 같은 방법으로 작업한다.
9. 다리의 옆선끼리 꿰매고 솜을 채운 후, 다리의 아래 끝에 발을 꿰맨다. 두 번째 다리도 같은 방법으로 작업한 후, 다리를 몸통 아래에 꿰맨다.
10. 꼬리의 옆선끼리 꿰매고 솜을 채운 후 작품 사진을 참고하여 몸통의 엉덩이에 꿰맨다.

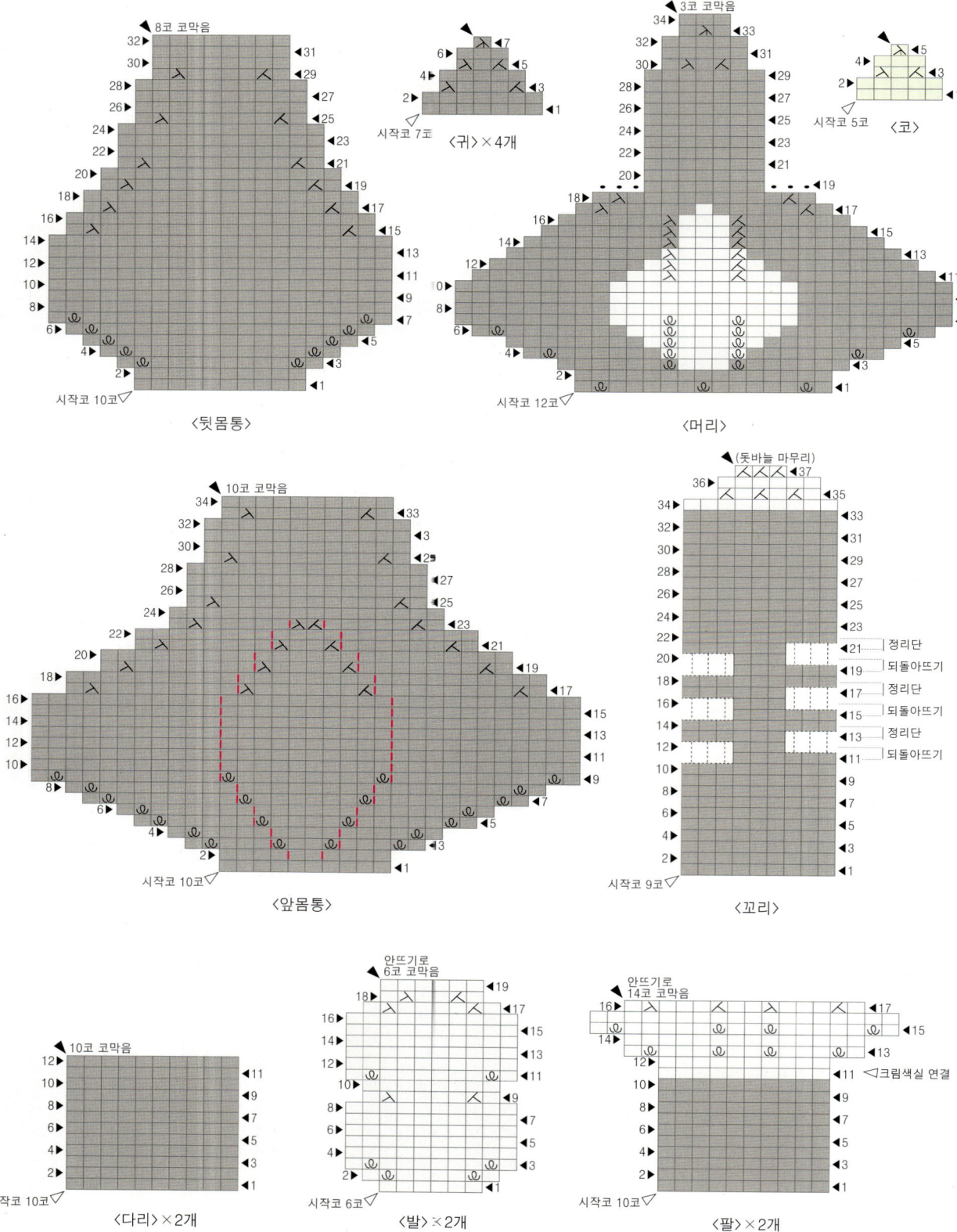

키티 캣의 일상복

블루머

반쪽자리 2장으로 만든다.
주황색 실과 대바늘 2.75mm를 이용하여 다음과 같이 피코엣지 시작코(picot cast on)를 만든다.
[5코 만들기, 2코 코막음, 오른쪽 바늘에 있는 코를 왼쪽 바늘로 옮긴다] 8회 반복, 2코 만들기(총 26코)

- 1단 [겉뜨기 3코, 1코 만들기(코와 코 사이에 걸린 실을 걸어올려 그 안에 바늘 넣어 1코를 뜬다)] 2코 남을 때까지 반복, 겉뜨기 2코(총 34코)
- 2단 안뜨기 1단
- 3단 [2코 모아뜨기] 17회 반복(총 17코)
- 4단 안뜨기 1단

대바늘 3.25mm로 바꾼다.

- 5단 [1코 늘리기] 17회 반복(총 34코)
- 6단 안뜨기 1단
- 7단 3코 코막음, 1코 만들기, [겉뜨기 2코, 1코 만들기] 13회 반복, 겉뜨기 4코(총 45코)
- 8단 3코 코막음, 단의 끝까지 안뜨기(총 42코)
- 9단 겉뜨기 1코, 2코 모아뜨기, 겉뜨기 6코, [1코 만들기, 겉뜨기 5코] 8코 남을 때까지 반복, 1코 만들기, 겉뜨기 5코, 오른코 줄이기, 겉뜨기 1코(총 46코)
- 10단 안뜨기 1코, 안뜨기로 2코 모아 꼬아뜨기, 3코 남을 때까지 안뜨기, 안뜨기로 2코 모아뜨기, 안뜨기 1코(총 44코)
- 11~24단 메리야스뜨기 14단
- 25단 [겉뜨기 2코, 2코 모아뜨기] 11회 반복(총 33코)
- 26단 안뜨기 1단
- 27~29단 1코/1코 고무단으로 3단
- 30단(안쪽 면) [안뜨기 1코, 겉뜨기 1코, 안뜨기 1코, 겉뜨기 1코, 안뜨기로 2코 모아뜨기, 바늘비우기] 5회 반복, 안뜨기 1코, 겉뜨기 1코, 안뜨기 1코

리본이 통과할 구멍이 만들어진다.

- 31~33단 1코/1코 고무단으로 3단

모든 코를 코막음한다.

원피스의 뒤판

파란색 실과 대바늘 2.75mm를 이용하여 다음과 같이 피코엣지 시작코(picot cast on)를 만든다.
[5코 만들기, 2코 코막음, 오른쪽 바늘에 있는 코를 왼쪽 바늘로 옮긴다] 13회 반복, 2코 만들기(총 41코)

- 1~4단 겉뜨기로 시작하여 가터뜨기 4단
- 5단 [겉뜨기 8코, 1코 만들기] 4회 반복, 겉뜨기 9코(총 45코)

대바늘 3.25mm로 바꾼다.

준비물
- 주황색 실(5ply, sportweight)
- 파란색 실(5ply, sportweight)
- 원피스용 물고기 모양 작은 단추 2개
- 신발용 작은 단추 2개
- 폭 좁은 리본끈 조금

바늘
- 대바늘 3.25mm(영국 10호, 미국 3호)
- 대바늘 2.75mm(영국 12호, 미국 2호)

게이지
대바늘 3.25mm를 이용하여 메리야스뜨기로 2.5cm=약 6코

6~8단 안뜨기로 시작하여 메리야스뜨기 3단
주황색 실을 이용하여 다음과 같이 3단에 걸쳐 물고기 모양을 작업한다. **굵은 글씨**는 주황색 실로, 나머지는 파란색 실로 뜬다.
9단 [겉뜨기 5코, **겉뜨기 1코**, 겉뜨기 1코, **겉뜨기 3코**] 4회 반복, 겉뜨기 5코
10단 [안뜨기 4코, **안뜨기 6코**] 4회 반복, 안뜨기 5코
11단 9단을 반복한다.
파란색으로 이어 뜬다.
12~24단 안뜨기로 시작하여 메리야스뜨기 13단
25단 겉뜨기 2코, [2코 모아뜨기, 겉뜨기 1코] 4회 남을 때까지 반복, 2코 모아뜨기, 겉뜨기 2코(총 31코)
26~30단 안쪽 면에서 시작하여 1코/1코 고무단으로 5단
31단 5코 코막음, 단의 끝까지 1코/1코 고무단(총 26코)
32단 5코 코막음, 단의 끝까지 1코/1코 고무단(총 21코)
33~40단 1코/1코 고무단으로 8단
41단 1코/1코 고무단으로 7코, 7코 코막음, 단의 끝까지 고구단 편물을 뒤로 돌린 후, 처음 7코(그림 도안의 ⓐ)만 가지고 지금부터 길이가 3cm 될 때까지 뜬다.
다음 단 겉뜨기 1코, 안뜨기 1코, 2코 모아뜨기, 바늘비우기, 겉뜨기 1코, 안뜨기 1코, 겉뜨기 1코(총 7코)
다음 단 1코/1코 고무단 1단
다음 단 2코 모아뜨기, 겉뜨기 1코, 안뜨기 1코, 겉뜨기 1코, 2코 모아뜨기(총 5코)
모든 코를 코막음한다.
편물의 안쪽 면에서 41번째 단에 남아 있는 7코(그림 도안의 ⓑ)로 위와 같은 방법으로 완성한다.

원피스의 앞판

36단까지 원피스의 뒤판과 같은 방법으로 작업한다.
모든 코를 코막음한다.

물고기

주황색 실과 대바늘 2.75mm를 이용하여 시작코 2코를 만든다.
1단 겉뜨기 1코, 1코 만들기, 겉뜨기 1코(총 3코)
2단 안뜨기 1단
3단 [겉뜨기 1코, 1코 만들기] 2회 반복, 겉뜨기 1코(총 5코)
4단 안뜨기 1단
5단 2코 모아뜨기, 겉뜨기 1코, 오른코 모아뜨기(총 3코)
6단 안뜨기 1단
7단 오른코 중심 3코 모아뜨기(총 1코)
8단 2코 늘리기(총 3코)
9단 [겉뜨기 1코, 1코 만들기] 2회 반복, 겉뜨기 1코(총 5코)
10단 겉뜨기 1단
11단 겉뜨기 1단(접는 선이 된다)
12단 겉뜨기 1단
13단 안뜨기로 2코 모아뜨기, 안뜨기 1코, 안뜨기로 2코 모아뜨기(총 3코)
14단 오른코 중심 3코 모아뜨기(총 1코)
15단 2코 늘리기(총 3코)
16단 안뜨기 1단
17단 [겉뜨기 1코, 1코 만들기] 2회 반복, 겉뜨기 1코(총 5코)
18단 안뜨기 1단
19단 2코 모아뜨기, 겉뜨기 1코, 오른코 모아뜨기(총 3코)
20단 안뜨기 1단
21단 오른코 중심 3코 모아뜨기(총 1코)
실을 자르고 남은 코 사이로 실을 뺀 후 잡아당겨 마무리한다.

신발(2개)

파란색 실과 대바늘 3.25mm를 이용하여 시작코 5코를 만든다.
1단 겉뜨기 1단
2단 겉뜨기 1코, 1코 만들기, 1코 남을 때까지 겉뜨기, 1코 만들기, 겉뜨기 1코(총 7코)
3단 겉뜨기 1단
4단 겉뜨기 1단
5~7단 2~4단 반복(총 9코)
8~10단 2~4단 반복(총 11코)
11~12단 가터뜨기 2단

13단 13코 만들기, 단의 끝까지 겉뜨기(총 24코)
14단 13코 만들기, 단의 끝까지 겉뜨기(총 37코)
신발의 모양은 다음과 같이 만든다.
15단 겉뜨기 13코, 2코 모아뜨기, 겉뜨기 7코, 오른코 모아뜨기, 겉뜨기 13코(총 35코)
16단 겉뜨기 12코, 2코 모아뜨기, 겉뜨기 7코, 오른코 모아뜨기, 겉뜨기 12코(총 33코)
17단 겉뜨기 11코, 2코 모아뜨기, 겉뜨기 7코, 오른코 모아뜨기, 겉뜨기 11코(총 31코)
18단 겉뜨기 10코, 2코 모아뜨기, 겉뜨기 7코, 오른코 모아뜨기, 겉뜨기 10코(총 29코)
19단 겉뜨기 9코, [2코 모아뜨기] 2회 반복, 겉뜨기 3코, [오른코 모아뜨기] 2회 반복, 겉뜨기 9코(총 25코)
모든 코를 코막음한다.

왼쪽 신발의 스트랩

파란색 실과 대바늘 3.25mm를 이용하여 시작코 10코를 만든다.
1단 겉뜨기 1단
2단 겉뜨기 1코, 2코 모아뜨기, 바늘비우기, 겉뜨기 7코(총 10코)
3단 겉뜨기 1단
모든 코를 코막음한다.

오른쪽 신발의 스트랩

파란색 실과 대바늘 3.25mm를 이용하여 시작코 10코를 만든다.
1단 겉뜨기 1단
2단 겉뜨기 7코, 바늘비우기, 2코 모아뜨기, 겉뜨기 1코(총 10코)
3단 겉뜨기 1단
모든 코를 코막음한다.

연결하기

1. 블루머의 앞쪽 솔기끼리, 뒤쪽 솔기끼리 꿰맨다. 이때 뒤쪽에 고양이 꼬리가 나올 구멍은 남기고 꿰맨다.
2. 블루머의 위쪽 구멍에 리본을 통과시킨다.
3. 원피스의 옆선을 꿰매고, 원피스 앞판 요크 위쪽에 양쪽으로 단추를 단다.
4. 물고기의 접는 선을 따라 접은 후 솜을 약간 채우며 가장자리를 꿰맨다.
5. 작품 사진을 참고하여, 리본끈으로 리본 모양을 만든 후 앞판 요크의 아랫단에 꿰매고, 리본끈 끝에 물고기를 달아준다.
6. 신발의 뒤꿈치를 꿰맨 후 바닥을 꿰맨다. 스트랩을 신발 등에 고정하고 단추는 양쪽 신발에 대칭으로 달아준다. 두 번째 신발도 같은 방법으로 작업한다.

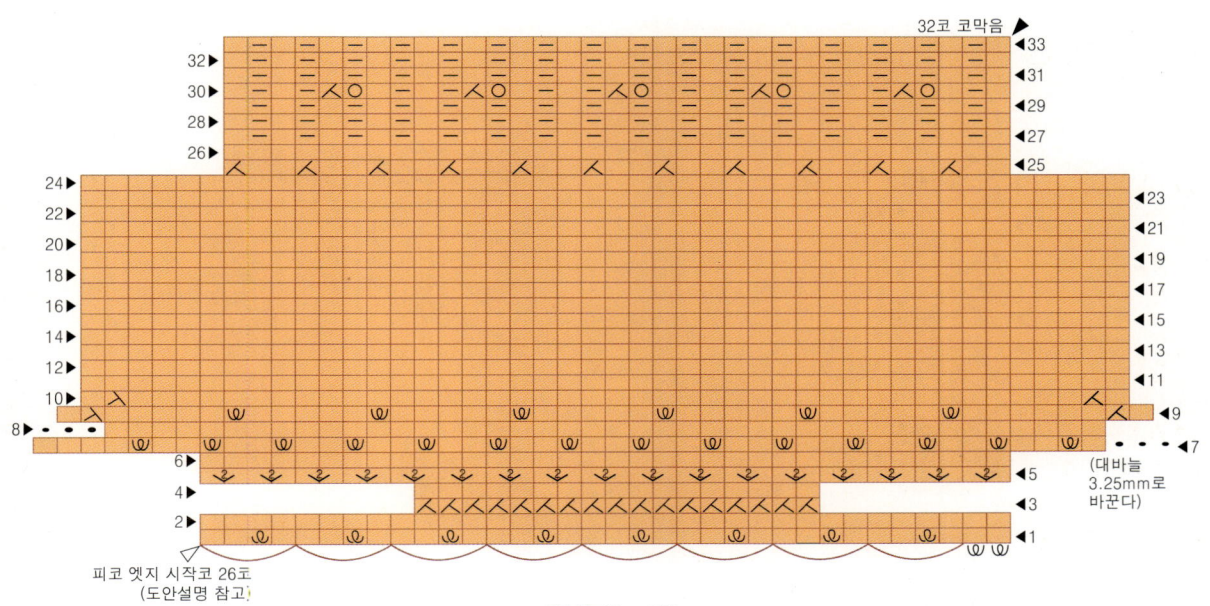

〈블루머〉×2개

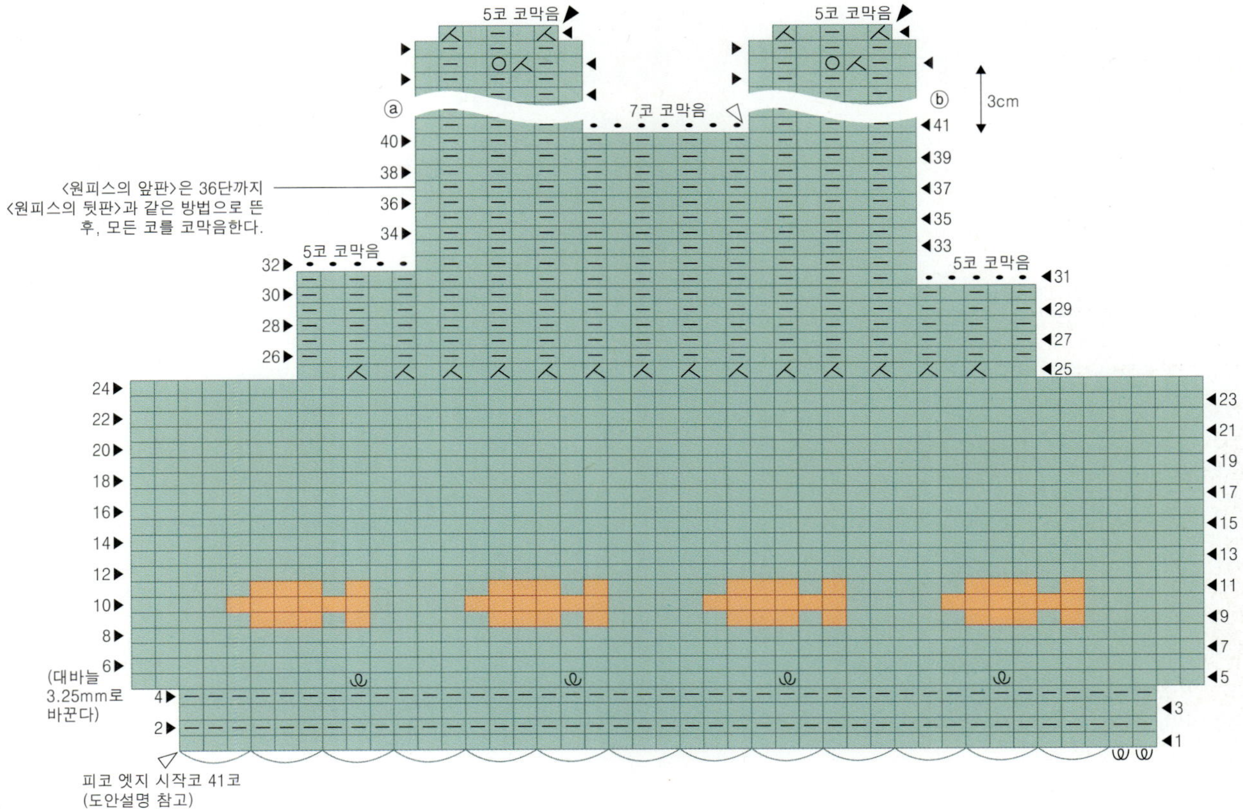

〈원피스의 뒷판〉

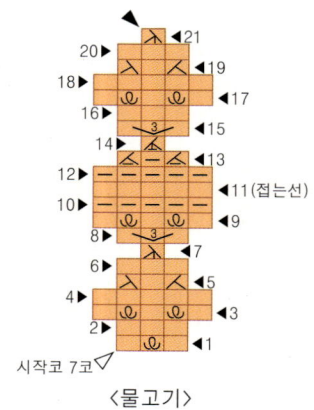

<물고기>

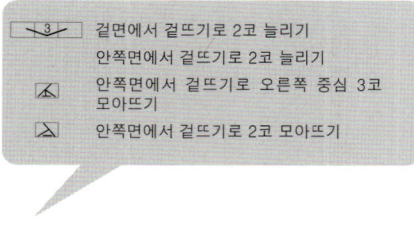

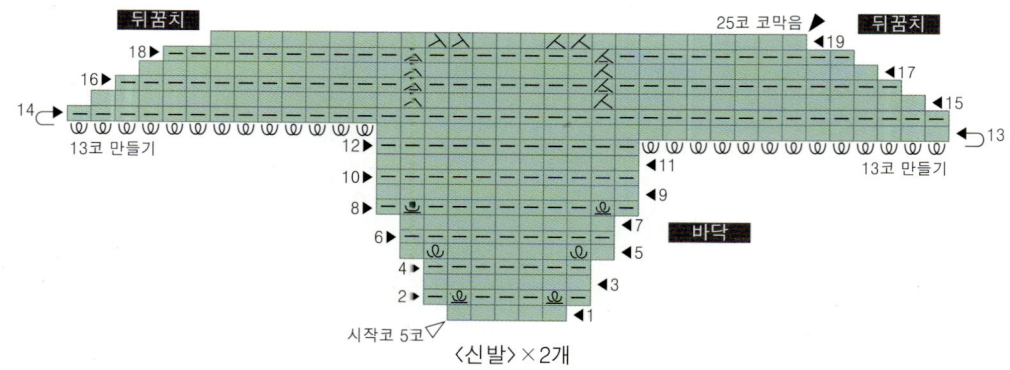

<신발>×2개

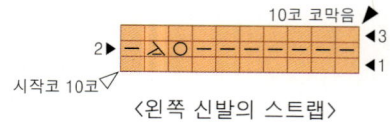

<왼쪽 신발의 스트랩>

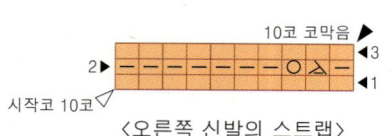

<오른쪽 신발의 스트랩>

키티 캣의 잠옷

준비물
- 분홍색 실(5ply, sportweight)
- 흰색 앙고라 실(4ply, fingering)
- 하트 모양 작은 단추 3개
- 검정색 자수실
- 분홍색 봉제용 실
- 장난감용 구름솜 조금

바늘
- 대바늘 3.25mm(영국 10호, 미국 3호)
- 대바늘 2.75mm(영국 12호, 미국 2호)
- 일반 봉제용 바늘
- 안전핀

게이지
대바늘 3.25mm와 5ply실(sportweight)을 이용하여 메리야스뜨기로 2.5cm=6코

잠옷(왼쪽)

분홍색 실과 대바늘 2.75mm를 이용하여 시작코 26코를 만든다.
    1~2단 1코/1코 고무단으로 2단
흰색 실로 바꾼다.
    3~4단 메리야스뜨기로 2단
분홍색 실과 대바늘 3.25mm로 바꾼다.
    5~12단 메리야스뜨기 8단
    13단 겉뜨기 1코, 1코 만들기, 겉뜨기 11코, 1코 만들기, 겉뜨기 2코, 1코 만들기, 겉뜨기 11코, 1코 만들기, 겉뜨기 1코(총 30코)
    14단 안뜨기 1단
    15단 겉뜨기 1코, 1코 만들기, 겉뜨기 13코, 1코 만들기, 겉뜨기 2코, 1코 만들기, 겉뜨기 13코, 1코 만들기, 겉뜨기 1코(총 34코)
    16단 안뜨기 1단
    17단 겉뜨기 1코, 1코 만들기, 겉뜨기 15코, 1코 만들기, 겉뜨기 2코, 1코 만들기, 겉뜨기 15코, 1코 만들기, 겉뜨기 1코(총 38코)
    18단 안뜨기 1단
    19단 3코 코막음, 겉뜨기 14코, 1코 만들기, 겉뜨기 2코, 1코 만들기, 겉뜨기 18코(총 37코)
    20단 3코 코막음, 단의 끝까지 안뜨기(총 34코)
    21단 겉뜨기 1코, 2코 모아뜨기, 겉뜨기 13코, 1코 만들기, 겉뜨기 2코, 1코 만들기, 겉뜨기 13코, 오른코 모아뜨기, 겉뜨기 1코(총 34코)
    22단 안뜨기 1코, 안뜨기로 2코 모아 꼬아뜨기, 3코 남을 때까지 안뜨기, 안뜨기로 2코 모아뜨기, 안뜨기 1코(총 32코)
    23단 겉뜨기 15코, 1코 만들기, 겉뜨기 2코, 1코 만들기, 겉뜨기 15코(총 34코)
    24~38단 메리야스뜨기 15단
    39단 겉뜨기 14코, 2코 모아뜨기, 겉뜨기 2코, 오른코 모아뜨기, 겉뜨기 14코(총 32코)
    40단 안뜨기 1단
    41단 겉뜨기 13코, 2코 모아뜨기, 겉뜨기 2코, 오른코 모아뜨기, 겉뜨기 13코(총 30코)
    42단 안뜨기 1단
    43단 겉뜨기 12코, 2코 모아뜨기, 겉뜨기 2코, 오른코 모아뜨기, 겉뜨기 12코(총 28코)
    44단 (안쪽 면에서)3코 만들기, [안뜨기 1코, 겉뜨기 1코] 3회 반복, 단의 끝까지 안뜨기(총 31코)
    45단 겉뜨기 11코, 2코 모아뜨기, 겉뜨기 2코, 오른코 모아뜨기, 겉뜨기 8코, [안뜨기 1코, 겉뜨기 1코] 3회 반복(총 29코)
    46~48단 가장자리의 1코/1코 고무단 6코는 유지한 채, 메리야스뜨기 3단
    49단 겉뜨기 12코, 2코 코막음, 겉뜨기 8코, 고무단 6코(총 27코)

편물을 뒤로 돌리고 처음 15코(그림 도안의 ⓐ)로 작업한다. 지금부터 고무단은 세트로 작업한다.

- **50단** 고무단 6코, 안뜨기 9코
- **51단** 겉뜨기 1코, 2코 모아뜨기, 겉뜨기 6코, 고무단 6코(총 14코)
- **52단** 고무단 6코, 안뜨기 8코
- **53단** 겉뜨기 1코, 2코 모아뜨기, 겉뜨기 5코, 고무단 6코(총 13코)
- **54단** 고무단 6코, 안뜨기 7코
- **55단** 겉뜨기 7코, 고무단 6코
- **56단** 고무단 6코, 안뜨기 7코
- **57단** 겉뜨기 7코, 6코는 안전핀에 걸어둔다.
- **58~59단** 7코만 가지고 메리야스뜨기 2단
- **60단** (안쪽 면)3코 코막음, 단의 끝까지 안뜨기(총 4코)
- **61단** 겉뜨기 1단

남아 있는 4코를 안쪽 면에서 안뜨기로 코막음한다.

49단에서 남아 있는 12코(그림 도안의 ⓑ)를 안쪽 면에서 다음과 같이 뜬다.

- **50단** 안뜨기 1단
- **51단** 겉뜨기 9코, 오른코 모아뜨기, 겉뜨기 1코(총 11코)
- **52단** 안뜨기 1단
- **53단** 겉뜨기 8코, 오른코 모아뜨기, 겉뜨기 1코(총 10코)
- **54단** 안뜨기 1단
- **55~60단** 겉뜨기로 시작하여 메리야스뜨기 6단
- **61단** (겉면)6코 코막음, 단의 끝까지 겉뜨기(총 4코)
- **62단** 안뜨기 1단

남아 있는 4코를 모두 코막음한다.

잠옷(오른쪽)

42단까지는 왼쪽 면과 같은 방법으로 작업한다.

- **43단** 3코 만들기, [겉뜨기 1코, 안뜨기 1코] 3회 반복, 겉뜨기 9코, 2코 모아뜨기, 겉뜨기 2코, 오른코 모아뜨기, 겉뜨기 12코(총 31코)
- **44단** 6코 남을 때까지 안뜨기, 고무단 6코
- **45단** [겉뜨기 1코, 안뜨기 1코] 3회 반복, 겉뜨기 8코, 2코 모아뜨기, 겉뜨기 2코, 오른코 모아뜨기, 겉뜨기 11코(총 29코)
- **46단** 6코 남을 때까지 안뜨기, 고무단 6코
- **47단** 겉뜨기 1코, 안뜨기 1코, 2코 모아뜨기, 바늘비우기, 겉뜨기 1코, 안뜨기 1코, 단의 끝까지 겉뜨기
- **48단** 6코 남을 때까지 안뜨기, 고무단 6코

지금부터 모든 고무단은 6코 고무단으로 한다.

- **49단** 고무단 6코, 겉뜨기 9코, 2코 코막음, 겉뜨기 11코(총 27코)

편물을 뒤로 돌리고 처음 12코(그림 도안의 ⓒ)만 가지고 작업한다.

- **50단** 안뜨기 1단(총 12코)
- **51단** 겉뜨기 1코, 2코 모아뜨기, 겉뜨기 9코(총 11코)
- **52단** 안뜨기 1단
- **53단** 겉뜨기 1코, 2코 모아뜨기, 겉뜨기 8코(총 10코)
- **54단** 안뜨기 1단
- **55~61단** 메리야스뜨기 7단
- **62단** 6코 코막음, 단의 끝까지 안뜨기(총 4코)
- **63단** 겉뜨기 1단

남아 있는 4코를 모두 코막음한다.

49단에서 남아 있는 15코(그림 도안의 ⓓ)를 가지고 안쪽 면에서 다음과 같이 뜬다.

- **50단** 안뜨기 9코, 고무단 6코(총 15코)
- **51단** 고무단 6코, 겉뜨기 6코, 오른코 모아뜨기, 겉뜨기 1코(총 14코)
- **52단** 안뜨기 8코, 고무단 6코
- **53단** 겉뜨기 1코, 안뜨기 1코, 2코 모아뜨기, 바늘비우기, 겉뜨기 1코, 안뜨기 1코, 겉뜨기 5코, 오른코 모아뜨기, 겉뜨기 1코(총 13코)
- **54~56단** 가장자리 고무단 유지한 채, 메리야스뜨기 3단
- **57단** 고무단 6코를 뜬 후에 안전핀에 걸어두고, 남은 7코는 겉뜨기
- **58단** 바늘에 있는 7코로 안뜨기
- **59단** 3코 코막음, 단의 끝까지 겉뜨기(총 4코)
- **60단** 안뜨기 1단

남아 있는 4코는 모두 코막음한다.

소매(2개)

분홍색 실과 대바늘 2.75mm를 이용하여 시작코 24코를 만든다.

- **1~2단** 1코/1코 고무단으로 2단

흰색 실로 바꾼다.

- **3~4단** 메리야스뜨기 2단

분홍색 실과 대바늘 3.25mm로 바꾼다.

- **5~16단** 메리야스뜨기 12단

모든 코를 코막음한다.

토끼 얼굴(잠옷 앞면)

흰색 실과 대바늘 2.75mm를 이용하여 시작코 5코를 만든다.

- **1단** 겉뜨기 1코, 1코 만들기, 1코 남을 때까지 겉뜨기, 1코 만들기, 겉뜨기 1코(총 7코)
- **2단** 안뜨기 1단
- **3~4단** 1~2단 반복(총 9코)
- **5~6단** 1~2단 반복(총 11코)

7~10단 메리야스뜨기로 4단
11단 2코 모아뜨기, 2코 남을 때까지 겉뜨기, 오른코 모아뜨기
(총 9코)
12단 안뜨기 1단
13~16단 [11~12단] 2회 반복(총 5코)
모든 코를 코막음한다.

토끼 귀(2개)

흰색 실과 대바늘 2.75mm를 이용하여 시작코 5코를 만든다.
1~8단 메리야스뜨기 8단

9단 2코 모아뜨기, 겉뜨기 1코, 오른코 모아뜨기(총 3코)
10단 안뜨기 1단
모든 코를 코막음한다.

슬리퍼(2개)

가터뜨기로 작업한다.
분홍색 실과 대바늘 3.25mm를 이용하여 시작코 5코를 만든다.
1단 겉뜨기 1단
2단 겉뜨기 1코, 1코 만들기, 1코 남을 때까지 겉뜨기, 1코 만들기, 겉뜨기 1코(총 7코)

3~4단　가터뜨기 2단
5~10단　[2~4단] 2회 반복(총 11코)
11~12단　가터뜨기 2단
13단　13코 만들기, 단의 끝까지 겉뜨기(총 24코)
14단　13코 만들기, 단의 끝까지 겉뜨기(총 37코)
슬리퍼의 모양은 다음과 같이 만든다.
15단　겉뜨기 13코, 2코 모아뜨기, 겉뜨기 7코, 오른코 모아뜨기, 겉뜨기 13코(총 35코)
16단　겉뜨기 12코, 2코 모아뜨기, 겉뜨기 7코, 오른코 모아뜨기, 겉뜨기 12코(총 33코)
17단　겉뜨기 11코, 2코 모아뜨기, 겉뜨기 7코, 오른코 모아뜨기, 겉뜨기 11코(총 31코)
18단　겉뜨기 10코, 2코 모아뜨기, 겉뜨기 7코, 오른코 모아뜨기, 겉뜨기 10코(총 29코)
19단　겉뜨기 9코, [2코 모아뜨기] 2회 반복, 겉뜨기 3코, [오른코 모아뜨기] 2회 반복, 겉뜨기 9코(총 25코)
20단　겉뜨기 8코, [2코 모아뜨기] 2회 반복, 겉뜨기 1코, [오른코 모아뜨기] 2회 반복, 겉뜨기 8코(총 21코)
모든 코를 코막음한다.

슬리퍼에 있는 토끼 귀(4개)

흰색 실과 대바늘 2.75mm를 이용하여 시작코 5코를 만든다.
1~8단　메리야스뜨기 8단
9단　2코 모아뜨기, 겉뜨기 1코, 오른코 모아뜨기(총 3코)
10단　안뜨기 1단
11단　겉뜨기 1코, 1코 만들기, 겉뜨기 1코, 1코 만들기, 겉뜨기 1코 (총 5코)
12단　안뜨기 1단
13~20단　메리야스뜨기 8단
모든 코를 코막음한다.

슬리퍼에 있는 토끼 꼬리(2개)

흰색 실과 대바늘 2.75mm를 이용하여 시작코 5코를 만든다.
1단　겉뜨기 1코, 1코 만들기, 1코 남을 때까지 겉뜨기, 1코 만들기, 겉뜨기 1코(총 7코)
2단　안뜨기 1단
3~6단　[1~2단] 2회 반복(총 11코)
7~12단　메리야스뜨기 6단
13단　2코 모아뜨기, 3코 남을 때까지 겉뜨기, 오른코 모아뜨기 (총 9코)
14단　안뜨기 1단
15~18단　[13~14단] 2회 반복(총 5코)
실을 자르고 돗바늘에 끼운 후, 남은 코 사이로 통과시켜 단단히 잡아당긴 후 마무리한다.
옆선끼리 꿰매고 꼬리에 솜을 조금 넣은 후, 시작단의 코를 모아 '볼' 안으로 돗바늘을 넣어 정리한다.

연결하기

1. 작업물의 겉면에서 잠옷의 어깨솔기를 연결한다.
2. 고양이 꼬리를 위한 구멍을 남긴 채로 잠옷의 뒷중심선을 연결한다.
3. 목둘레 고무단을 만든다.
   1단　잠옷의 오른쪽 면에서 안전핀에 걸려 있는 6코를 대바늘에 옮긴다→몸판의 앞목둘레를 따라 6코를 줍는다→뒷목둘레를 따라 12코를 줍는다→잠옷의 왼쪽 면의 앞목둘레를 따라 6코를 줍는다→안전핀에 걸려 있는 6코를 옮긴다.(총 36코)
   2~3단　(흰색 실로 바꾼다) 이전 단에 이어서 1코/1코 고무단으로 2단
   4단　(분홍색 실로 바꾼다) 4코 남을 때까지 고무단, 바늘비우기, 안뜨기로 2코 모아뜨기, 겉뜨기 1코, 안뜨기 1코
   5단　단의 끝까지 1코/1코 고무단
   모든 코를 느슨하고 고르게 코막음한다.
4. 소매를 몸판에 꿰매고, 소매의 옆선, 바짓가랑이 솔기, 앞 솔기를 꿰맨다.
5. 토끼 얼굴에 솜을 약간 넣어 모양을 살린 후 잠옷의 앞판에 시침핀으로 고정한다. 작품 사진을 참고하여 토끼 귀를 얼굴 위에 시침핀으로 고정한 후, 토끼 얼굴과 귀를 몸판에 꿰맨다. 토끼의 눈과 코는 검정색 자수실을 이용하여 수놓는다.
6. 분홍색 봉제용 면사와 일반 바늘을 이용하여, 단춧구멍과 대칭되는 위치에 단추를 단다.
7. 슬리퍼를 만들기 위해서, 뒤꿈치를 서로 연결하여 꿰매고 슬리퍼에 바닥을 꿰맨다. 토끼 귀는 반으로 접어 옆솔기를 꿰맨 후, 아래쪽을 살짝 접어 세워서 슬리퍼 발등에 꿰맨다. 두 번째 귀도 같은 방법으로 작업한다. 하나의 슬리퍼에 귀 2개씩 단다. 토끼 꼬리는 뒤꿈치에 꿰맨다. 두 번째 슬리퍼도 같은 방법으로 작업한다.

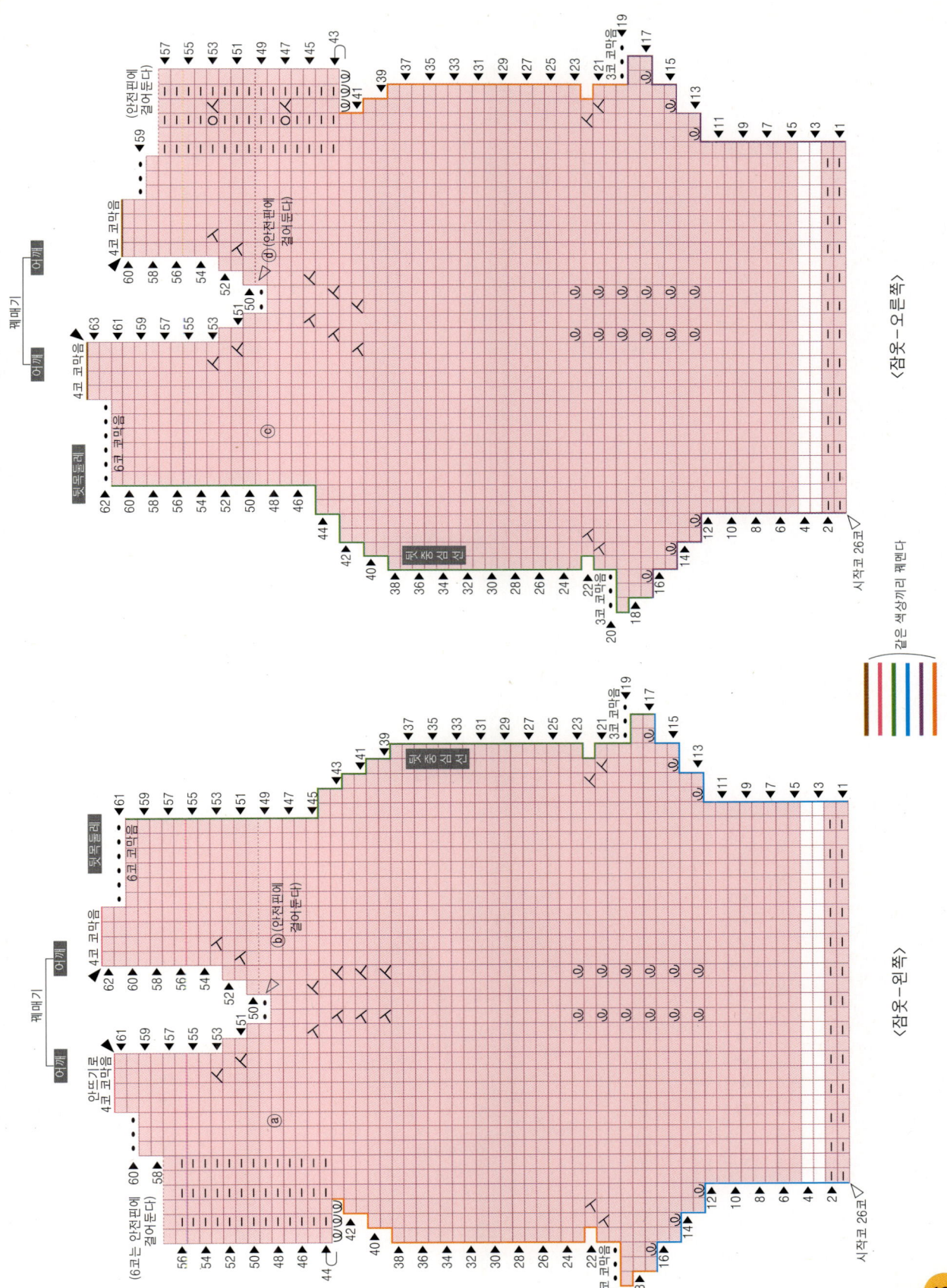

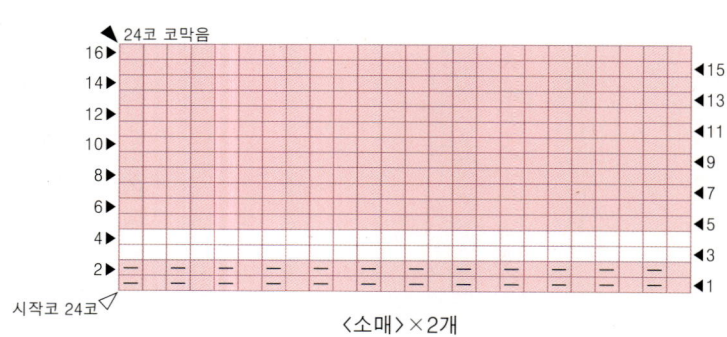

〈소매〉×2개

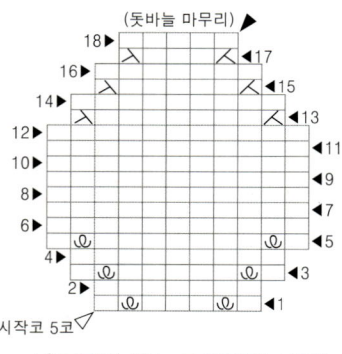

〈슬리퍼에 있는 토끼꼬리〉×2개

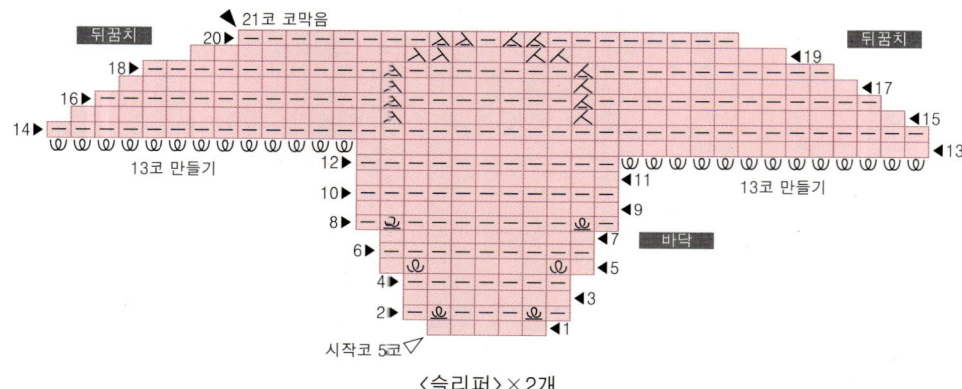

〈슬리퍼〉×2개

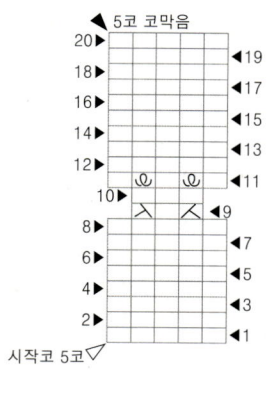

〈슬리퍼에 있는 토끼귀〉×4개

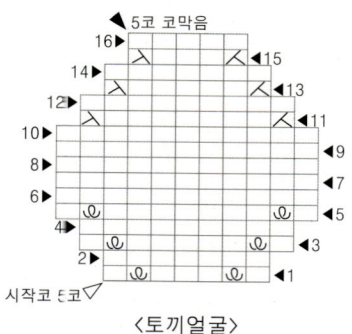

〈토끼얼굴〉
(잠옷앞면)

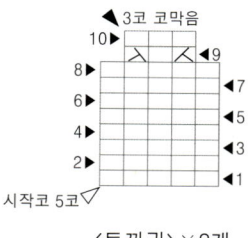

〈토끼귀〉×2개
(잠옷앞면)

슈퍼 캣

새? 비행기? 아니에요. 슈퍼 캣이라고요!
터프해 보이지만 마음만은 부드럽답니다.
역대 슈퍼 히어로 중에 가장 사랑스러운 캐릭터예요.

준비물
- 진회색 실(5ply, sportweight)
- 연회색 실(4ply, fingering)
- 빨간색 실(8ply, DK)
- 파란색 실(8ply, DK)
- 노란색 실(8ply, DK)
- 검정색 실(4ply, fingering) 조금
- 인형 눈 : 10mm 크리스털 캣아이 2개
- 장난감용 구름솜 조금
- 줄모루 : 팔, 다리, 꼬리용
- 고양이 모양의 작은 금속 단추 2개

바늘
- 대바늘 3.25mm(영국 10호, 미국 3호)
- 대바늘 2.75mm(영국 12호, 미국 2호)
- 마커링 2개

게이지
대바늘 3.25mm와 5ply실(sportweight)을 이용하여 메리야스뜨기로 2.5cm=6코

완성 크기
앞발바닥부터 머리끝까지의 높이=약 18cm

뒷몸통

진회색 실과 대바늘 3.25mm를 이용하여 시작코 8코를 만든다.
1단 겉뜨기 1코, 1코 만들기, 1코 남을 때까지 겉뜨기, 1코 만들기, 겉뜨기 1코(총 10코)
2단 안뜨기 1코, 1코 만들기, 1코 남을 때까지 안뜨기, 1코 만들기, 안뜨기 1코(총 12코)
3~4단 1~2단 반복(16코)
5단 1단 반복(18코)
6~16단 메리야스뜨기 11단
17단 겉뜨기 1코, 2코 모아뜨기, 3코 남을 때까지 겉뜨기, 오른코 모아뜨기, 겉뜨기 1코(총 16코)
18~20단 메리야스뜨기 3단
21~36단 [17~20단] 4회 반복(총 8코)
모든 코를 코막음한다.

앞몸통

진회색 실과 대바늘 3.25mm를 이용하여 시작코 8코를 만든다.
1~2단 메리야스뜨기 2단
양쪽 끝에서 3코 떨어진 곳에 마커링을 끼운다.
3단 겉뜨기 1코, 1코 만들기, 마커링까지 겉뜨기(마커링 옮기기), 1코 만들기, 마커링까지 겉뜨기, 1코 만들기(마커링 옮기기), 1코 남을 때까지 겉뜨기, 1코 만들기, 겉뜨기 1코(총 12코)
4단 안뜨기 1코, 1코 만들기, 1코 남을 때까지 안뜨기, 1코 만들기, 안뜨기 1코(총 14코)
5~8단 [3~4단] 2회 반복(총 26코)
9~18단 메리야스뜨기 10단
19단 겉뜨기 1코, 2코 모아뜨기, 마커링까지 겉뜨기(마커링 옮기기), 2코 모아뜨기, 마커링 전에 2코 남을 때까지 겉뜨기, 오른코 모아뜨기(마커링 옮기기), 3코 남을 때까지 겉뜨기, 오른코 모아뜨기, 겉뜨기 1코(총 22코)
20단 안뜨기 1단
21~22단 19~20단 반복(총 18코)
마커링을 제거한다.
23단 겉뜨기 1코, 2코 모아뜨기, 3코 남을 때까지 겉뜨기, 오른코 모아뜨기, 겉뜨기 1코(총 16코)
24~26단 안뜨기로 시작하여 메리야스뜨기로 3단

도와줘요, 슈퍼 캣! 제발 도와줘요!

Super Cat

걱정하지 말아요!
슈퍼 캣이 구해줄게요!

27~38단 [23~26단] 3회 반복(총 10코)
39단 겉뜨기 1코, 2코 모아뜨기, 3코 남을 때까지 겉뜨기, 오른코 모아뜨기, 겉뜨기 1코(총 8코)
40단 안뜨기 1단
모든 코를 코막음한다.

머리

진회색 실과 대바늘 3.25mm를 이용하여 시작코 12코를 만든다.
1단 겉뜨기 1코, 1코 만들기, 겉뜨기 5코, 1코 만들기, 겉뜨기 5코, 1코 만들기, 겉뜨기 1코(총 15코)
2단 안뜨기 1단
페어아일 기법(→p.21)으로 작업물 뒤로 실을 걸어가며 배색한다.
굵은 글씨는 연회색 실로, 나머지는 진회색 실로 뜬다.
3단 겉뜨기 6코, 1코 만들기, **겉뜨기 3코**, 1코 만들기, 겉뜨기 6코(총 17코)
4단 안뜨기 1코, 1코 만들기, 안뜨기 6코, **1코 만들기, 안뜨기 3코, 1코 만들기,** 안뜨기 6코, 1코 만들기, 안뜨기 1코(총 21코)
5단 겉뜨기 8코, **겉뜨기 1코**, 1코 만들기, **겉뜨기 3코**, 1코 만들기, **겉뜨기 1코**, 겉뜨기 8코(총 23코)
6단 안뜨기 1코, 1코 만들기, 안뜨기 7코, **안뜨기 2코**, 1코 만들기, **안뜨기 3코**, 1코 만들기, **안뜨기 2코**, 안뜨기 7코, 1코 만들기, 안뜨기 1코(총 27코)
7단 겉뜨기 9코, **겉뜨기 3코**, 1코 만들기, **겉뜨기 3코**, 1코 만들기, **겉뜨기 3코**, 겉뜨기 9코(총 29코)
8단 안뜨기 9코, **안뜨기 11코**, 안뜨기 9코
9단 겉뜨기 9코, **겉뜨기 11코**, 겉뜨기 9코
10단 안뜨기 9코, **안뜨기 11코**, 안뜨기 9코
11단 겉뜨기 9코, **겉뜨기 2코, 2코 모아뜨기, 겉뜨기 3코, 오른코 모아뜨기, 겉뜨기 2코,** 겉뜨기 9코(총 27코)
12단 안뜨기 9코, **안뜨기 1코, 안뜨기로 2코 모아 꼬아뜨기, 안뜨기 3코, 안뜨기로 2코 모아뜨기, 안뜨기 1코,** 안뜨기 9코(총 25코)
13단 겉뜨기 9코, **2코 모아 꼬아뜨기, 겉뜨기 3코, 2코 모아뜨기,** 겉뜨기 9코(총 23코)
14단 안뜨기 8코, 안뜨기로 2코 모아뜨기, **안뜨기 3코**, 안뜨기로 2코 모아 꼬아뜨기, 안뜨기 8코(총 21코)
15단 겉뜨기 7코, 2코 모아뜨기, **겉뜨기 3코**, 오른코 모아뜨기, 겉뜨기 7코(총 19코)

4단 안뜨기 1단
5단 오른코 중심 3코 모아뜨기(총 1코)
실을 자르고 남은 코 사이로 실을 뺀 후 잡아당겨 마무리한다.

팔(2개)

진회색 실과 대바늘 3.25mm를 이용하여 시작코 10코를 만든다.
1~12단 메리야스뜨기 12단
연회색 실로 바꾼다.
13~14단 메리야스뜨기 2단
15단 겉뜨기 1코, 1코 만들기, 겉뜨기 3코, 1코 만들기, 겉뜨기 2코, 1코 만들기, 겉뜨기 3코, 1코 만들기, 겉뜨기 1코(총 14코)
16단 안뜨기 1단
17단 겉뜨기 1코, 1코 만들기, 겉뜨기 5코, 1코 만들기, 겉뜨기 2코, 1코 만들기, 겉뜨기 5코, 1코 만들기, 겉뜨기 1코(총 18코)
18단 안뜨기 1단
19단 겉뜨기 1코, 2코 모아뜨기, 겉뜨기 3코, 오른코 모아뜨기, 겉뜨기 2코, 2코 모아뜨기, 겉뜨기 3코, 오른코 모아뜨기, 겉뜨기 1코(총 14코)
모든 코를 안쪽 면에서 안뜨기로 코막음한다.

16단 안뜨기 6코, 안뜨기로 2코 모아 꼬아뜨기, **안뜨기 3코**, 안뜨기로 2코 모아뜨기, 안뜨기 6코(총 17코)
17단 겉뜨기 1코, 2코 모아뜨기, 겉뜨기 5코, **겉뜨기 1코**, 겉뜨기 5코, 오른코 모아뜨기, 겉뜨기 1코(총 15코)
이 단이 연회색 실을 사용하는 마지막 단이다.
18단 안뜨기 1코, 안뜨기로 2코 모아 꼬아뜨기, 3코 남을 때까지 안뜨기, 안뜨기로 2코 모아뜨기, 안뜨기 1코(총 13코)
19단 3코 코막음, 겉뜨기 6코, 남은 3코 코막음(총 7코)
안쪽 면에서 바늘에 남아 있는 7코에 실을 연결하고 다음과 같이 뜬다.
20~30단 안뜨기로 시작하여 메리야스뜨기 11단
31단 겉뜨기 1코, 2코 모아뜨기, 겉뜨기 1코, 오른코 모아뜨기, 겉뜨기 1코(총 5코)
32~34단 메리야스뜨기 3단
35단 2코 모아뜨기, 겉뜨기 1코, 오른코 모아뜨기(총 3코)
36단 안뜨기 1단
모든 코를 코막음한다.

발(2개)

연회색 실과 대바늘 3.25mm를 이용하여 시작코 6코를 만든다.
1단 겉뜨기 1단
2단 안뜨기 1코, 1코 만들기, 1코 남을 때까지 안뜨기, 1코 만들기, 안뜨기 1코(총 8코)
3단 겉뜨기 1코, 1코 만들기, 1코 남을 때까지 겉뜨기, 1코 만들기, 겉뜨기 1코(총 10코)
4~8단 안뜨기로 시작하여 메리야스뜨기 5단
9단 겉뜨기 1코, 2코 모아뜨기, 3코 남을 때까지 겉뜨기, 오른코 모아뜨기, 겉뜨기 1코(총 8코)
10단 안뜨기 1단
11단 겉뜨기 1코, 1코 만들기, 1코 남을 때까지 겉뜨기, 1코 만들기, 겉뜨기 1코(총 10코)
12~16단 안뜨기로 시작하여 메리야스뜨기 5단
17단 겉뜨기 1코, 2코 모아뜨기, 3코 남을 때까지 겉뜨기, 오른코 모아뜨기, 겉뜨기 1코(총 8코)
18단 안뜨기 1코, 안뜨기로 2코 모아 꼬아뜨기, 3코 남을 때까지 안뜨기, 안뜨기로 2코 모아뜨기, 안뜨기 1코(총 6코)
19단 겉뜨기 1단
모든 코를 안쪽 면에서 안뜨기로 코막음한다.

코

대바늘 2.75mm와 검정색 실을 이용하여 시작코 5코를 만든다.
1~2단 메리야스뜨기 2단
3단 2코 모아뜨기, 겉뜨기 1코, 오른코 모아뜨기(총 3코)

다리(2개)

진회색 실과 대바늘 3.25mm를 이용하여 시작코 10코를 만든다.
메리야스뜨기로 14단을 뜬 후 모든 코를 코막음한다.

꼬리

진회색 실과 대바늘 3.25mm를 이용하여 시작코 9코를 만든다.
길이가 7cm 될 때까지 메리야스뜨기로 뜬다.
연회색 실로 바꾸어 메리야스뜨기 2단 뜬다.
　다음 단　[겉뜨기 1코, 2코 모아뜨기] 3회 반복(총 6코)
　다음 단　안뜨기 1단
　다음 단　[2코 모아뜨기] 3회 반복(총 3코)
실을 자르고 돗바늘에 끼운 후, 남은 코 사이로 통과시켜 단단히 잡아당긴 후 마무리한다.

귀(4개)

진회색 실과 대바늘 3.25mm를 이용하여 시작코 7코를 만든다.
　1~2단　메리야스뜨기 2단
　3단　2코 모아뜨기, 2코 남을 때까지 겉뜨기, 오른코 모아뜨기(총 5코)
　4단　안뜨기 1단
　5~6단　3~4단 반복(총 3코)
실을 자르고 돗바늘에 끼운 후, 남은 코 사이로 통과시켜 단단히 잡아당긴 후 마무리한다.

아이 마스크

파란색 실과 대바늘 3.25mm를 이용하여 시작코 56코를 만든다.
　1단　겉뜨기 1단
　2단　안뜨기 1코, 안뜨기로 2코 모아뜨기, 3코 남을 때까지 안뜨기, 안뜨기로 2코 모아뜨기, 안뜨기 1코(총 54코)
　3단　겉뜨기 1코, 2코 모아뜨기, 3코 남을 때까지 겉뜨기, 2코 모아뜨기, 겉뜨기 1코(52코)
　4~5단　2~3단 반복(총 48코)
모든 코를 느슨하고 고르게 코막음한다.

연결하기

1. 머리의 솔기를 연결하고 솜을 채운다.
2. 귀 2장을 안쪽 면끼리 마주 대고 가장자리를 꿰맨다. 나머지 귀 2장도 같은 방법으로 작업한다. 작품 사진을 참고하여 귀를 머리 위쪽에 꿰맨다.
3. 귀 아래로 아이마스크를 두르고 시침핀으로 고정한다. 아이마스크에 눈을 고정하고 마스크를 얼굴에 꿰맨다. 이때 아이마스크의 한쪽 끝을 다른 쪽 끝 위로 접어 넣어 '묶은 것' 같은 효과가 나도록 한다.
4. 코를 얼굴에 꿰매고 검정색 실을 이용하여 입과 수염을 수놓는다.
5. 실과 돗바늘을 이용하여 머리의 아랫단과 각 눈의 안쪽을 한 땀씩 꿰맨 후, 실을 아래쪽으로 잡아당겨 단단하게 고정한다. 이렇게 하면 얼굴의 형태가 제대로 잡힌다.
6. 팔을 반으로 접어 옆선을 꿰맨 후, 마지막 단끼리 꿰매어 앞발바닥을 만든다. 팔의 안쪽에 줄모루를 넣고 솜을 채운 후, 연회색 실을 이용하여 앞발바닥에 2땀 스티치하여 발가락의 느낌을 살린다.
7. 발은 반으로 접어서 솜을 채워가며 꿰맨다. 팔의 앞발바닥에 있는 스티치와 같은 방법으로 2개의 스티치를 한다. 두 번째 발도 같은 방법으로 작업한다.
8. 다리의 옆선을 꿰매고 줄모루를 넣은 후 솜을 채운다. 다리의 아래 끝에 발을 꿰맨다.
9. 앞몸통과 뒷몸통을 연결하여 시침핀을 꽂아둔다. 몸통의 윗부분에서 약 1.5cm 내려온 옆솔기에 팔을 핀으로 고정하고, 아랫솔기에 다리를 핀으로 고정한다. 이때 다리 사이의 간격은 약 4~5코 벌려두어야 옷이 잘 맞는다.
10. 몸통의 옆솔기에 팔과 다리를 끼워 한꺼번에 꿰매면서 솜을 채운다.
11. 머리를 몸통의 윗부분에 꿰맨다.
12. 꼬리의 옆선을 꿰매어 원통형으로 만든 후 줄모루와 솜을 집어넣고, 작품 사진을 참고하여 고양이의 엉덩이에 꼬리를 달아준다. 이때 몸통의 아랫솔기에서 약 2cm 올라간 곳에 단다.

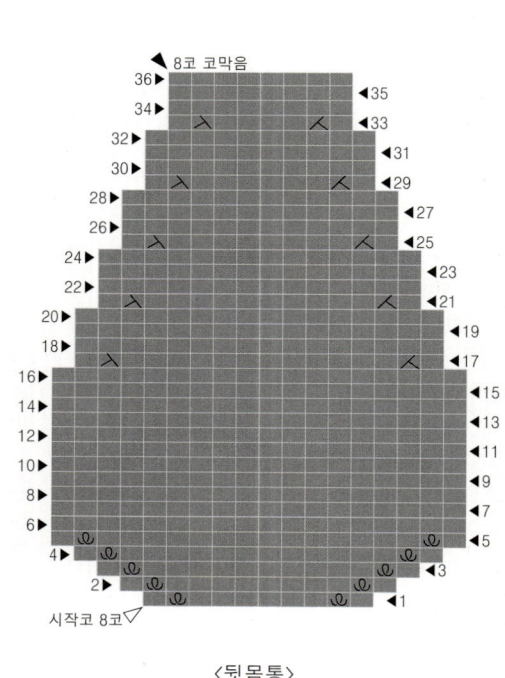

〈뒷몸통〉

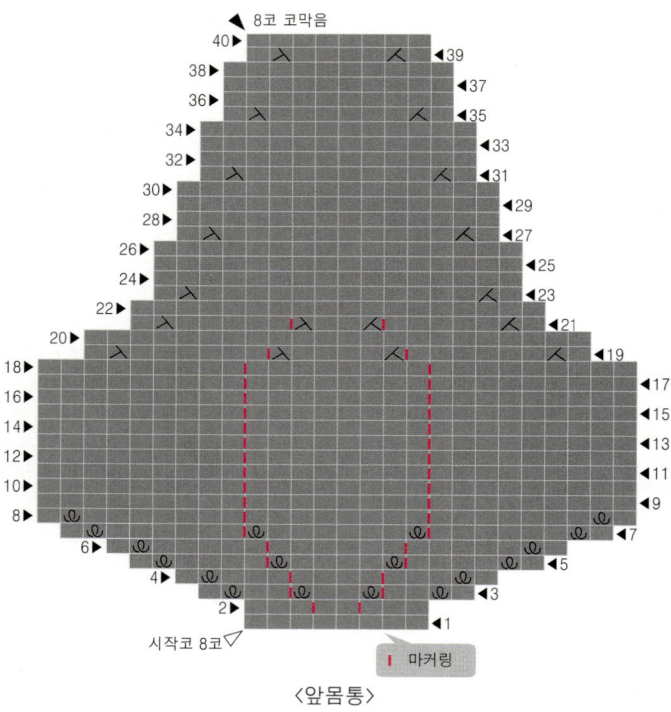

〈앞몸통〉

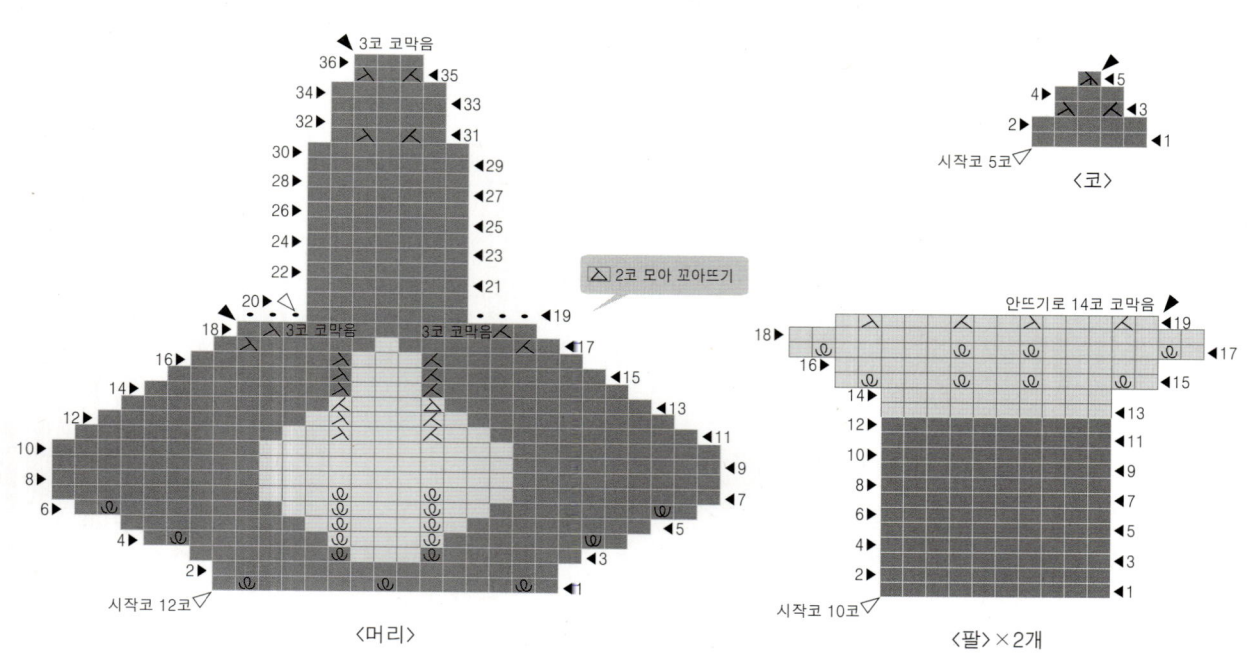

〈머리〉 〈코〉 〈팔〉×2개

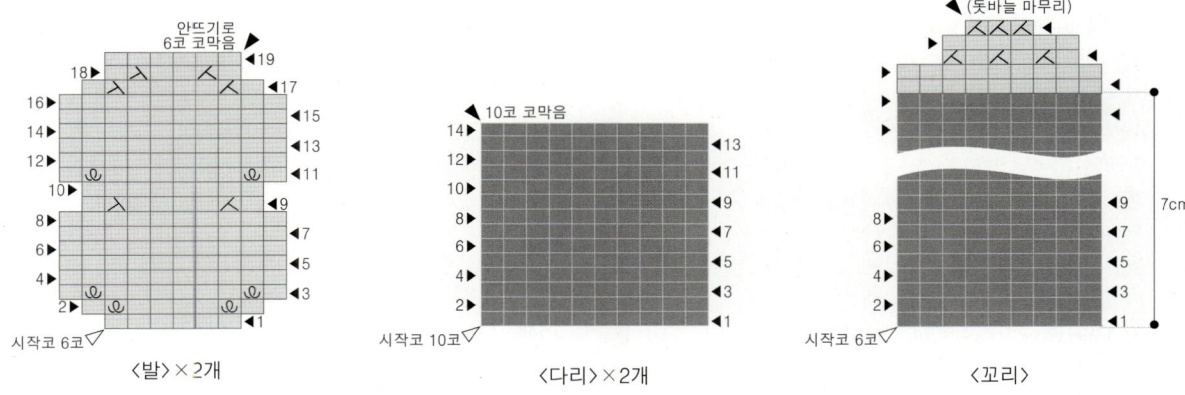

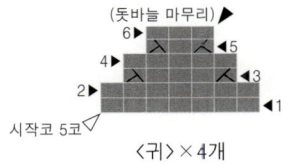

슈퍼 캣의 의상

앞판

빨간색 실과 대바늘 3.25mm를 이용하여 시작코 4코를 만든다.

- **1~2단** 메리야스뜨기 2단
- **3단** 겉뜨기 1코, 1코 만들기, 1코 남을 때까지 겉뜨기, 1코 만들기, 겉뜨기 1코(총 6코)
- **4단** 안뜨기 1단
- **5~6단** 3~4단 반복(총 8코)
- **7단** 겉뜨기 1코, 1코 만들기, 1코 남을 때까지 겉뜨기, 1코 만들기, 겉뜨기 1코(총 10코)
- **8단** 안뜨기 1코, 1코 만들기, 1코 남을 때까지 겉뜨기, 1코 만들기, 안뜨기 1코(총 12코)
- **9~14단** [7~8단] 3회 반복(총 24코)
- **15단** 7단 반복(총 26코)
- **16~20단** 메리야스뜨기 5단
- **21단** 겉뜨기 1코, 2코 모아뜨기, 3코 남을 때까지 겉뜨기, 오른코 모아뜨기, 겉뜨기 1코(24코)
- **22단** 안뜨기 1단
- **23~24단** 21~22단 반복(22코)

파란색 실로 바꾼다.

- **25단** 겉뜨기 1코, 2코 모아뜨기, 3코 남을 때까지 겉뜨기, 오른코 모아뜨기, 겉뜨기 1코(총 20코)
- **26단** 안뜨기 1단
- **27~28단** 25~26단 반복(총 18코)
- **29~32단** 메리야스뜨기 4단
- **33단** 2코 코막음, 겉뜨기 4코, 4코 코막음, 겉뜨기 4코, 2코 코막음(다 뜨고 나면 5코짜리 두 세트가 남는다)
- **34단** 안쪽 면에서 새로 실을 걸어 5코(그림 도안의 ⓐ)만 가지고 안뜨기 1단(총 5코)
- **35단** 2코 모아뜨기, 안뜨기 1코, 오른코 모아뜨기(총 3코)
- **36~39단** 메리야스뜨기 4단

모든 코를 안쪽 면에서 안뜨기로 코막음한다.
33단에서 남아 있는 5코(그림 도안의 ⓑ)를 가지고 위와 같은 방법으로 뜬다.

뒤판

빨간색 실과 대바늘 3.25mm를 이용하여 시작코 4코를 만든다.

- **1~2단** 메리야스뜨기 2단
- **3단** 겉뜨기 1코, 1코 만들기, 1코 남을 때까지 겉뜨기, 1코 만들기, 겉뜨기 1코(총 6코)
- **4단** 안뜨기 1단
- **5~6단** 3~4단 반복(총 8코)
- **7단** 겉뜨기 1코, 1코 만들기, 1코 남을 때까지 겉뜨기, 1코 만들기, 겉뜨기 1코(총 10코)
- **8단** 안뜨기 1코, 1코 만들기, 1코 남을 때까디 안뜨기, 1코 만들기, 안뜨기 1코(총 12코)
- **9단** 겉뜨기 1코, 1코 만들기, 겉뜨기 4코, 2코 코막음, 겉뜨기 3코, 1코 만들기, 겉뜨기 1코(총 12코)
- **10단** 안뜨기 1코, 1코 만들기, 안뜨기 5코, 2코 만들기, 안뜨기 5코, 1코 만들기, 안뜨기 1코(총 16코)
- **11단** 겉뜨기 1코, 1코 만들기, 1코 남을 때까지 겉뜨기, 1코 만들기, 겉뜨기 1코(총 18코)
- **12단** 안뜨기 1코, 1코 만들기, 1코 남을 때까지 안뜨기, 1코 만들기, 안뜨기 1코(총 20코)
- **13~14단** 11~12단 반복(총 24코)
- **15단** 11단 반복(총 26코)
- **16~20단** 메리야스뜨기 5단
- **21단** 겉뜨기 1코, 2코 모아뜨기, 3코 남을 때까지 겉뜨기, 오른코 모아뜨기, 겉뜨기 1코(총 24코)
- **22단** 안뜨기 1단
- **23~24단** 21~22단 반복(총 22코)

파란색 실로 바꾼다.

- **25단** 겉뜨기 1코, 2코 모아뜨기, 3코 남을 때까지 겉뜨기, 오른코 모아뜨기, 겉뜨기 1코(총 20코)
- **26단** 안뜨기 1단

27~28단 25~26단 반복(총 18코)
29~32단 메리야스뜨기 4단
33단부터는 앞판과 동일하게 떠서 완성한다.

망토

빨간색 실과 대바늘 3.25mm를 이용하여 시작코 40코를 만든다.
1~2단 메리야스뜨기 2단
3단 겉뜨기 1코, 2코 모아뜨기, 3코 남을 때까지 겉뜨기, 오른코 모아뜨기, 겉뜨기 1코(총 38코)
4단 안뜨기 1단
5~28단 [3~4단] 12회 반복한다. 그러면 남은 코가 14코가 된다.(총 14코)
29단 겉뜨기 4코, 6코 코막음, 겉뜨기 3코(총 8코)
편물을 뒤로 돌려서 처음 4코(그림 도안의 ⓒ)만 가지고 다음과 같이 뜬다.
30~38단 메리야스뜨기 9단(총 9단)
39단 2코 모아뜨기, 감아코 2코 만들기, 2코 모아뜨기(총 4코)
40단 안뜨기 1단
41단 겉뜨기 1코, 2코 모아뜨기, 겉뜨기 1코(총 3코)
모든 코를 코막음한다.
겉면에서 새로 실을 걸어 29단에 남아 있는 4코(그림 도안의 ⓓ)를 가지고 다음과 같이 뜬다.
30단(겉면)~39단 메리야스뜨기 10단
40단 겉뜨기 1코, 2코 모아뜨기, 겉뜨기 1코(총 3코)
모든 코를 코막음한다.

1. 빨간색 실과 대바늘 3.25mm를 이용하여 망토 아랫단의 겉면에서 30코를 주운 후, 모든 코를 겉뜨기로 코막음한다.
2. 겉면에서 망토의 옆선을 따라 31코를 줍고 여밈끈의 옆선을 따라 3코를 주운 후, 모든 코를 겉뜨기로 코막음한다.
3. 겉면에서 망토의 다른 쪽 여밈끈의 옆선을 따라 3코를 주운 후, 앞여밈의 옆선을 따라 내려오면서 31코를 줍는다. 모든 코를 코막음한다.
4. 겉면에서 망토의 목둘레를 따라 28코를 주운 후, 모든 코를 겉뜨기로 코막음한다.

벨트

노란색 실과 대바늘 3.25mm를 이용하여 시작코 4코를 만든다.
겉옷 허리에 색상 바꾼 부분이 가려질 수 있도록 허리둘레의 길이만큼 메리야스뜨기를 한 후 모든 코를 코막음한다.

연결하기

1. 옷의 모든 조각을 살짝 다린다. 그렇게 하면 조각끼리 꿰맬 때 더 수월하다.
2. 옷의 아랫솔기를 꿰매고, 겉면에서 노란색 실과 대바늘 3.25mm를 이용하여 앞다리의 가장자리를 따라 12코, 뒷다리의 가장자리를 따라 12코를 줍는다. 모든 코를 겉뜨기로 코막음한다. 두 번째 다리도 같은 방법으로 작업한다.
3. 노란색 실을 이용해 옷의 빨간색과 파란색이 만나는 앞중심부터 시작하여 거꾸로 된 'Y'자 모양으로 바지의 앞섶을 수놓는다. 이때 작품 사진을 참고하여 체인스티치(→p.13)로 수놓는다.
4. 옷의 옆선을 꿰맨다. 노란색 실과 대바늘 3.25mm를 이용하여 겉면에서 앞진동둘레를 따라 7코, 뒷진동둘레를 따라 7코를 줍는다. 모든 코를 겉뜨기로 코막음한다. 두 번째 진동둘레도 같은 방법으로 작업한다.
5. 노란색 실과 대바늘 3.25mm를 이용하여 겉면에서 앞목둘레를 따라 18코를 줍는다. 모든 코를 겉뜨기로 코막음한다.
6. 노란색 실과 대바늘 3.25mm를 이용하여 겉면에서 뒷목둘레를 따라 15코를 줍는다. 모든 코를 겉뜨기로 코막음한다.
7. 모든 실 끝을 정리한 후 단단히 고정한다.
8. 한쪽 어깨를 연결한다.
9. 고양이 머리로 옷을 뒤집어씌우고 다리 쪽으로 당긴다. 옷의 뒷부분에 남겨둔 구멍으로 꼬리를 꺼낸 후 옷의 남은 어깨를 연결한다.
10. 벨트를 허리에 두른 후 꿰맨다. 벨트의 정면에 단추를 고정한다.
11. 두 번째 단추는 망토의 여밈끈에 고정하고 망토를 고양이에게 두른 후 단추를 채운다.

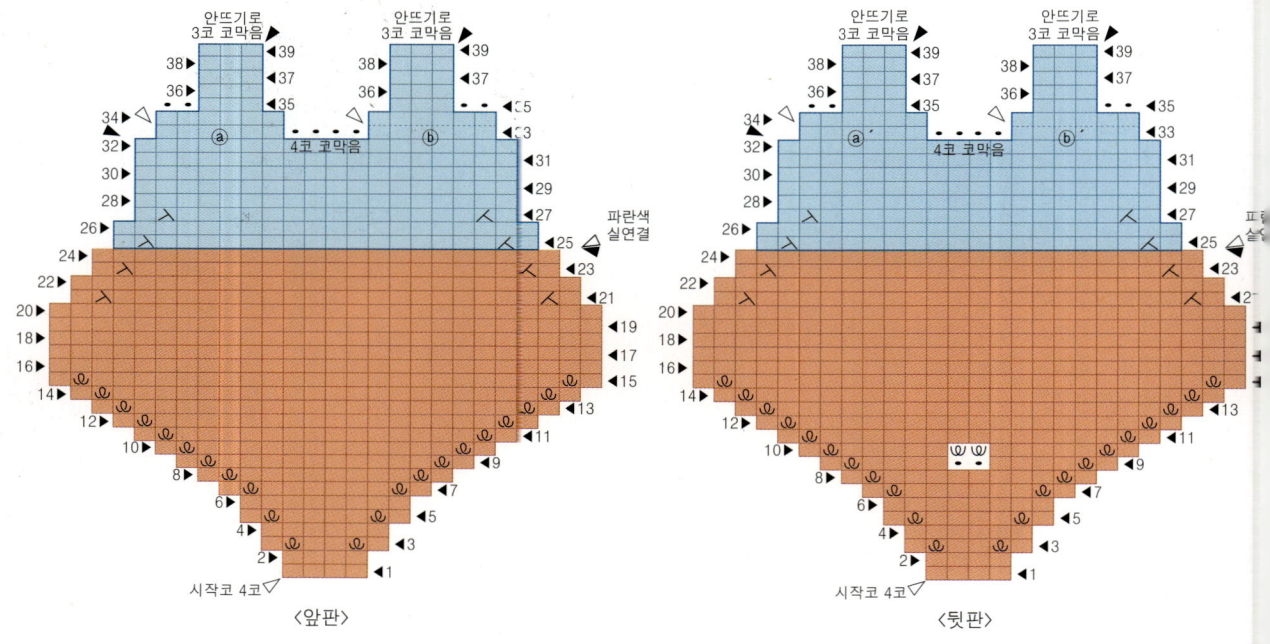
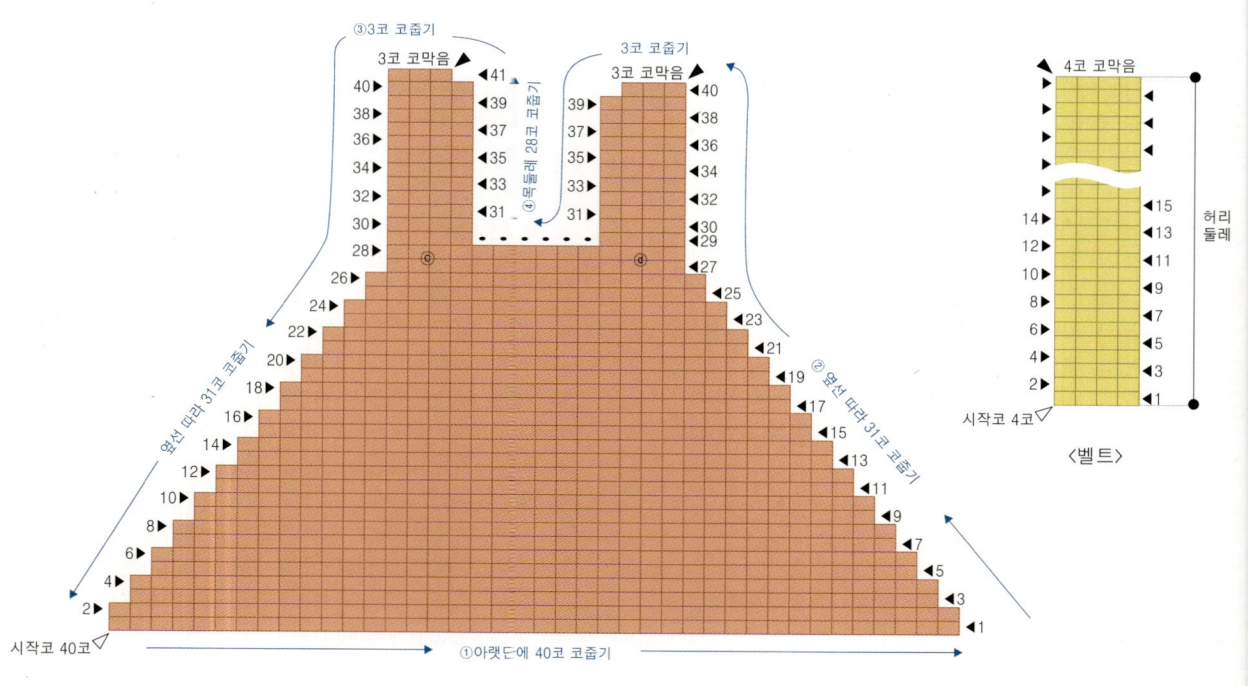

클레마티스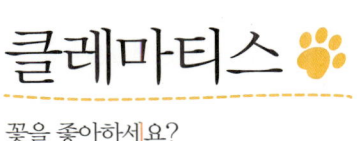

꽃을 좋아하세요?
그럼 꽃으로 뒤덮인 고양이도 좋아하게 될 거예요.
고양이를 뜨고 자수를 놓은 후 자랑스럽게 집에 전시해보세요.
아름다운 고양이와 정말로 떨어지고 싶지 않을 거랍니다!

준비물
- 진회색 실(12ply, chucky) 50g 2볼
- 분홍색 실(2ply, laceweight)
- 그라데이션 실(4ply, fingering)
- 인형 눈 : 10mm 크리스털 캣아이 2개
- 장난감용 구름솜
- 줄모루
- 검정색 질긴 봉제용 실

바늘
- 대바늘 5.5mm(영국 5호, 미국 9호)
- 대바늘 2.75mm(영국 12호, 미국 2호)
- 안전핀

게이지
대바늘 5.5mm를 이용하여 메리야스뜨기로 2.5cm=4코

완성 크기
꼬리 끝부터 앞발바닥까지의 길이=약 36cm

몸통

꼬리 끝부터 시작하여 1장으로 뜬다.
진회색 실과 대바늘 5.5mm를 이용하여 시작코 4코를 만든다.

- **1~2단** 메리야스뜨기 2단
- **3단** 겉뜨기 1코, 1코 만들기, 1코 남을 때까지 겉뜨기, 1코 만들기, 겉뜨기 1코(총 6코)
- **4단** 안뜨기 1단
- **5~8단** [3~4단] 2회 반복(총 10코)
- **9~14단** 메리야스뜨기 6단

꼬리 모양은 다음과 같이 뜬다.

- **15단** 겉뜨기 8코(되돌아뜨기하고 편물을 뒤로 돌린다)
- **16단** 안뜨기 6코(되돌아뜨기하고 편물을 뒤로 돌린다)
- **17단** 단의 끝까지 겉뜨기
- **18~20단** 메리야스뜨기 3단
- **21~44단** [15~20단] 4회 반복
- **45~48단** 메리야스뜨기 4단
- **49단** 3코 코막음, 겉뜨기 3코, 3코 코막음(총 4코)
- **50단** 8코 만들기, 단의 끝까지 안뜨기(총 12코)
- **51단** 8코 만들기, 단의 끝까지 겉뜨기(총 20코)
- **52단** 안뜨기 1단
- **53단** 겉뜨기 1코, 1코 만들기, 1코 남을 때까지 겉뜨기, 1코 만들기, 겉뜨기 1코(총 22코)
- **54단** 안뜨기 1코, 1코 만들기, 1코 남을 때까지 안뜨기, 1코 만들기, 안뜨기 1코(총 24코)
- **55단** 겉뜨기 19코(되돌아뜨기하고 편물을 뒤로 돌린다)
- **56단** 안뜨기 14코(되돌아뜨기하고 편물을 뒤로 돌린다)
- **57단** 단의 끝까지 겉뜨기
- **58단** 안뜨기 1단
- **59단** 겉뜨기 1코, 1코 만들기, 1코 남을 때까지 겉뜨기, 1코 만들기, 겉뜨기 1코(총 26코)
- **60단** 안뜨기 1코, 1코 만들기, 1코 남을 때까지 안뜨기, 1코 만들기, 안뜨기 1코(총 28코)
- **61단** 겉뜨기 23코(되돌아뜨기하고 편물을 뒤로 돌린다)
- **62단** 안뜨기 18코(되돌아뜨기하고 편물을 뒤로 돌린다)
- **64단** 안뜨기 1단
- **65~72단** [61~64단] 2회 반복
- **73단** 겉뜨기 1코, 1코 만들기, 1코 남을 때까지 겉뜨기, 1코 만들기, 겉뜨기 1코(총 30코)
- **74~84단** 메리야스뜨기 11단

이제 앞다리와 몸통으로 코를 나눈다.

- **85단** 겉뜨기 5코, 5코 코막음, 겉뜨기 9코, 5코 코막음, 겉뜨기 4코

편물을 뒤로 돌려서 처음 5코만 가지고 뜬다.

- **86단** 안뜨기 5코(총 5코)

남은 코들은 안전핀에 걸어둔다.

- **87단** 단(그림 도안의 ⓐ)의 시작에 6코를 만들기, 단의 끝까지 겉뜨기(총 11코)
- **88~96단** 안뜨기로 시작하여 메리야스뜨기 9단
- **97단** 겉뜨기 3코, [2코 모아뜨기] 2회 반복, 겉뜨기 4코(총 9코)
- **98단** 안뜨기 2코, [안뜨기로 2코 모아뜨기] 2회 반복, 안뜨기 3코(총 7코)

실을 자르고 돗바늘에 끼운 후, 남은 코 사이로 통과시켜 단단히 잡아당긴 후 마무리한다.

86단에서 안전핀에 걸어둔 코들 중 반대쪽 끝에 있는 5코(그림 도안의 ⓑ)를 가지고 겉면에서 다음과 같이 뜬다.

- **86단(겉면)** 겉뜨기 5코, 6코 만들기
- **87단** 안뜨기 1단(총 11코)
- **88단** 겉뜨기 1단
- **89~99단** 첫번째 다리의 88단~끝과 같은 방법으로 뜬다.

겉면에서 중앙에 안전핀에 걸려 있는 10코(그림 도안의 ⓒ)를 가지고 다음과 같이 작업한다.

- **86단(겉면)** 겉뜨기 2코, 2코 모아뜨기, 겉뜨기 2코, 오른코 모아뜨기, 겉뜨기 2코(총 8코)
- **87~91단** 안뜨기로 시작하여 메리야스뜨기 5단
- **92단** 겉뜨기 1코, 1코 만들기, 1코 남을 때까지 겉뜨기, 1코 만들기, 겉뜨기 1코(총 10코)
- **93단** 안뜨기 1단

94~97단 [92~93단] 2회 반복(총 14코)
98~107단 겉뜨기로 시작하여 메리야스뜨기 10단
108단 겉뜨기 1코, 1코 만들기, 1코 남을 때까지 겉뜨기, 1코 만들기, 겉뜨기 1코(총 16코)
109단 안뜨기 1단
110~111단 108~109단 반복(총 18코)
112~121단 메리야스뜨기 10단
122단 겉뜨기 1코, 2코 모아뜨기, 3코 남을 때까지 겉뜨기, 오른코 모아뜨기, 겉뜨기 1코(총 16코)
123단 안뜨기 1단
124~125단 122~123단 반복(총 14코)
126~129단 메리야스뜨기 4단
130단 겉뜨기 1코, 2코 모아뜨기, 3코 남을 때까지 겉뜨기, 오른코 모아뜨기, 겉뜨기 1코(총 12코)
131~135단 메리야스뜨기 5단
136단 겉뜨기 1코, 2코 모아뜨기, 3코 남을 때까지 겉뜨기, 오른코 모아뜨기, 겉뜨기 1코(총 10코)
137단 안뜨기 1단
138~139단 136~137단 반복(총 8코)
140단 겉뜨기 1코, 2코 모아뜨기, 겉뜨기 2코, 오른코 모아뜨기, 겉뜨기 1코(총 6코)
141단 안뜨기 1코, 안뜨기로 2코 모아 꼬아뜨기, 안뜨기로 2코 모아뜨기, 안뜨기 1코(총 4코)
모든 코를 코막음한다.

머리

진회색 실과 대바늘 5.5mm를 이용하여 시작코 20코를 만든다.

1단 안뜨기 1단
2단(겉면) 겉뜨기 4코, 1코 만들기, 겉뜨기 1코, 1코 만들기, 겉뜨기 4코, 1코 만들기, 겉뜨기 2코, 1코 만들기, 겉뜨기 4코, 1코 만들기, 겉뜨기 1코, 1코 만들기, 겉뜨기 4코(총 26코)
3단 안뜨기 1단
4단 겉뜨기 5코, 1코 만들기, 겉뜨기 1코, 2코 모아뜨기, 겉뜨기 4코, 1코 만들기, 겉뜨기 2코, 1코 만들기, 겉뜨기 4코, 오른코 모아뜨기, 겉뜨기 1코, 1코 만들기, 겉뜨기 5코(총 28코)
5단 안뜨기 1단
6단 겉뜨기 6코, 1코 만들기, 겉뜨기 1코, 2코 모아뜨기, 겉뜨기 4코, 1코 만들기, 겉뜨기 2코, 1코 만들기, 겉뜨기 4코, 오른코 모아뜨기, 겉뜨기 1코, 1코 만들기, 겉뜨기 6코(총 30코)
7단 안뜨기 1단
8단 겉뜨기 14코, 1코 만들기, 겉뜨기 2코, 1코 만들기, 겉뜨기 14코(총 32코)
9단 안뜨기 1단
10단 겉뜨기 15코, 1코 만들기, 겉뜨기 2코, 1코 만들기, 겉뜨기 15코(총 34코)
11단 안뜨기 1단
12단 겉뜨기 16코, 1코 만들기, 겉뜨기 2코, 1코 만들기, 겉뜨기 16코(총 36코)
13단 안뜨기 1단
14단 겉뜨기 15코, 2코 모아뜨기, 겉뜨기 2코, 오른코 모아뜨기, 겉뜨기 15코(총 34코)
15단 안뜨기 14코, 안뜨기로 2코 모아 꼬아뜨기, 안뜨기 2코, 안뜨기로 2코 모아뜨기, 안뜨기 14코(총 32코)
16단 겉뜨기 13코, 2코 모아뜨기, 겉뜨기 2코, 오른코 모아뜨기, 겉뜨기 13코(총 30코)
17단 안뜨기 1단
18단 겉뜨기 11코, 2코 모아뜨기, 겉뜨기 4코, 오른코 모아뜨기, 겉뜨기 11코(총 28코)
19단 안뜨기 1단
20단 겉뜨기 1코, 2코 모아뜨기, 3코 남을 때까지 겉뜨기, 오른코 모아뜨기, 겉뜨기 1코(총 26코)
21단 안뜨기 1코, 안뜨기로 2코 모아 꼬아뜨기, 3코 남을 때까지 안뜨기, 안뜨기로 2코 모아뜨기, 안뜨기 1코(총 24코)
22단 겉뜨기 4코, 2코 모아뜨기, 오른코 모아뜨기, 겉뜨기 8코, 오른코 모아뜨기, 2코 모아뜨기, 겉뜨기 4코(총 20코)
23단 안뜨기 3코, 안뜨기로 2코 모아 꼬아뜨기, 안뜨기로 2코 모아뜨기, 안뜨기 6코, 안뜨기로 2코 모아 꼬아뜨기, 안뜨기로 2

코 모아뜨기, 안뜨기 3코(총 16코)
24단 겉뜨기 2코, 2코 모아뜨기, 오른코 모아뜨기, 겉뜨기 4코, 오른코 모아뜨기, 2코 모아뜨기, 겉뜨기 2코(총 12코)
남아 있는 모든 코를 안쪽 면에서 안뜨기로 코막음한다.

귀의 뒷면(2개)

진회색 실과 대바늘 5.5mm를 이용하여 시작코 8코를 만든다.
1~2단 메리야스뜨기 2단
3단 겉뜨기 1코, 2코 모아뜨기, 겉뜨기 2코, 오른코 모아뜨기, 겉뜨기 1코(총 6코)
4단 안뜨기 1단
5단 겉뜨기 1코, 2코 모아뜨기, 오른코 모아뜨기, 겉뜨기 1코(총 4코)
6단 안뜨기 1단
7단 2코 모아뜨기, 오른코 모아뜨기(총 2코)
8단 안뜨기로 2코 모아뜨기(총 1코)
실을 자르고 남은 코 사이로 실을 뺀 후 잡아당겨 마무리한다.

귀의 앞면(2개)

분홍색 실 2겹과 대바늘 2.75mm를 이용하여 시작코 10코를 만든다.
1~2단 메리야스뜨기 2단
3단 겉뜨기 1코, 2코 모아뜨기, 1코 남을 때까지 겉뜨기, 오른코 모아뜨기, 겉뜨기 1코(총 8코)
4단 안뜨기 1단
5~8단 [3~4단] 2회 반복(총 4코)
9단 2코 모아뜨기, 오른코 모아뜨기(총 2코)
10단 안뜨기로 2코 도아뜨기(총 1코)
실을 자르고 남은 코 사이로 실을 뺀 후 잡아당겨 마무리한다.

코

분홍색 실 2겹과 대바늘 2.75mm를 이용하여 시작코 5코를 만든다.
1~2단 메리야스뜨기 2단
3단 2코 모아뜨기, 겉뜨기 1코, 오른코 모아뜨기(총 3코)
4단 오른코 중심 3코 모아뜨기(총 1코)
실을 자르고 남은 코 사이로 실을 뺀 후 잡아당겨 마무리한다.

오른쪽 뒷다리

진회색 실과 대바늘 5.5mm를 이용하여 시작코 7코를 만든다.
1단 겉뜨기 1단

2단 안뜨기 1코, 1코 남을 때까지 안뜨기, 1코 만들기, 안뜨기 1코(총 9코)
3단 겉뜨기 1코, 1코 만들기, 1코 남을 때까지 겉뜨기, 1코 만들기, 겉뜨기 1코(총 11코)
4~10단 안뜨기로 시작하여 메리야스뜨기 7단
11단 5코 코막음, 1코 만들기, 1코 남을 때까지 겉뜨기, 1코 만들기, 겉뜨기 1코(총 8코)
12단 안뜨기 1코, 1코 만들기, 1코 남을 때까지 안뜨기, 1코 만들기, 안뜨기 1코(총 10코)
13단 겉뜨기 1코, 1코 만들기, 1코 남을 때까지 겉뜨기, 1코 만들기, 겉뜨기 1코(총 12코)
14~15단 12~13단 반복(총 16코)
16~22단 메리야스뜨기 7단
23단 겉뜨기 1코, 오른코 모아뜨기, 3코 남을 때까지 겉뜨기, 2코 모아뜨기, 겉뜨기 1코(총 14코)
24단 안뜨기 1단
25~26단 23~24단 반복(총 12코)
27단 23단 반복(총 10코)
28단 [안뜨기 1코, 안뜨기로 2코 모아뜨기] 3회 반복, 안뜨기 1코(총 7코)
남아 있는 모든 코를 코막음한다.

왼쪽 뒷다리

10단까지는 오른쪽 뒷다리와 같은 방법으로 뜬다.
11단 겉뜨기 1단
12단 5코 코막음, 1코 만들기, 1코 남을 때까지 안뜨기, 1코 만들기, 안뜨기 1코(총 8코)
13단 겉뜨기 1코, 1코 만들기, 1코 남을 때까지 겉뜨기, 1코 만들기, 겉뜨기 1코(총 10코)
14단 안뜨기 1코, 1코 만들기, 1코 남을 때까지 안뜨기, 1코 만들기, 안뜨기 1코(총 12코)
15~16단 13~14단 반복(총 16코)
17~23단 메리야스뜨기 7단
24단(안쪽 면) 안뜨기 1코, 안뜨기로 2코 모아 꼬아뜨기, 3코 남을 때까지 안뜨기, 안뜨기로 2코 모아뜨기, 안뜨기 1코(총 14코)
25단 겉뜨기 1단
26~27단 24~25단 반복(총 12코)
28단 24단 반복(총 10코)
29단 [겉뜨기 1코, 2코 모아뜨기] 3회 반복, 겉뜨기 1코(총 7코)
남아 있는 모든 코를 코막음한다.

연결하기

1. 앞다리의 옆선을 연결하고 솜을 채운다.
2. 몸통의 가운데 좁은 부분(=배)을 아래로 접는다. 가운데딕 양쪽 옆선을 앞다리 옆에 있는 코막음한 단에 꿰맨다. 계속하여 다리 아래에 있는 몸통의 옆선을 꼬리가 있는 방향으로 이어 꿰맨다. 진행하면서 솜을 채운다.
3. 작품 사진을 참고하여 앞다리의 시작단을 몸통의 앞부분에 꿰맨다.
4. 꼬리의 옆선을 꿰매어 원통형으로 만들고 그 안에 줄모루를 넣는다. 작품 사진을 참고하여 꼬리의 코막음한 단을 몸통에 꿰맨다.
5. 인형 눈을 고정하고 머리의 뒷솔기를 꿰맨 후 솜을 채운다.
6. 귀의 앞면과 뒷면을 안쪽 면끼리 마주 대고 분홍색 실을 이용하여 꿰맨다. 귀를 머리 위에 고정한다. 나머지 귀도 같은 방법으로 작업한다.
7. 분홍색 실을 이용하여 코를 얼굴에 꿰매고 입을 수 놓은 후, 머리를 몸통에 꿰맨다.
8. 각 뒷다리의 아랫솔기를 꿰매고 솜을 조금 채운다. 뒷다리의 시작단이 아래로 향하도록 몸통에 시침핀으로 고정한다. 다리의 아랫부분을 몸통의 옆선과 나란히 오도록 구부린 후, 작품 사진을 참고하여 몸통에 꿰매고, 다리 아랫부분의 안쪽을 몸통의 곁선에 꿰맨다.

꽃

꽃잎(11개)

그러데이션 실과 대바늘 2.75mm를 이용하여 시작코 4코를 만든다.
- **1단** 안뜨기 1단
- **2단(걸면)** 겉뜨기 1코, 1코 만들기, 1코 남을 때까지 겉뜨기, 1코 만들기, 겉뜨기 1코(총 6코)
- **3단** 안뜨기 1단
- **4~5단** 2~3단 반복(총 8코)
- **6~7단** 겉뜨기로 시작하여 메리야스뜨기 2단
- **8단** 2코 모아뜨기, 2코 남을 때까지 겉뜨기, 오른코 모아뜨기(총 6코)
- **9단** 안뜨기로 2코 모아뜨기, 안뜨기 2코, 안뜨기로 2코 모아 꼬아뜨기(총 4코)

모든 코를 코막음한다.

꽃의 중심(3개)

그러데이션 실과 대바늘 2.75mm를 이용하여 시작코 1코를 단든다.
- **1단** 2코 늘리기(총 3코)
- **2단(걸면)** [1코 늘리기] 3회 반복(총 6코)
- **3~6단** 겉뜨기로 시작하여 메리야스뜨기 4단
- **7단** [2코 모아뜨기] 3회 반복(총 3코)
- **8단** 오른코 중심 3코 모아뜨기(총 1코)

실을 자르고 남은 코 사이로 실을 뺀 후 잡아당겨 마무리한다.

나뭇잎(9개)

그러데이션 실과 대바늘 2.75mm를 이용하여 시작코 3코를 만든다.
- **1단** 안뜨기 1단
- **2단(걸면)** [겉뜨기 1코, 바늘비우기] 2회 반복, 겉뜨기 1코(총 5코)
- **3단** 안뜨기 1단
- **4단** 겉뜨기 2코, 바늘비우기, 겉뜨기 1코, 바늘비우기, 겉뜨기 2코(총 7코)
- **5단** 안뜨기 1단
- **6단** 겉뜨기 3코, 바늘비우기, 겉뜨기 1코, 바늘비우기, 겉뜨기 3코(총 9코)
- **7단** 안뜨기 1단
- **8단** 겉뜨기 3코, 오른코 중심 3코 모아뜨기, 겉뜨기 3코(총 7코)
- **9단** 안뜨기 1단
- **10단** 겉뜨기 2코, 오른코 중심 3코 모아뜨기, 겉뜨기 2코(총 5코)
- **11단** 안뜨기 1단
- **12단** 겉뜨기 1코, 오른코 중심 3코 모아뜨기, 겉뜨기 1코(총 3코)
- **13단** 오른코 중심 3코 모아뜨기(총 1코)

실을 자르고 남은 코 사이로 실을 뺀 후 잡아당겨 마무리한다.

연결하기

1. 작품 사진을 참고하여 꽃잎, 꽃의 중심, 나뭇잎을 고양이의 몸통에 시침핀으로 고정한 후 그러데이션 실을 이용하여 꿰맨다.
2. 녹색톤의 그러데이션 실을 이용하여 체인 스티치와 프렌치 노트 스티치를 수놓는다.(→p.24–25)

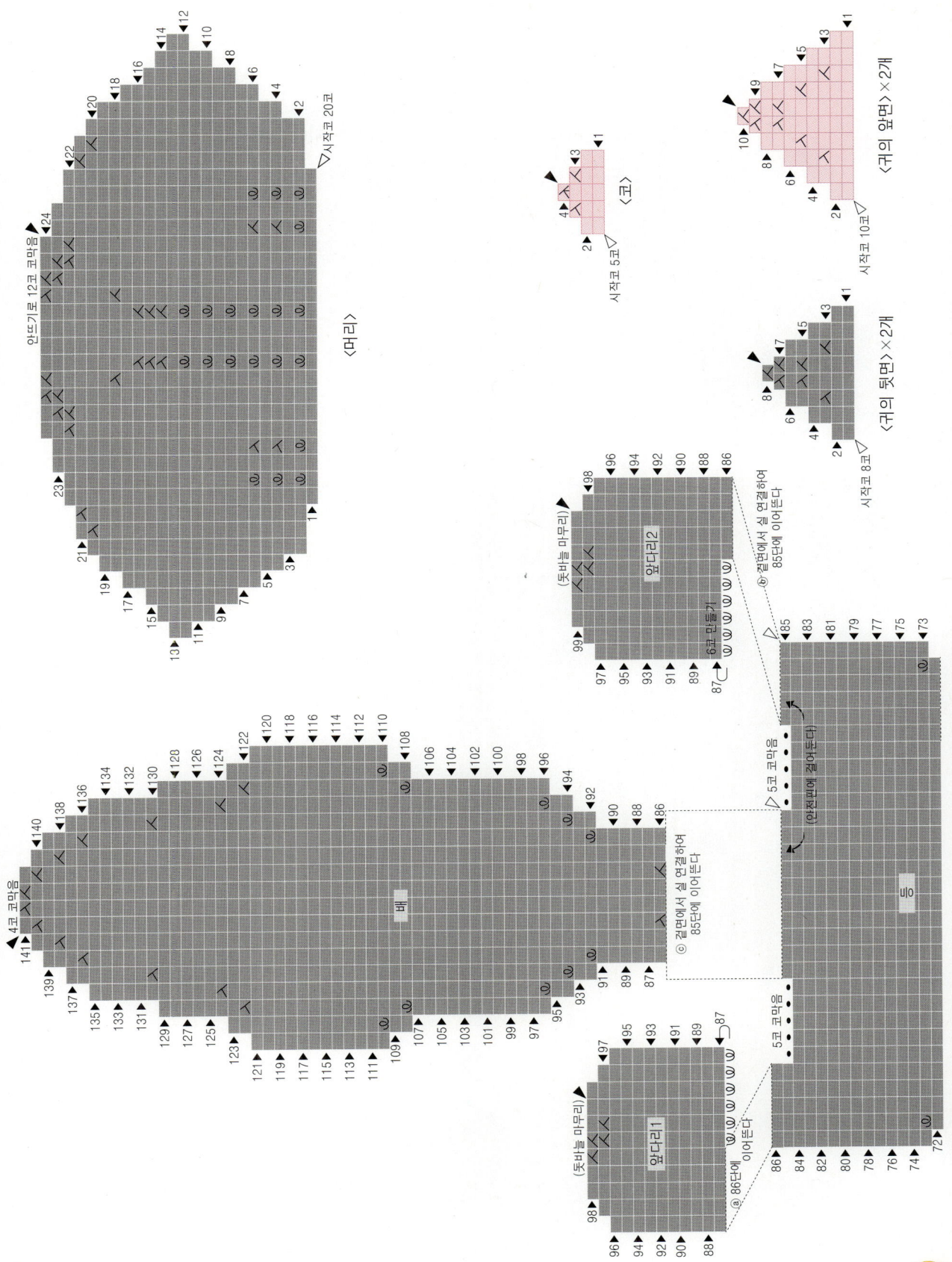

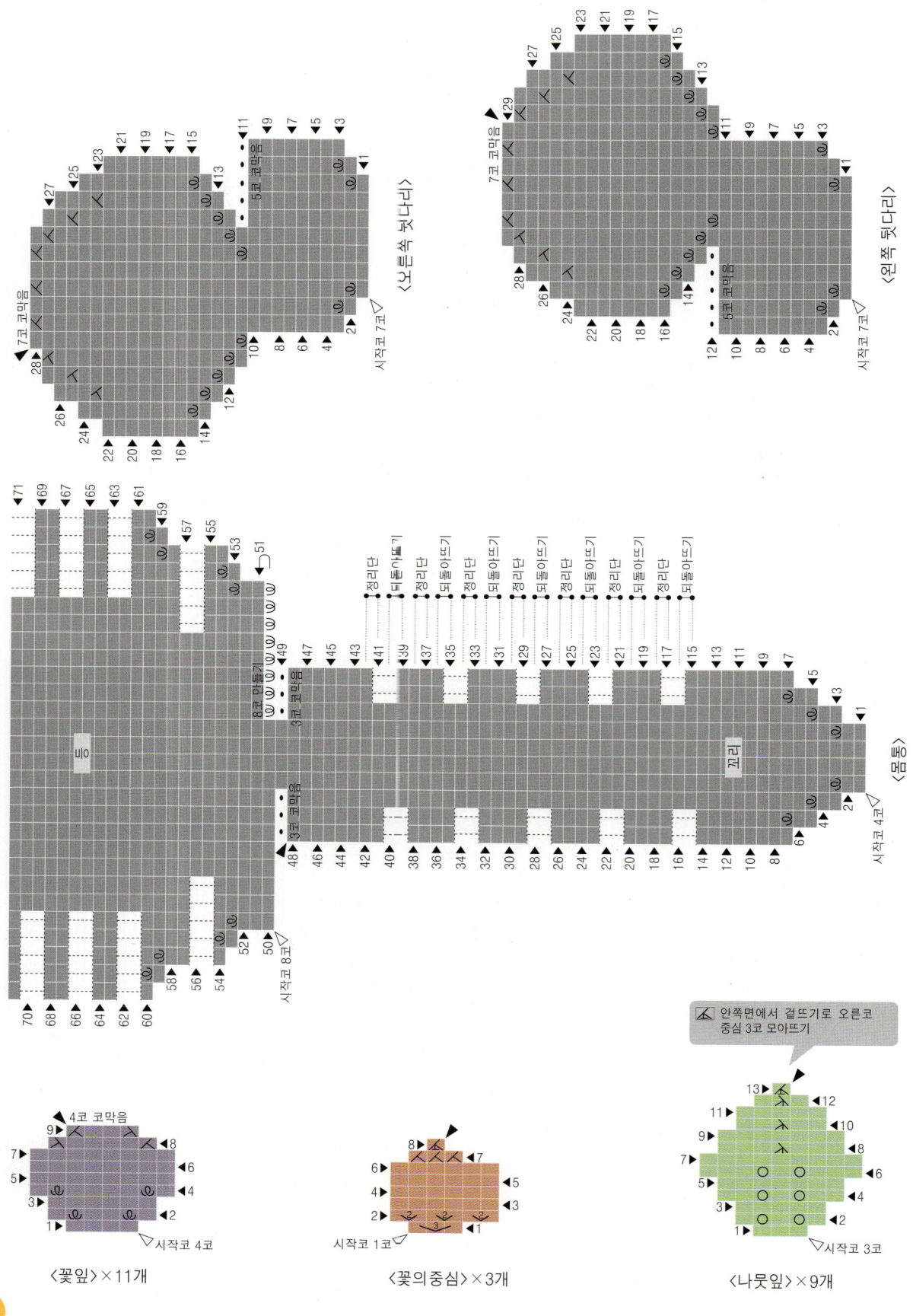

발렌티노

로맨틱한 분위기의 발렌티노.
커다란 하트가 그려진 빵빵한 배가
저항할 수 없을 만큼 매력적이어서 홀딱 반하게 될 거예요.
밸런타인데이를 위한 완벽한 선물이기도 하지요!
생쥐를 만드는 방법은 198페이지에 설명되어 있어요.

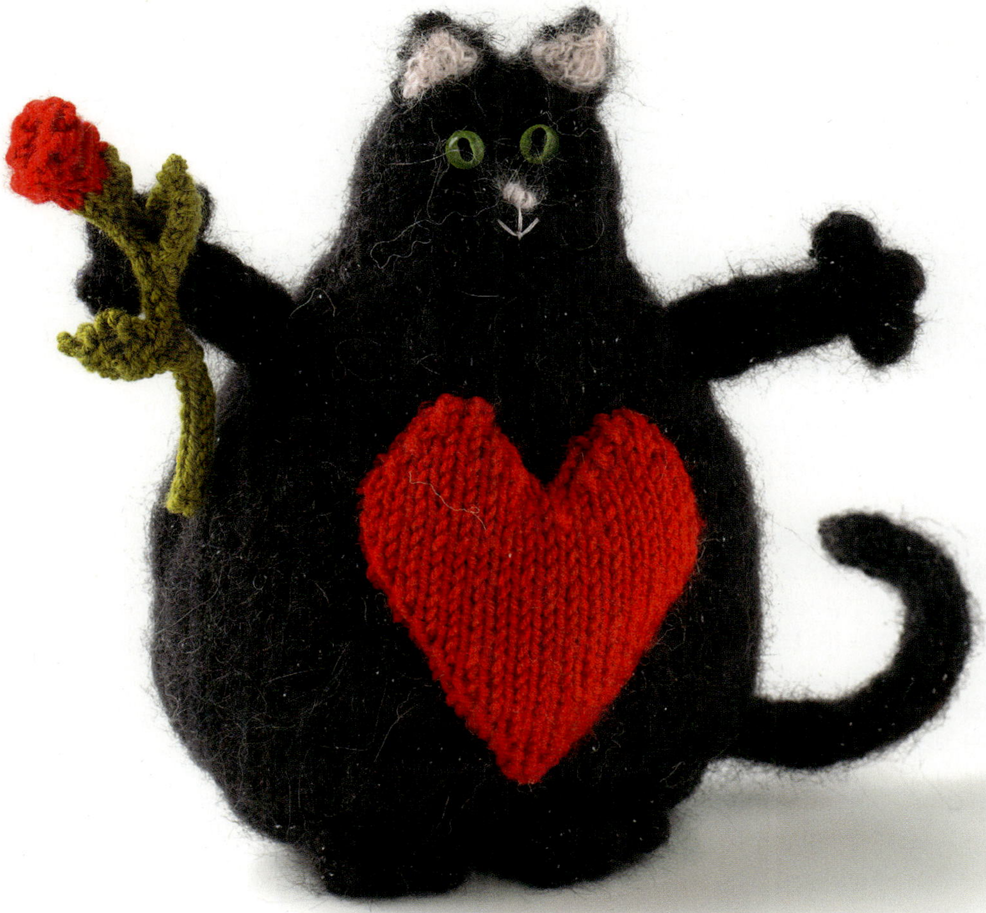

준비물
- 반짝이는 검정색 실(2ply, laceweight)-모두 2겹으로 사용
- 빨간색 실(4ply, fingering)
- 연분홍색 실(2ply, laceweight)
- 녹색 실(4ply, fingering)
- 장난감용 구름솜
- 인형 눈 : 6mm 크리스털 캣아이 2개
- 줄모루

바늘
- 대바늘 2.75mm(영국 12호, 미국 2호)
- 대바늘 2mm(영국 14호, 미국 0호)

게이지
대바늘 2.75mm를 이용하여 메리야스뜨기로 2.5cm=8코

완성 크기
약 13cm

몸통(2개)

검정색 실 2겹과 대바늘 2.75mm를 이용하여 시작코 28코를 만든다.
- 1~2단 메리야스뜨기 2단
- 3단 겉뜨기 1코, 1코 만들기, 1코 남을 때까지 겉뜨기, 1코 만들기, 겉뜨기 1코(총 30코)
- 4단 안뜨기 1단
- 5~10단 [3~4단] 3회 반복(총 36코)
- 11~26단 메리야스뜨기 16단
- 27단 겉뜨기 1코, 2코 모아뜨기, 3코 남을 때까지 겉뜨기, 오른코 모아뜨기, 겉뜨기 1코(총 34코)
- 28단 안뜨기 1단
- 29~36단 [27~28단] 4회 반복(총 26코)
- 37단 겉뜨기 1코, 2코 모아뜨기, 3코 남을 때까지 겉뜨기, 오른코 모아뜨기, 겉뜨기 1코(총 24코)
- 38단 안뜨기 1코, 안뜨기로 2코 모아 꼬아뜨기, 3코 남을 때까지 안뜨기, 안뜨기로 2코 모아뜨기, 안뜨기 1코(총 22코)
- 39~42단 [37~38단] 2회 반복(총 14코)
- 43~50단 메리야스뜨기 8단
- 51단 겉뜨기 1코, 2코 모아뜨기, 3코 남을 때까지 겉뜨기, 오른코 모아뜨기, 겉뜨기 1코(총 12코)
- 52단 안뜨기 1단
- 53~54단 51~52단 반복(총 10코)
- 55단 겉뜨기 1코, 2코 모아뜨기, 3코 남을 때까지 겉뜨기, 오른코 모아뜨기, 겉뜨기 1코(총 8코)
- 56단 안뜨기 1코, 안뜨기로 2코 모아 꼬아뜨기, 3코 남을 때까지 안뜨기, 안뜨기로 2코 모아뜨기, 안뜨기 1코(총 6코)

모든 코를 코막음한다.

바닥

검정색 실 2겹과 대바늘 2.75mm를 이용하여 시작코 20코를 만든다.
- 1~2단 메리야스뜨기 2단
- 3단 겉뜨기 1코, 1코 만들기, 1코 남을 때까지 겉뜨기, 1코 만들기, 겉뜨기 1코(총 22코)
- 4단 안뜨기 1코, 1코 만들기, 1코 남을 때까지 안뜨기, 1코 만들기, 안뜨기 1코(총 24코)
- 5~8단 [3~4단] 2회 반복(총 28코)
- 9~12단 메리야스뜨기 4단
- 13단 겉뜨기 1코, 2코 모아뜨기, 3코 남을 때까지 겉뜨기, 오른코 모아뜨기, 겉뜨기 1코(총 26코)
- 14단 안뜨기 1코, 안뜨기로 2코 모아 꼬아뜨기, 3코 남을 때까지 안뜨기, 안뜨기로 2코 모아뜨기, 안뜨기 1코(총 24코)
- 15~18단 [13~14단] 2회 반복(총 20코)
- 19~20단 메리야스뜨기 2단

모든 코를 코막음한다.

팔(2개)

검정색 실 2겹과 대바늘 2.75mm를 이용하여 시작코 10코를 만든다.
- 1~8단 메리야스뜨기 8단
- 9단 겉뜨기 1코, 2코 모아뜨기, 3코 남을 때까지 겉뜨기, 오른코 모아뜨기, 겉뜨기 1코(총 8코)
- 10단 안뜨기 1단

모든 코를 코막음한다.

손가락과 발가락(4개)

검정색 실 2겹과 대바늘 2.75mm를 이용하여 시작코 2코를 만든다.
- 1단 [1코 늘리기] 2회 반복(총 4코)
- 2단 [1코 늘리기] 4회 반복(총 8코)
- 3단 겉뜨기 1단
- 4단 [안뜨기로 2코 모아뜨기] 4회 반복(총 4코)
- 5단 [2코 모아뜨기] 2회 반복(총 2코)
- 6단 안뜨기 1단
- 7~18단 [1~6단] 2회 반복하여 발가락 3개를 만든다.

남아 있는 2코를 코막음한다.

하트

빨간색 실과 대바늘 2.75mm를 이용하여 시작코 2코를 만든다.

- **1단** [1코 늘리기] 2회 반복(총 4코)
- **2단** 안뜨기 1단
- **3단** 겉뜨기 1코, 1코 늘리기, 1코 남을 때까지 겉뜨기, 1코 만들기, 겉뜨기 1코(총 6코)
- **4단** 안뜨기 1단
- **5~18단** [3~4단] 7회 반복(총 20코)
- **19단** 겉뜨기 1코, 2코 모아뜨기, 겉뜨기 4코, 오른코 모아뜨기, 겉뜨기 1코(총 8코)

편물을 뒤로 돌려서 하트의 반쪽(그림 도안의 ⓐ)만 먼저 작업한다.

- **20단** 안뜨기 1단(총 8코)
- **21단** 겉뜨기 1코, 2코 모아뜨기, 겉뜨기 2코, 오른코 모아뜨기, 겉뜨기 1코(총 6코)
- **22단** 안뜨기 1단
- **23단** 겉뜨기 1코, 2코 모아뜨기, 오른코 모아뜨기, 겉뜨기 1코(총 4코)
- **24단** 안뜨기로 2코 모아 꼬아뜨기, 안뜨기로 2코 모아뜨기(총 2코)

모든 코를 코막음한다.
겉면에서 18단에 남아 있는 10코(그림 도안의 ⓑ)에 실을 연결한다.

- **다음 단** 겉뜨기 1코, 2코 모아뜨기, 겉뜨기 4코, 오른코 모아뜨기, 겉뜨기 1코(총 8코)

다음 단부터는 하트 반대편의 20단부터 끝까지와 같은 방법으로 뜬다.

꼬리

검정색 실 2겹과 대바늘 2.75mm를 이용하여 시작코 8코를 만든다.

- **1~8단** 메리야스뜨기 8단
- **9단** 겉뜨기 6코(되돌아뜨기하고 편물을 뒤로 돌린다)
- **10단** 안뜨기 4코(되돌아뜨기하고 편물을 뒤로 돌린다)
- **11단** 단의 끝까지 겉뜨기
- **12단** 안뜨기 1단
- **13~24단** [9~12단] 3회 반복
- **25~36단** 메리야스뜨기 12단
- **37단** 겉뜨기 1코, 2코 모아뜨기, 3코 남을 때까지 겉뜨기, 오른코 모아뜨기, 겉뜨기 1코(총 6코)
- **38단** 안뜨기 1단

39단 겉뜨기 1코, 2코 모아뜨기, 오른코 모아뜨기, 겉뜨기 1코(총 4코)

실을 자르고 돗바늘에 끼운 후, 남은 코 사이로 통과시켜 단단히 잡아당긴 후 마무리한다.

귀의 뒷면(2개)

검정색 실 2겹과 대바늘 2.75mm를 이용하여 시작코 5코를 단든다.
- **1~2단** 메리야스뜨기 2단
- **3단** 겉뜨기 1코, 오른코 중심 3코 모아뜨기, 겉뜨기 1코(총 3코)
- **4단** 안뜨기 1단
- **5단** 오른코 중심 3코 모아뜨기(총 1코)

실을 자르고 남은 코 사이로 실을 뺀 후 잡아당겨 마무리한다.

귀의 앞면(2개)

분홍색 실과 대바늘 2mm를 이용하여 시작코 5코를 만든다.
- **1~2단** 메리야스뜨기 2단
- **3단** 겉뜨기 1코, 오른코 중심 3코 모아뜨기, 겉뜨기 1코(총 3코)
- **4단** 안뜨기 1단
- **5단** 오른코 중심 3코 모아뜨기(총 1코)

실을 자르고 남은 코 사이로 실을 뺀 후 잡아당겨 마무리한다.

장미꽃 봉오리

녹색 실과 대바늘 2.75mm를 이용하여 시작코 16코를 만든다.
- **1단** 겉뜨기 1단

빨간색 실로 바꾼다.
- **2~4단** 메리야스뜨기 3단
- **5단** 겉뜨기 13코(되돌아뜨기하고 편물을 뒤로 돌린다)
- **6단** 안뜨기 1단
- **7단** 겉뜨기 10코(되돌아뜨기하고 편물을 뒤로 돌린다)
- **8단** 안뜨기 1단
- **9단** 겉뜨기 6코(되돌아뜨기하고 편물을 뒤로 돌린다)
- **10단** 안뜨기 1단

되돌아뜨기한 코와 바늘에 걸린 코를 한꺼번에 떠가면서 모든 코를 코막음한다. 장미꽃잎의 너비가 좁은 부분부터 넓은 부분까지 꽃잎을 말아 꽃봉오리 모양을 잡은 후 바느질로 고정한다.

장미꽃 줄기

녹색 실과 대바늘 2.75mm를 이용하여 시작코 3코를 만든다. 줄기의 길이가 5cm가 될 때까지 메리야스뜨기로 뜬다.

실을 자르고 돗바늘에 끼운 후, 남은 코 사이로 통과시켜 단단히 잡아당긴 후 마무리한다. 줄기의 옆선끼리 꿰매고, 줄기를 꽃봉오리의 아랫부분에 꿰맨다.

또는 꽃줄기를 아이코드 기법으로 뜰 수도 있다.(→p.23)

나뭇잎(2개)

녹색 실과 대바늘 2.75mm를 이용하여 시작코 2코를 만든다.
- **1단** 겉뜨기 1코, 1코 만들기, 겉뜨기 1코(총 3코)
- **2단** 겉뜨기 1단
- **3단** 겉뜨기 1코, 1코 만들기, 겉뜨기 1코, 1코 만들기, 겉뜨기 1코 (총 5코)
- **4~6단** 겉뜨기 3단
- **7단** 2코 모아뜨기, 겉뜨기 1코, 오른코 모아뜨기(총 3코)
- **8단** 겉뜨기 1단
- **9단** 오른코 중심 3코 모아뜨기(총 1코)

실을 자르고 남은 코 사이로 실을 뺀 후 잡아당겨 마무리한 후 장미꽃 줄기에 꽃잎을 단다.

연결하기

1. 작품 사진을 참고하여 고양이 눈을 얼굴에 고정한다.
2. 몸통의 옆선을 연결하고 진행하면서 솜을 채운다.
3. 몸통에 바닥을 꿰맨다.
4. 팔의 옆선을 꿰맨다.
5. 손가락/발가락의 각 3개의 끝을 돗바늘로 홈질한 후 잡아당겨 끝을 모은다. 4개의 손/발을 모두 같은 방법으로 작업한다. 2개의 손가락은 각 팔 끝에 꿰매고, 2개의 발가락은 앞몸통의 시작단과 아랫부분이 만나는 곳에 꿰맨다.
6. 팔에 솜을 조금 채운 후 몸통에 꿰맨다.
7. 귀의 앞면을 귀의 뒷면에 꿰매고 귀를 머리 위쪽에 고정한다.
8. 꼬리의 옆선을 꿰매어 원통형으로 만든 후 그 안에 줄모루를 집어넣고, 몸통에 꼬리를 달아준다.
9. 녹색 실을 이용하여 장미꽃을 꼬리와 반대쪽 손에 꿰맨다.
10. 분홍색 실 2겹을 이용하여 프렌치 노트 스티치로 코를 수놓는다.(→p.24) 같은 실로 입을 수놓는다.
11. 하트에 솜을 조금 넣어서 모양을 살려가며 배에 꿰맨다.

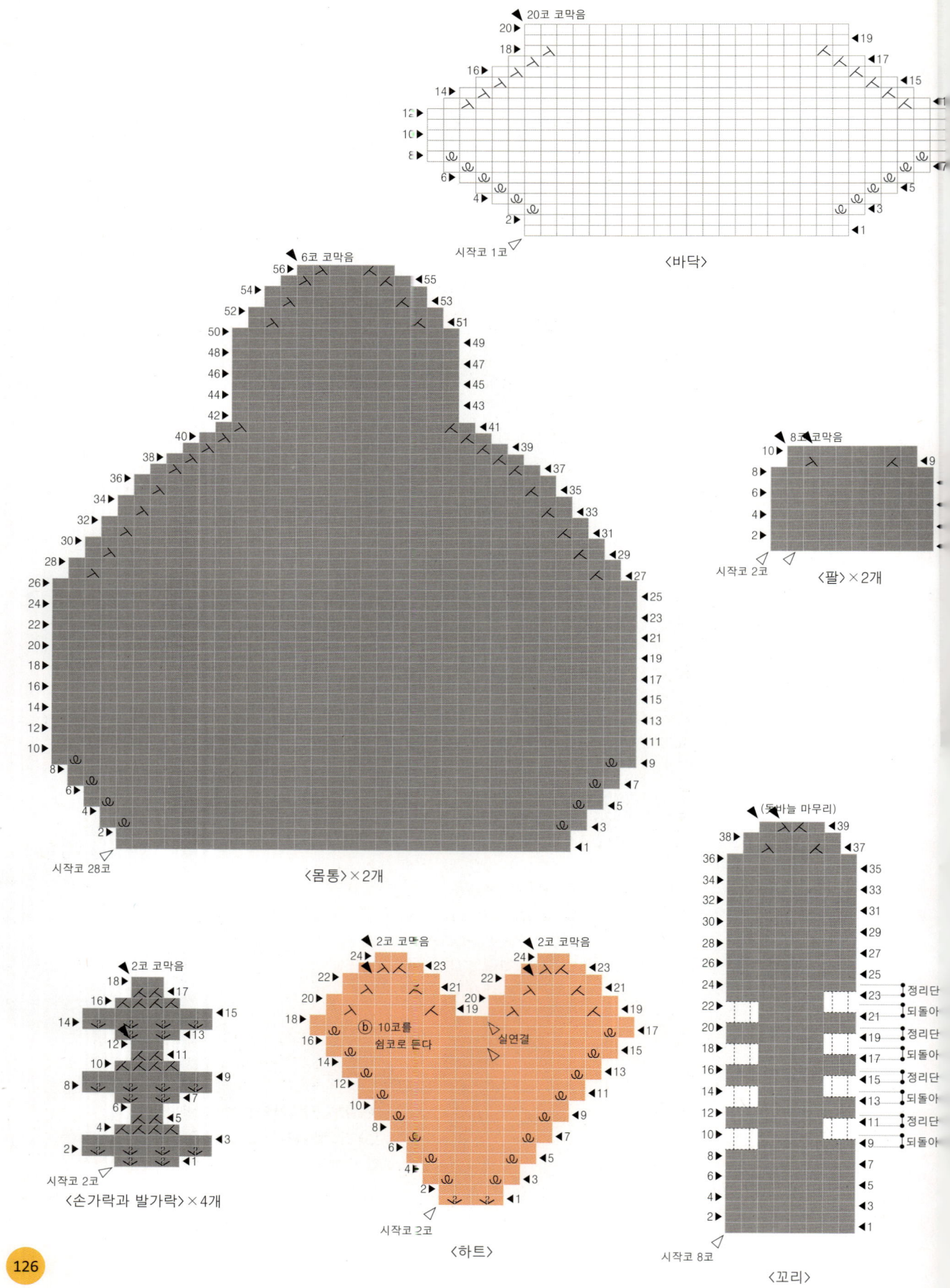

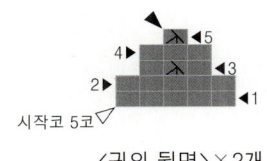

〈귀의 뒷면〉×2개

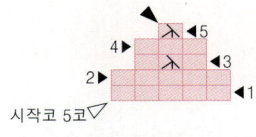

〈귀의 앞면〉×2개

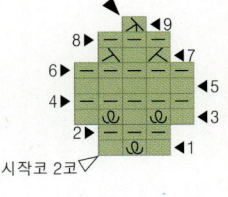

〈나뭇잎〉×2개

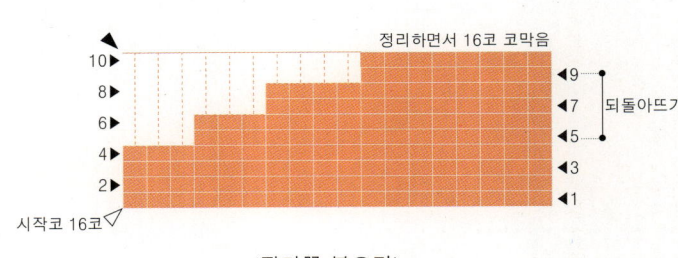

〈장미꽃 봉오리〉

〈장미꽃 줄기〉
또는 아이코드로 뜬다(p.23 참고)

몬스터 고양이

약간 괴물 같기는 하지만 별난 유머감각을 지닌
우리 같은 사람들에게 이 고양이는 완벽한 애완동물이지요.
상상력을 넓게 펼쳐서 당신만의
'고양이를 닮은 창조물'을 디자인해보세요.
진짜 고양이처럼 귀여운 것이 아니라
그냥 껴안고 싶은 것으로요.

준비물
- 파란색, 갈색, 노란색, 주황색 실(5ply, sportweight) 각 1볼씩
- 장난감용 구름솜
- 인형 눈 : (단춧구멍이 4개 있는) 지름 2.5mm 단추 1개, 갈색 펠트지 조금

바늘
대바늘 3.25mm(영국 10호, 미국 3호)

게이지
대바늘 3.25mm를 이용하여 메리야스뜨기로 2.5cm=6코

완성 크기
머리끝까지의 높이=약 16cm

앞몸통

메리야스뜨기로 뜬다.
파란색 실을 이용하여 시작코 40코를 만든다.
    1~16단 메리야스뜨기 16단
파란색 실을 자르지 않고 남겨둔 채, 갈색 실을 연결한다.
    17~22단 메리야스뜨기 6단
노란색 실을 연결한다.
    23~28단 메리야스뜨기 6단
갈색 실로 바꾼다.
    29~34단 메리야스뜨기 6단
파란색 실로 바꾼다.
    35~56단 메리야스뜨기 22단
    57단 겉뜨기 14코, 15코 코막음, 겉뜨기 10코(총 25코)
편물을 뒤로 돌려서 처음에 걸린 11코(그림 도안의 ⓐ)만 가지고 이어 뜬다.
    58단 안뜨기 1단(총 11코)
    59단 겉뜨기 1코, 2코 모아뜨기, 단의 끝까지 걸뜨기(총 10코)
    60단 안뜨기 1단
    61~72단 [59~60단] 6회 반복(총 4코)
    73단 59단 반복(총 3코)
모든 코를 안쪽 면에서 안뜨기로 코막음한다.
안쪽 면에서 남아 있는 14코(그림 도안의 ⓑ)에 실을 걸어서 다음과 같이 뜬다.
    58단 안뜨기 1단(총 14코)
    59~60단 메리야스뜨기 2단
    61단 겉뜨기 1코, 2코 모아뜨기, 3코 남을 때까지 겉뜨기, 오른코 모아뜨기, 겉뜨기 1코(총 12코)
    62단 안뜨기 1단
    63~70단 [61~62단] 4회 반복(총 4코)
    71단 겉뜨기 1코, 2코 모아뜨기, 겉뜨기 1코(총 3코)
모든 코를 안쪽 면에서 안뜨기로 코막음한다.

뒷몸통

56단까지 앞몸통과 같은 방법으로 뜬다.
    57단 겉뜨기 11코, 15코 코막음, 겉뜨기 13코(총 26코)
편물을 뒤로 돌려서 처음에 걸린 14코(그림 도안의 ⓒ)만 가지고 이어 뜬다.
    58단 안뜨기 1단
    59~60단 메리야스뜨기 2단
    61단 겉뜨기 1코, 2코 모아뜨기, 3코 남을 때까지 겉뜨기, 오른코 모아뜨기, 겉뜨기 1코(총 12코)
    62단 안뜨기 1단
    63~70단 [61~62단] 4회 반복(총 4코)
    71단 겉뜨기 1코, 2코 모아뜨기, 겉뜨기 1코(총 3코)
모든 코를 안쪽 면에서 안뜨기로 코막음한다.
안쪽 면에서 남아 있는 11코(그림 도안의 ⓓ)에 실을 걸어서 다음과 같이 뜬다.
    58단 안뜨기 1단(총 11코)
    59단 3코 남을 때까지 겉뜨기, 오른코 모아뜨기, 겉뜨기 1코(총 10코)
    60단 안뜨기 1단
    61~72단 [59~60단] 6회 반복(총 4코)
    73단 59단 반복(총 3코)
모든 코를 안쪽 면에서 안뜨기로 코막음한다.

바닥

파란색 실을 이용하여 시작코 30코를 만든다.
    1~2단 메리야스뜨기 2단
    3단 겉뜨기 1코, 1코 만들기, 1코 남을 때까지 겉뜨기, 1코 만들기, 겉뜨기 1코(총 32코)
    4단 안뜨기 1단
    5~10단 [4~5단] 3회 반복(총 38코)
    11~14단 메리야스뜨기 4단
    15단 겉뜨기 1코, 2코 모아뜨기, 3코 남을 때까지 겉뜨기, 오른코 모아뜨기, 겉뜨기 1코(총 36코)
    16단 안뜨기 1단
    17~22단 [15~16단] 3회 반복(총 30코)
모든 코를 코막음한다.

팔(2개)

파란색 실을 이용하여 시작코 12코를 만든다.
    1~10단 메리야스뜨기 10단
    11단 겉뜨기 1코, 2코 모아뜨기, 3코 남을 때까지 겉뜨기, 오른코 모아뜨기, 겉뜨기 1코(총 10코)
    12단 안뜨기 1단
    13~14단 11~12단 반복(총 8코)
    15단 겉뜨기 1코, 1코 만들기, 1코 남을 때까지 겉뜨기, 1코 만들기, 겉뜨기 1코(총 10코)
    16단 안뜨기 1단
    17~18단 15~16단 반복(총 12코)
    19~28단 메리야스뜨기 10단
모든 코를 코막음한다.

발(2개)

갈색 실을 이용하여 시작코 12코를 만든다.
    1~8단 메리야스뜨기 8단
    9단 겉뜨기 1코, 2코 모아뜨기, 3코 남을 때까지 겉뜨기, 오른코 모아뜨기, 겉뜨기 1코(총 10코)
    10단 안뜨기 1단
    11~12단 9~10단 반복(총 8코)
    13단 겉뜨기 1코, 1코 만들기, 1코 남을 때까지 겉뜨기, 1코 만들기, 겉뜨기 1코(총 10코)
    14단 안뜨기 1단
    15~16단 13~14단 반복(총 12코)
    17~24단 메리야스뜨기 8단
모든 코를 코막음한다.

배

주황색 실을 이용하여 시작코 10코를 만든다.
    1~2단 메리야스뜨기 2단
    3단 겉뜨기 1코, 1코 만들기, 1코 남을 때까지 겉뜨기, 1코 만들기, 겉뜨기 1코(총 12코)

내 등도 무섭나요?

4단 안뜨기 1코, 1코 만들기, 1코 남을 때까지 안뜨기, 1코 만들기, 안뜨기 1코(총 14코)

5~6단 3~4단 반복(총 18코)

7단 겉뜨기 1코, 1코 만들기, 1코 남을 때까지 겉뜨기, 1코 만들기, 겉뜨기 1코(총 20코)

8단 안뜨기 1단

9~10단 7~8단 반복(총 22코)

11~20단 메리야스뜨기 10단

21단 겉뜨기 1코, 2코 모아뜨기, 3코 남을 때까지 겉뜨기, 오른코 모아뜨기, 겉뜨기 1코(총 20코)

22단 안뜨기 1단

23~24단 21~22단 반복(총 18코)

25단 겉뜨기 1코, 2코 모아뜨기, 3코 남을 때까지 겉뜨기, 오른코 모아뜨기, 겉뜨기 1코(총 16코)

26단 안뜨기 1코, 안뜨기로 2코 모아 꼬아뜨기, 3코 남을 때까지 안뜨기, 안뜨기로 2코 모아뜨기, 안뜨기 1코(총 14코)

27~28단 25~26단 반복(총 10코)

모든 코를 코막음한다.

꼬리

파란색 실을 이용하여 시작코 22코를 만든다.

1~10단 메리야스뜨기 10단

갈색 실로 바꾼다.

11~14단 메리야스뜨기 4단

노란색 실로 바꾼다.

15~18단 메리야스뜨기 4단

갈색 실로 바꾼다.

19~22단 메리야스뜨기 4단

다시 파란색 실로 바꾸어 지금부터 길이가 12cm될 때까지 메리야스뜨기로 뜬다.

다음 단 겉뜨기 1코, 2코 모아뜨기, 겉뜨기 5코, 오른코 모아뜨기, 겉뜨기 2코, 2코 모아뜨기, 겉뜨기 5코, 오른코 모아뜨기, 겉뜨기 1코(총 18코)

다음 단 안뜨기 1단

다음 단 겉뜨기 1코, 2코 모아뜨기, 겉뜨기 3코, 오른코 모아뜨기, 겉뜨기 2코, 2코 모아뜨기, 겉뜨기 3코, 오른코 모아뜨기, 겉뜨기 1코(총 14코)

다음 단 안뜨기 1단

모든 코를 코막음한다.

연결하기

1. 팔을 반으로 접어서 옆선을 꿰맨다. 이때 한쪽 팔은 겉뜨기 면이 밖으로 나오도록 꿰매고, 다른 팔은 안뜨기 면이 밖으로 나오도록 꿰매어 양팔을 다르게 한다.
2. 발도 팔과 같은 방법으로 작업한다.
3. 꼬리의 솔기를 꿰맨 후 꼬리의 끝에 솜을 약간 채운다. 작품 사진을 참고하여 꼬리를 한 번 묶어준다. 꼬리의 남은 부분에 솜을 조금 채운다.
4. 작품 사진을 보면서 팔과 꼬리를 몸통의 옆선 솔기에 시침핀으로 고정하고, 몸통 솔기 사이에 팔과 꼬리를 끼워서 꿰맨다.
5. 몸통에 솜을 채운다.
6. 발은 몸통의 앞부분에 시침핀으로 고정하고, 앞몸통과 바닥이 연결되는 솔기 사이에 발을 끼워서 꿰맨다. 진행하면서 필요에 따라 솜을 조금씩 더 채워준다.
7. 펠트지를 단추와 같은 크기의 원형으로 자른다. 단추와 펠트 눈을 각각 다른 색 실을 이용하여 얼굴에 꿰매는데, 펠트지 눈의 중앙에 'X'자 모양으로 바느질한다.
8. 주황색 실을 이용하여 고양이의 앞몸통에 배를 꿰맨다. 이때 크게 스티치를 하여 디테일을 살린다.
9. 노란색 실을 이용하여 3개의 스티치를 하여 손가락을 만든다.
10. 주황색 실을 이용하여 3개의 스티치를 하여 발가락을 만든다.

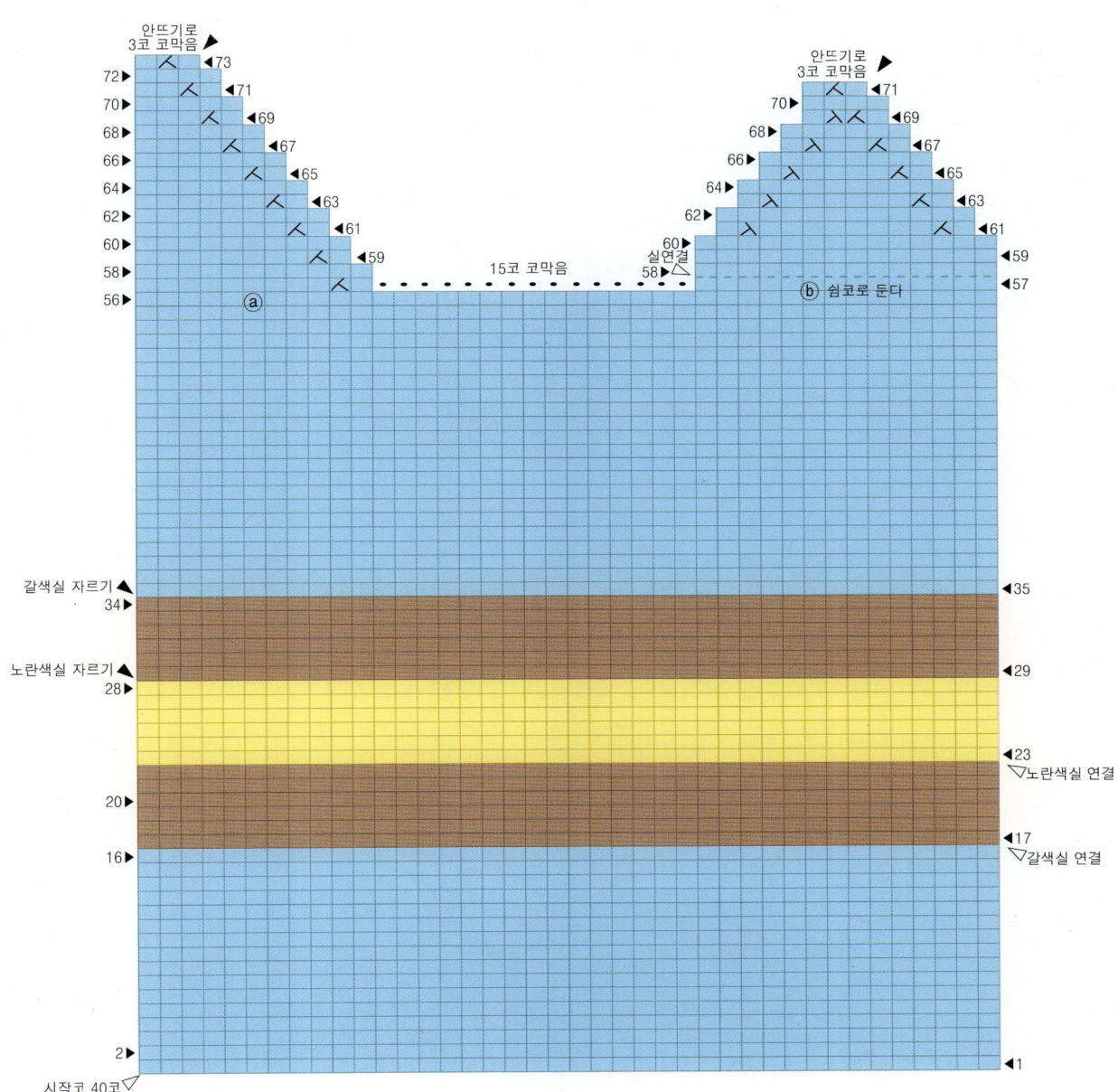

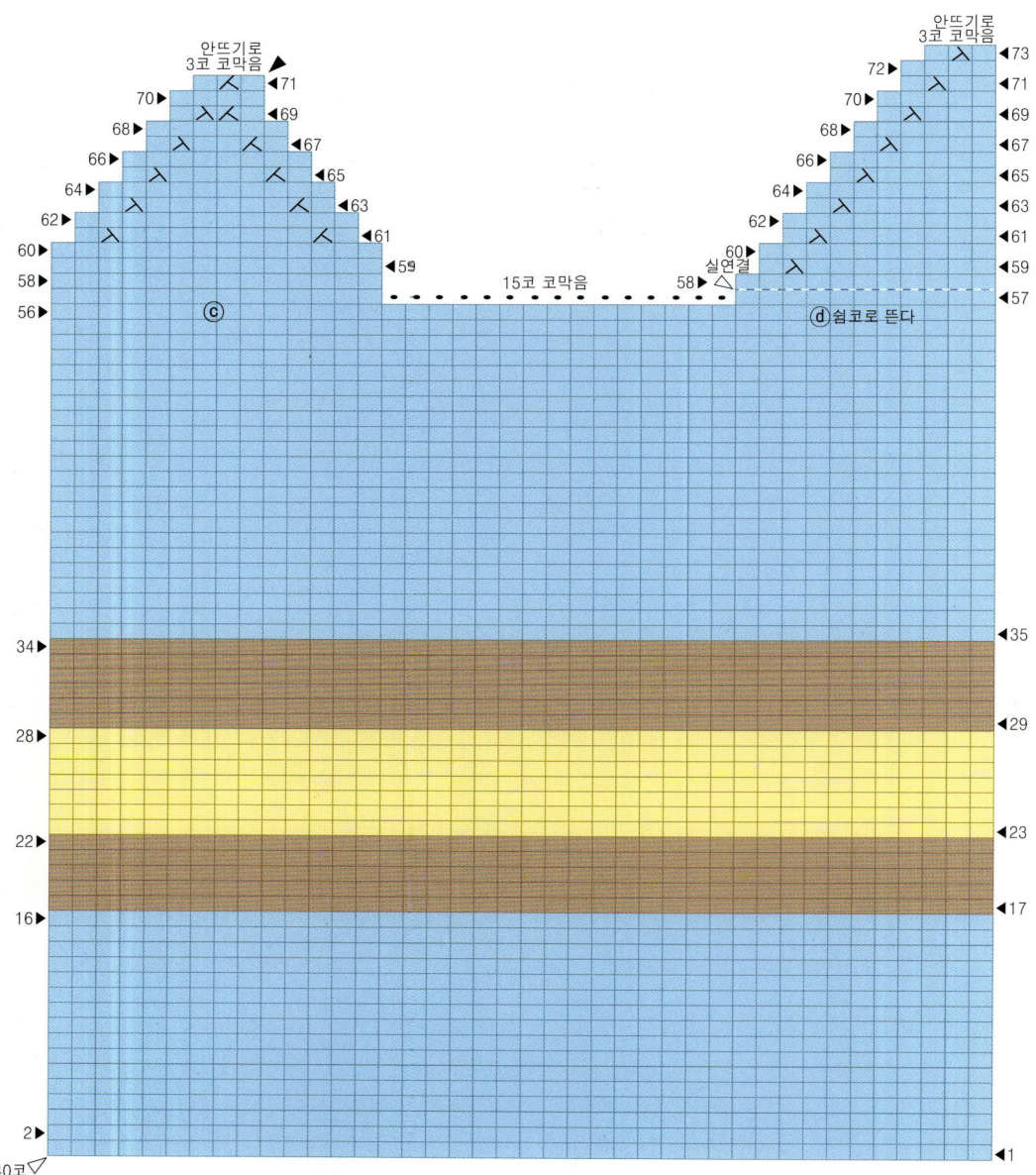

〈뒷몸통〉

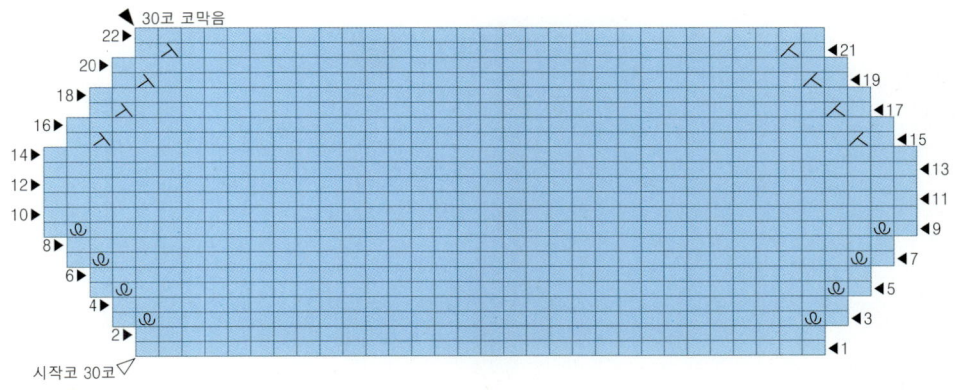

〈바닥〉

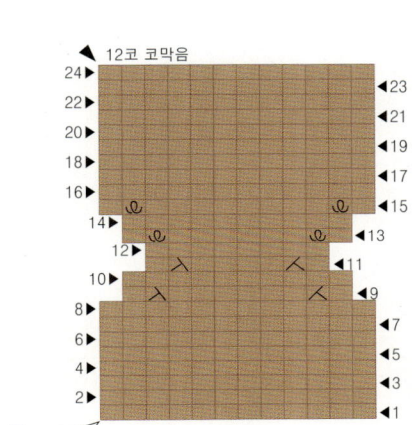

〈발〉×2개

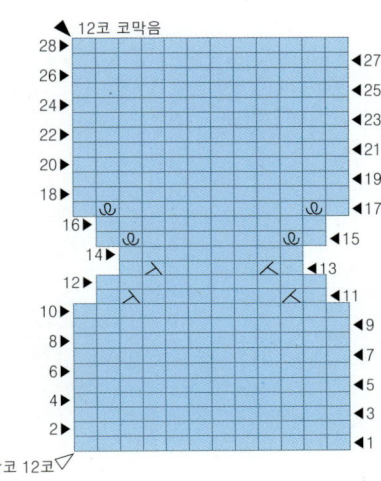

〈팔〉×2개

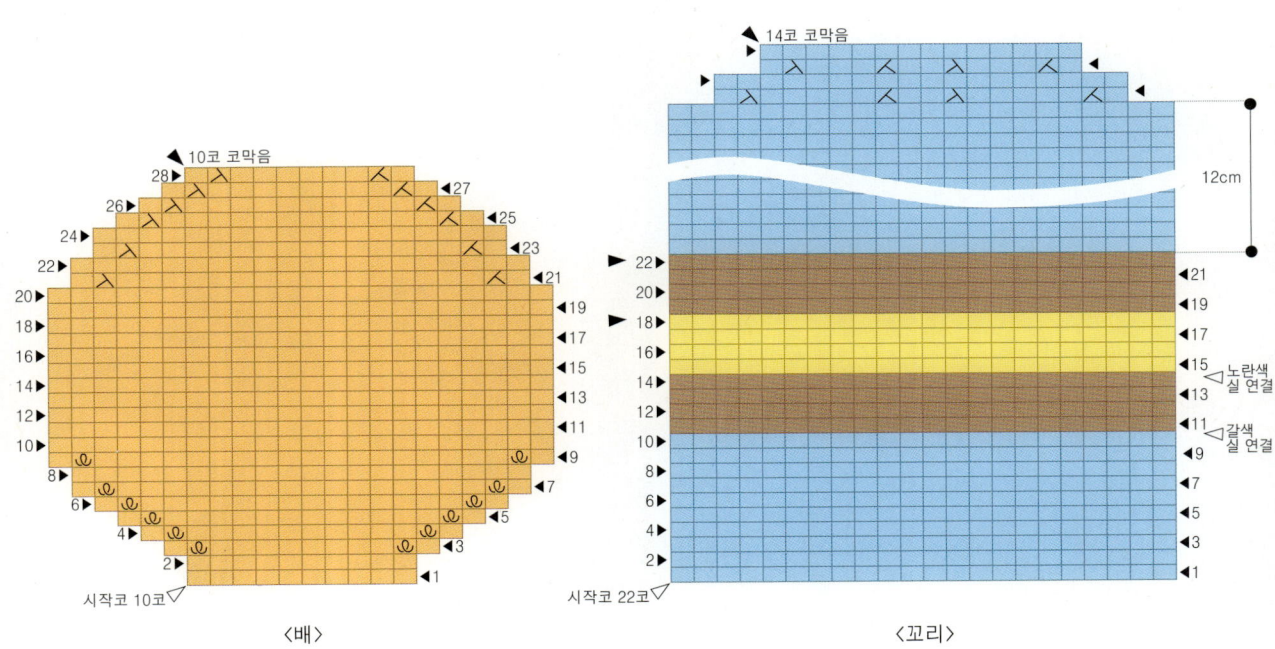

〈배〉　〈꼬리〉

Fluffy Cat

보송보송 고양이

작고 부드럽고 아주아주 털이 보송보송한 이 새끼 고양이는 빨리 뜰 수 있고, 절대로 자라지 않는답니다!
생쥐를 만드는 방법은 198페이지에 설명되어 있어요.

준비물
- 흰색 앙고라 실(4ply, fingering) 1볼
- 연분홍색 실(2ply, laceweight) 1볼
- 인형 눈 : 8mm 플라스틱 나사눈 2개(뒷면을 은색 매니큐어로 칠함)
- 장난감용 구름솜
- 분홍색 리본끈
- 줄모루
- 질긴 봉제용 실

바늘
- 대바늘 2.75mm(영국 12호, 미국 2호)
- 대바늘 2mm(영국 14호, 미국 0호)
- 안전핀

게이지
대바늘 2.75mm를 이용하여 메리야스뜨기로 2.5cm=7~8코

완성 크기
꼬리 끝부터 앞발바닥까지의 길이=약 18cm

몸통

꼬리 끝부터 시작하여 1장으로 뜬다.

✎Note 되돌아뜨기하면서 몸통의 등 모양을 만들다가 되돌아뜨기한 코에 다다르면, 되돌아뜨기한 코를 끌어올려서 바늘에 걸려 있는 코와 한꺼번에 겉뜨기 또는 안뜨기로 뜬다. 이렇게 하면 깔끔하게 마무리된다.

흰색 실과 대바늘 2.75mm를 이용하여 시작코 4코를 만든다.

1~2단 메리야스뜨기 2단
3단 겉뜨기 1코, 1코 만들기, 겉뜨기 2코, 1코 만들기, 겉뜨기 1코(총 6코)
4~5단 메리야스뜨기 2단
6단 안뜨기 5코(되돌아뜨기하고 편물을 뒤로 돌린다)
7단 겉뜨기 4코(되돌아뜨기하고 편물을 뒤로 돌린다)
8단 단의 끝까지 안뜨기
9단 겉뜨기 1단
10~49단 [6~9단] 10회 반복
50단 1코 코막음, 단의 끝까지 안뜨기(총 5코)
51단 1코 코막음, 단의 끝까지 겉뜨기(총 4코)
52단 8코 만들기, 바늘에 걸린 12코를 안뜨기(총 12코)
편물을 뒤로 돌려 8코를 만든다.(총 20코)
53~54단 메리야스뜨기 2단
55단 겉뜨기 1코, 1코 만들기, 1코 남을 때까지 겉뜨기, 1코 만들기, 겉뜨기 1코(총 22코)
56단 안뜨기 1코, 1코 만들기, 1코 남을 때까지 안뜨기, 1코 만들기, 안뜨기 1코(총 24코)
57단 겉뜨기 19코(되돌아뜨기하고 편물을 뒤로 돌린다)
58단 안뜨기 14코(되돌아뜨기하고 편물을 뒤로 돌린다)
59단 단의 끝까지 겉뜨기
60단 안뜨기 1단
61단 겉뜨기 1코, 1코 만들기, 1코 남을 때까지 겉뜨기, 1코 만들기, 겉뜨기 1코(총 26코)
62단 안뜨기 1코, 1코 만들기, 1코 남을 때까지 안뜨기, 1코 만들기, 안뜨기 1코(총 28코)
63단 겉뜨기 23코(되돌아뜨기하고 편물을 뒤로 돌린다)
64단 안뜨기 18코(되돌아뜨기하고 편물을 뒤로 돌린다)
65단 단의 끝까지 겉뜨기
66단 안뜨기 1단
67~74단 [63~66단] 2회 반복
75단 겉뜨기 1코, 1코 만들기, 1코 남을 때까지 겉뜨기, 1코 만들기, 겉뜨기 1코(총 30코)
76~86단 메리야스뜨기 11단

지금부터 두 개의 앞다리과 몸통으로 코를 나누어 작업한다.
87단 겉뜨기 4코, 6코 코막음, 겉뜨기 9코, 6코 코막음, 겉뜨기 3코

편물을 뒤로 돌려서 처음 4코(그림 도안 ⓐ)만 가지고 이어뜬다.
88단 안뜨기 4코
89단 단의 시작 부분에 6코 만들기, 단의 끝까지 겉뜨기(총 10코)
90~98단 안뜨기로 시작하여 메리야스뜨기 9단
99단 겉뜨기 3코, [2코 모아뜨기] 2회 반복, 겉뜨기 3코(총 8코)
100단 안뜨기 2코, [안뜨기로 2코 모아뜨기] 2회 반복, 안뜨기 2코(총 6코)

실을 자르고 돗바늘에 끼운 후, 남은 코 사이로 통과시켜 단단히 잡아당긴 후 마무리한다.

겉면에서 실을 걸어 안전핀의 반대쪽 끝에 걸려 있는 4코(두 번째 다리, 그림 도안 ⓑ)를 가지고 작업한다.
88단(겉면) 겉뜨기 1단(총 4코)
89단 단의 시작 부분에 6코를 만든다, 단의 끝까지 안뜨기(총 10코)
90단 겉뜨기 1단
91~99단 안뜨기로 시작하여 메리야스뜨기 9단
100단 겉뜨기 3코, [2코 모아뜨기] 2회 반복, 겉뜨기 3코(총 8코)
101단 안뜨기 2코, [안뜨기로 2코 모아뜨기] 2회 반복, 안뜨기 2코(총 6코)

실을 자르고 돗바늘에 끼운 후, 남은 코 사이로 통과시켜 단단히 잡아당긴 후 마무리한다.

겉면에서 중앙에 남아 있는 10코(그림 도안 ⓒ)에 실을 연결하고 다음과 같이 작업한다.
88단(겉면) 겉뜨기 2코, 2코 모아뜨기, 겉뜨기 2코, 오른코 모아

뜨기, 겉뜨기 2코(총 8코)
89~93단 메리야스뜨기 5단
94단 겉뜨기 1코, 1코 만들기, 1코 남을 때까지 겉뜨기, 1코 만들기, 겉뜨기 1코(총 10코)
95단 안뜨기 1단
96~97단 94~95단 반복
98~109단 겉뜨기로 시작하여 메리야스뜨기 12단
110단 겉뜨기 1코, 1코 만들기, 1코 남을 때까지 겉뜨기, 1코 만들기, 겉뜨기 1코(총 14코)
111단 안뜨기 1단
112~113단 110~111단 반복(총 16코)
114~117단 메리야스뜨기 4단
118단 겉뜨기 1코, 2코 모아뜨기, 3코 남을 때까지 겉뜨기, 오른코 모아뜨기, 겉뜨기 1코(총 14코)
119단 안뜨기 1단
120~121단 118~119단 반복(총 12코)
122~125단 메리야스뜨기 4단
126단 겉뜨기 1코, 2코 모아뜨기, 3코 남을 때까지 겉뜨기, 오른코 모아뜨기, 겉뜨기 1코(총 10코)
127~131단 메리야스뜨기 5단
132단 겉뜨기 1코, 2코 모아뜨기, 3코 남을 때까지 겉뜨기, 오른코 모아뜨기, 겉뜨기 1코(총 8코)
133단 안뜨기 1단
134단 겉뜨기 1코, 2코 모아뜨기, 3코 남을 때까지 겉뜨기, 오른코 모아뜨기, 겉뜨기 1코(총 6코)
135단 안뜨기 1코, 안뜨기로 2코 모아 꼬아뜨기, 안뜨기로 2코 모아뜨기, 안뜨기 1코(총 4코)
모든 코를 코막음한다.

머리

흰색 실과 대바늘 2.75mm를 이용하여 시작코 20코를 만든다.
1단 안뜨기 1단
2단(겉면) 겉뜨기 4코, 1코 만들기, 겉뜨기 1코, 1코 만들기, 겉뜨기 4코, 1코 만들기, 겉뜨기 2코, 1코 만들기, 겉뜨기 4코, 1코 만들기, 겉뜨기 1코, 1코 만들기, 겉뜨기 4코(총 26코)
3단 안뜨기 1단
4단 겉뜨기 5코, 1코 만들기, 겉뜨기 1코, 2코 모아뜨기, 겉뜨기 4코, 1코 만들기, 겉뜨기 2코, 1코 만들기, 겉뜨기 4코, 오른코 모아뜨기, 겉뜨기 1코, 1코 만들기, 겉뜨기 5코(총 28코)
5단 안뜨기 1단
6단 겉뜨기 6코, 1코 만들기, 겉뜨기 1코, 2코 모아뜨기, 겉뜨기 4코, 1코 만들기, 겉뜨기 2코, 1코 만들기, 겉뜨기 4코, 오른코 모아뜨기, 겉뜨기 1코, 1코 만들기, 겉뜨기 6코(총 30코)
7단 안뜨기 1단
8단 겉뜨기 14코, 1코 만들기, 겉뜨기 2코, 1코 만들기, 겉뜨기 14코(총 32코)
9단 안뜨기 1단
10단 겉뜨기 15코, 1코 만들기, 겉뜨기 2코, 1코 만들기, 겉뜨기 15코(총 34코)
11단 안뜨기 1단
12단 겉뜨기 16코, 1코 만들기, 겉뜨기 2코, 1코 만들기, 겉뜨기 16코(총 36코)
13단 안뜨기 1단
14단 겉뜨기 15코, 2코 모아뜨기, 겉뜨기 2코, 오른코 모아뜨기, 겉뜨기 15코(총 34코)
15단 안뜨기 14코, 안뜨기로 2코 모아 꼬아뜨기, 안뜨기 2코, 안뜨기로 2코 모아뜨기, 안뜨기 14코(총 32코)
16단 겉뜨기 13코, 2코 모아뜨기, 겉뜨기 2코, 오른코 모아뜨기, 겉뜨기 13코(총 30코)
17단 안뜨기 1단
18단 겉뜨기 11코, 2코 모아뜨기, 겉뜨기 4코, 오른코 모아뜨기, 겉뜨기 11코(총 28코)
19단 안뜨기 1단
20단 겉뜨기 1코, 2코 모아뜨기, 3코 남을 때까지 겉뜨기, 오른코 모아뜨기, 겉뜨기 1코(총 26코)
21단 안뜨기 1코, 안뜨기로 2코 모아 꼬아뜨기, 3코 남을 때까지 안뜨기, 안뜨기로 2코 모아뜨기, 안뜨기 1코(총 24코)
22단 겉뜨기 4코, 2코 모아뜨기, 오른코 모아뜨기, 겉뜨기 8코, 2코 모아뜨기, 오른코 모아뜨기, 겉뜨기 4코(총 20코)
23단 안뜨기 3코, 안뜨기로 2코 모아 꼬아뜨기, 안뜨기로 2코 모아뜨기, 안뜨기 6코, 안뜨기로 2코 모아 꼬아뜨기, 안뜨기로 2코 모아뜨기, 안뜨기 3코(총 16코)
24단 겉뜨기 2코, 2코 모아뜨기, 오른코 모아뜨기, 겉뜨기 4코, 2코 모아뜨기, 오른코 모아뜨기, 겉뜨기 2코(총 12코)
모든 코를 안쪽 면에서 안뜨기로 코막음한다.

귀의 뒷면(2개)

흰색 실과 대바늘 2.75mm를 이용하여 시작코 8코를 만든다.
1~2단 메리야스뜨기 2단
3단 겉뜨기 1코, 2코 모아뜨기, 겉뜨기 2코, 오른코 모아뜨기, 겉뜨기 1코(총 6코)
4단 안뜨기 1단
5단 겉뜨기 1코, 2코 모아뜨기, 오른코 모아뜨기, 겉뜨기 1코(총 4코)

6단 안뜨기 1단
7단 2코 모아뜨기, 오른코 모아뜨기(총 2코)
8단 안뜨기로 2코 모아뜨기(총 1코)
실을 자르고 남은 코 사이로 실을 뺀 후 잡아당겨 마무리한다.

귀의 앞면(2개)

분홍색 실과 대바늘 2mm를 이용하여 시작코 7코를 만든다.
1~2단 메리야스뜨기 2단
3단 겉뜨기 1코, 2코 모아뜨기, 겉뜨기 1코, 오른코 모아뜨기, 겉뜨기 1코(총 5코)
4단 안뜨기 1단
5단 2코 모아뜨기, 겉뜨기 1코, 오른코 모아뜨기(총 3코)
6단 안뜨기 1단
7단 오른코 중심 3코 모아뜨기(총 1코)

실을 자르고 남은 코 사이로 실을 뺀 후 잡아당겨 마무리한다.

코

분홍색 실과 대바늘 2mm를 이용하여 시작코 3코를 만든다.
1~2단 메리야스뜨기 2단
3단 오른코 중심 3코 모아뜨기(총 1코)
실을 자르고 남은 코 사이로 실을 뺀 후 잡아당겨 마무리한다.

오른쪽 뒷다리

흰색 실과 대바늘 2.75mm를 이용하여 시작코 6코를 만든다.
1단 겉뜨기 1단
2단 안뜨기 1코, 1코 만들기, 1코 남을 때까지 안뜨기, 1코 만들기, 안뜨기 1코(총 8코)

그냥 놀고 싶어요!

3단 겉뜨기 1코, 1코 만들기, 1코 남을 때까지 겉뜨기, 1코 만들기, 겉뜨기 1코(총 10코)
4~10단 안뜨기로 시작하여 메리야스뜨기 7단
11단 4코 코막음, 1코 만들기, 1코 남을 때까지 겉뜨기, 1코 만들기, 겉뜨기 1코(총 8코)
12단 안뜨기 1코, 1코 만들기, 1코 남을 때까지 안뜨기, 1코 만들기, 안뜨기 1코(총 10코)
13단 겉뜨기 1코, 1코 만들기, 1코 남을 때까지 겉뜨기, 1코 만들기, 겉뜨기 1코(총 12코)
14단 안뜨기 1코, 1코 만들기, 1코 남을 때까지 안뜨기, 1코 만들기, 안뜨기 1코(총 14코)
15~18단 메리야스뜨기 4단
19단 겉뜨기 1코, 오른코 모아뜨기, 3코 남을 때까지 겉뜨기, 2코 모아뜨기, 겉뜨기 1코(총 12코)
20단 안뜨기 1단
21~22단 19~20단 반복(총 10코)
23단 19단 반복(총 8코)
24단 안뜨기 1코, 안뜨기로 2코 모아 꼬아뜨기, 3코 남을 때까지 안뜨기, 안뜨기로 2코 모아뜨기, 안뜨기 1코(총 6코)
남아 있는 모든 코를 코막음한다.

왼쪽 뒷다리

10단까지는 오른쪽 뒷다리와 같은 방법으로 뜬다.
11단 겉뜨기 1단
12단 4코 코막음, 1코 만들기, 1코 남을 때까지 안뜨기, 1코 만들기, 안뜨기 1코(총 8코)
13단 겉뜨기 1코, 1코 만들기, 1코 남을 때까지 겉뜨기, 1코 만들기, 겉뜨기 1코(총 10코)
14단 안뜨기 1코, 1코 만들기, 1코 남을 때까지 안뜨기, 1코 만들기, 안뜨기 1코(총 12코)
15단 겉뜨기 1코, 1코 만들기, 1코 남을 때까지 겉뜨기, 1코 만들기, 겉뜨기 1코(총 14코)
16~19단 안뜨기로 시작하여 메리야스뜨기 4단
20단(안쪽 면) 안뜨기 1코, 안뜨기로 2코 모아 꼬아뜨기, 3코 남을 때까지 안뜨기, 안뜨기로 2코 모아뜨기, 안뜨기 1코(총 12코)
21단 겉뜨기 1단
22~23단 20~21단 반복(총 10코)
24단 20단 반복(총 8코)
25단 겉뜨기 1코, 2코 모아뜨기, 3코 남을 때까지 겉뜨기, 오른코 모아뜨기, 겉뜨기 1코(총 6코)
남아 있는 모든 코를 코막음한다.

연결하기

1. 앞다리의 옆선을 꿰매고 솜을 채운다.
2. 몸통의 가운데 좁은 부분(=배)을 아래로 접는다. 가운데의 양쪽 옆선을 앞다리 옆에 있는 코막음한 단에 꿰맨다. 계속하여 다리 아래에 있는 몸통의 옆선을 꼬리가 있는 방향으로 이어 꿰맨다. 진행하면서 솜을 채워 넣는다.
3. 작품 사진을 참고하여 앞다리의 시작단을 몸통의 앞쪽에 꿰맨다.
4. 꼬리의 옆선을 꿰매어 원통형으로 만들고 그 안에 줄모루를 넣는다. 작품 사진을 참고하여 꼬리의 코막음한 단을 몸통에 꿰맨다.
5. 머리에 눈을 고정하고 머리의 뒷솔기를 꿰맨 후 머리에 솜을 채운다.
6. 귀의 뒷면과 앞면을 안쪽 면끼리 서로 마주 대고 분홍색 실을 이용하여 꿰맨 후 머리 위쪽에 귀를 고정한다.
7. 분홍색 실을 이용하여 코를 얼굴에 꿰매고, 질긴 실을 이용하여 코의 양쪽 끝에 수염을 만들어준다.
8. 머리를 몸통에 연결한다.
9. 각 뒷다리의 아랫솔기를 꿰매고 솜을 조금 채운다. 뒷다리의 시작단이 아래로 향하도록 몸통에 시침핀으로 고정한다. 다리의 아랫부분을 몸통의 옆선과 나란히 오도록 구부린 후, 작품 사진을 참고하여 다리를 몸통에 꿰맨다.

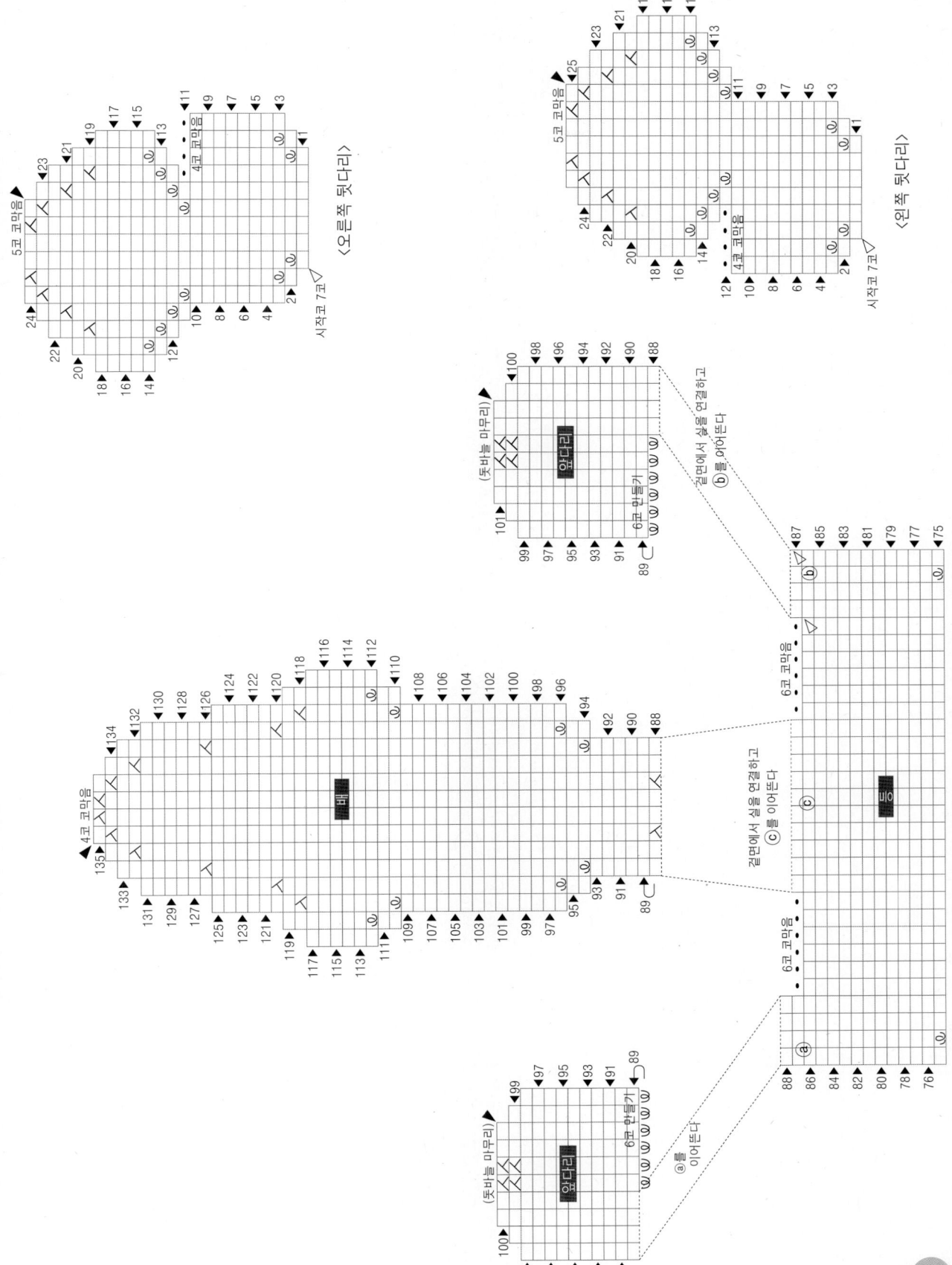

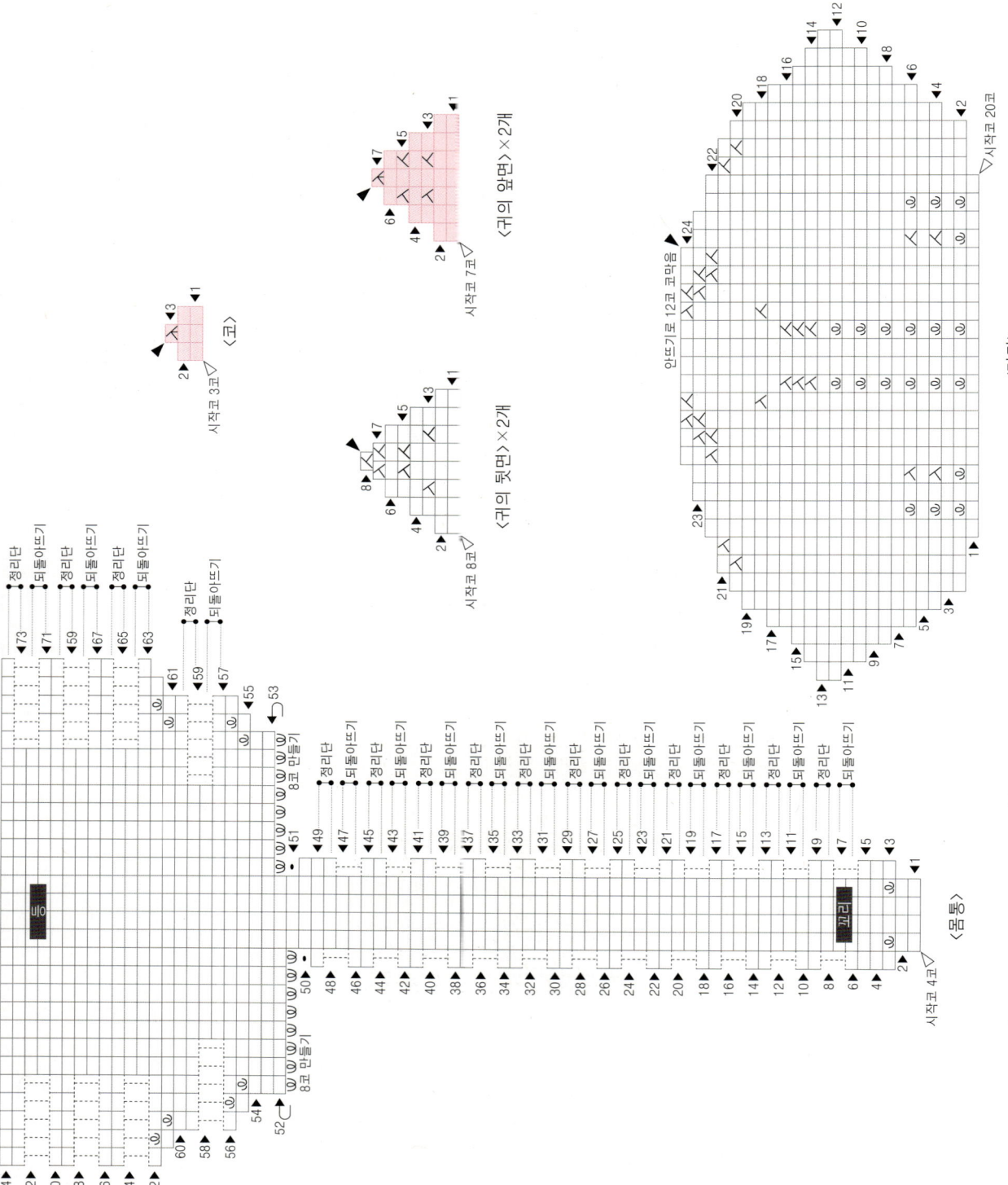

털북숭이 집고양이 🐾

어깨 너머로 던져서 암바를 걸거나 거꾸로 들어도
이 매력적인 집고양이는 사납게 할퀴거나 애처롭게 울지 않을 거예요!
진짜 살아 있는 것처럼 보이는 이 고양이는
매우 거친 어린이들에게도 이상적인 애완동물이랍니다.

준비물
- 검정색 인조모피사 100g 4볼
- 인형 눈 : 18mm 크리스털 캣아이 2개
- 분홍색 실(4ply, fingering)
- 장난감용 구름솜
- 검정색 봉제용 실

바늘
- 대바늘 2.75mm(영국 12호, 미국 2호)
- 대바늘 9mm(영국 00호, 미국 13호)

게이지
대바늘 9mm를 이용하여 가터뜨기로 2.5cm=3코

완성 크기
꼬리 끝부터 앞발바닥까지의 길이=약 40cm

몸통

아래 가장자리에서 시작하여 1장으로 뜬다.(→p.147)
검정색 인조모피사와 대바늘 9mm를 이용하여 시작코 30코를 만든다.

- **1단** 겉뜨기 1단
- **2단** 겉뜨기 1코, 1코 만들기, 1코 남을 때까지 겉뜨기, 1코 만들기, 겉뜨기 1코(총 32코)
- **3단** 겉뜨기 1단
- **4단** 2코 모아뜨기, 2코 남을 때까지 겉뜨기, 2코 모아뜨기(총 30코)
- **5단** 겉뜨기 1단
- **6단** 8코 코막음, 단의 끝까지 겉뜨기(총 22코)
- **7단** 8코 코막음, 단의 끝까지 겉뜨기(총 14코)

지금부터 가터뜨기로 11cm 뜬다.

- **다음 단** 8코 만들기, 단의 끝까지 겉뜨기(총 22코)
- **다음 단** 8코 만들기, 단의 끝까지 겉뜨기(총 30코)
- **다음 단** 겉뜨기 1단

2~5단을 반복하여 앞다리의 모양을 만든다.

- **다음 단** 겉뜨기 1코, 1코 만들기, 겉뜨기 9코, 1코 만들기, 겉뜨기 3코, 1코 만들기, 겉뜨기 4코, 1코 만들기, 겉뜨기 3코, 1코 만들기, 겉뜨기 9코, 1코 만들기, 겉뜨기 1코(총 36코)
- **다음 단** 겉뜨기 1단
- **다음 단** 2코 모아뜨기, 2코 남을 때까지 겉뜨기, 2코 모아뜨기(총 34코)
- **다음 단** 겉뜨기 1단
- **다음 단** 8코 코막음, 단의 끝까지 겉뜨기(총 26코)
- **다음 단** 8코 코막음, 단의 끝까지 겉뜨기(총 18코)

지금부터 가터뜨기로 11cm 뜬다.(몸통의 등)

- **다음 단** 8코 만들기, 겉뜨기 10코, [겉뜨기 1코, 2코 모아뜨기] 2회 반복, 겉뜨기 1코, [겉뜨기 1코, 2코 모아뜨기] 2회 반복, 단의 끝까지 겉뜨기(총 22코)
- **다음 단** 8코 만들기, 단의 끝까지 겉뜨기(총 30코)
- **다음 단** 겉뜨기 1단

2~5단을 반복한다.

- **다음 단** 13코 코막음, 단의 끝까지 겉뜨기(총 17코)
- **다음 단** 13코 코막음, 단의 끝까지 겉뜨기(총 4코)
- **다음 단** 2코 만들기, 단의 끝까지 겉뜨기(총 6코)
- **다음 단** 2코 만들기, 단의 끝까지 겉뜨기(총 8코)

꼬리 길이가 20cm가 될 때까지 가터뜨기로 이어뜬다.

- **다음 단** [2코 모아뜨기] 4회 반복(총 4코)
- **다음 단** 겉뜨기 1단(총 4코)

실을 자르고 돗바늘에 끼운 후, 남은 코 사이로 통과시켜 단단히 잡아당긴 후 마무리한다.

머리

검정색 인조모피사와 대바늘 9mm를 이용하여 시작코 12코를 만든다.

- **1단** 겉뜨기 2코, [1코 늘리기] 2회 반복, 겉뜨기 4코, [1코 늘리기] 2회 반복, 겉뜨기 2코(총 16코)
- **2단** 겉뜨기 3코, [1코 늘리기] 2회 반복, 겉뜨기 6코, [1코 늘리기] 2회 반복, 겉뜨기 3코(총 20코)
- **3단** 겉뜨기 4코, [1코 늘리기] 2회 반복, 겉뜨기 8코, [1코 늘리기] 2회 반복, 겉뜨기 4코(총 24코)
- **4단** 겉뜨기 5코, [1코 늘리기] 2회 반복, 겉뜨기 10코, [1코 늘리기] 2회 반복, 겉뜨기 5코(총 28코)
- **5단** 겉뜨기 6코, [1코 늘리기] 2회 반복, 겉뜨기 12코, [1코 늘리기] 2회 반복, 겉뜨기 6코(총 32코)
- **6~9단** 가터뜨기 4단
- **10단** 겉뜨기 6코, [2코 모아뜨기] 2회 반복, 겉뜨기 12코, [2코 모아뜨기] 2회 반복, 겉뜨기 6코(총 28코)
- **11단** 겉뜨기 5코, [2코 모아뜨기] 2회 반복, 겉뜨기 10코, [2코 모아뜨기] 2회 반복, 겉뜨기 5코(총 24코)
- **12단** 겉뜨기 4코, [2코 모아뜨기] 2회 반복, 겉뜨기 8코, [2코 모아뜨기] 2회 반복, 겉뜨기 4코(총 20코)
- **13단** 겉뜨기 3코, [2코 모아뜨기] 2회 반복, 겉뜨기 6코, [2코 모아뜨기] 2회 반복, 겉뜨기 3코(총 16코)
- **14단** 겉뜨기 2코, [2코 모아뜨기] 2회 반복, 겉뜨기 4코, [2코 모아뜨기] 2회 반복, 겉뜨기 2코(총 12코)

모든 코를 코막음한다.

귀의 뒷면(2개)

검정색 인조모피사와 대바늘 9mm를 이용하여 시작코 7코를 만든다.
- **1~2단** 가터뜨기 2단
- **3단** 2코 모아뜨기, 2코 남을 때까지 겉뜨기, 2코 모아뜨기(총 5코)
- **4단** 겉뜨기 1단
- **5~6단** 3~4단 반복(총 3코)
- **7단** 오른코 중심 3코 모아뜨기(총 1코)

실을 자르고 남은 코 사이로 실을 뺀 후 잡아당겨 마무리한다.

귀의 앞면(2개)

분홍색 실과 대바늘 2.75mm를 이용하여 시작코 14코를 만든다.
- **1~2단** 메리야스뜨기 2단
- **3단** 겉뜨기 1코, 2코 모아뜨기, 3코 남을 때까지 겉뜨기, 오른코 모아뜨기, 겉뜨기 1코(총 12코)
- **4단** 안뜨기 1단
- **5~12단** [3~4단] 4회 반복(총 4코)
- **13단** 2코 모아뜨기, 오른코 모아뜨기(총 2코)
- **14단** 안뜨기로 2코 모아뜨기(총 1코)

실을 자르고 남은 코 사이로 실을 뺀 후 잡아당겨 마무리한다.

코

분홍색 실과 대바늘 2.75mm를 이용하여 시작코 6코를 만든다.
- **1~2단** 메리야스뜨기 2단
- **3단** 겉뜨기 1코, 2코 모아뜨기, 오른코 모아뜨기, 겉뜨기 1코(총 4코)
- **4단** 안뜨기 1코, 안뜨기로 2코 모아뜨기, 안뜨기 1코(총 3코)
- **5단** 오른코 중심 3코 모아뜨기(총 1코)

실을 자르고 남은 코 사이로 실을 뺀 후 잡아당겨 마무리한다

발바닥(4개)

분홍색 실과 대바늘 2.75mm를 이용하여 시작코 5코를 만든다.
- **1단** 겉뜨기 1단
- **2단** 안뜨기 1코, 1코 만들기, 1코 남을 때까지 안뜨기, 1코 만들기, 안뜨기 1코(총 7코)
- **3단** 겉뜨기 1단
- **4단** 안뜨기로 2코 모아뜨기, 1코 코막음, 단의 끝까지 안뜨기(총 5코)
- **5단** 2코 모아뜨기, 1코 코막음, 단의 끝까지 겉뜨기(총 3코)
- **6~8단** 메리야스뜨기 3단
- **9단** 오른코 중심 3코 모아뜨기(총 1코)

실을 자르고 남은 코 사이로 실을 뺀 후 잡아당겨 마무리한다.

발가락(12개)

분홍색 실과 대바늘 2.75mm를 이용하여 시작코 3코를 만든다.
- **1단** 안뜨기 1단
- **2단** [겉뜨기 1코, 1코 만들기] 2회 반복, 겉뜨기 1코(총 5코)
- **3~5단** 안뜨기로 시작하여 메리야스뜨기 3단
- **6단** 2코 모아뜨기, 겉뜨기 1코, 2코 모아뜨기(총 3코)
- **7단** 겉뜨기 1단

모든 코를 안뜨기로 코막음한다.

연결하기

1. 이 고양이는 앞뒷면의 구분이 없다. 다음 페이지에 있는 도안을 참고하여 다음과 같이 몸통을 접는다.
   뒷다리 한 세트를 두 번째 뒷다리 세트와 만나도록 접으면 앞다리도 반으로 접힌다. 시침핀으로 고정한다.
   ✎Note 시침핀이 잘 고정되지 않으면 안전핀을 사용해도 된다.
2. 검정색 봉제용 실 2겹을 이용하여 몸통의 한쪽 옆면과 뒷다리를 꼼꼼하게 꿰맨다. 꿰맬 때 고양이의 검정색 '털'이 솔기에 끼어 들어가지 않도록 주의한다. 다리에 솜을 조금 채운다.
3. 반대쪽 옆면도 위와 같은 방법으로 작업한다.
4. 몸통에 솜을 조금 채운다.
5. 꼬리의 옆선을 꿰매고, 꼬리의 시작단을 고양이 몸통의 엉덩이에 고정한다. 꼬리에는 솜을 넣지 않는다.
6. 다른 곳과 마찬가지로 검정색 면사 2겹을 이용하여 머리의 뒷솔기를 연결한다. 꿰맬 때는 최대한 털실이 눌리지 않도록 주의한다. 머리에 눈을 고정하고 단단하게 솜을 채운 후 머리의 입구를 막는다.
7. 작품 사진을 참고하여 코를 얼굴에 시침핀으로 고정한 후 분홍색 실을 이용해 꿰맨다.
8. 귀의 뒷면과 앞면을 안쪽 면끼리 서로 마주 대고 분홍색 실을 이용하여 꿰맨 후 작품 사진을 참고하여 머리 위쪽에 귀를 시침핀으로 고정한다. 검정색 봉제실을 이용하여 귀를 머리에 꿰맨다. 이때 귀의 아랫부분을 약간 둥글게 접은 채로 머리에 고정하여 귀의 모양을 살린다.
9. 몸통을 평평한 바닥에 펼쳐놓고 몸통 앞쪽의 앞다리 사이에 머리의 위치를 잡는다. 검정색 봉제실 2겹을 이용하여 머리를 몸통에 꿰맨다.
10. 작품 사진을 참고하여 분홍색 실로 발에 발바닥과 발가락을 꿰맨다.

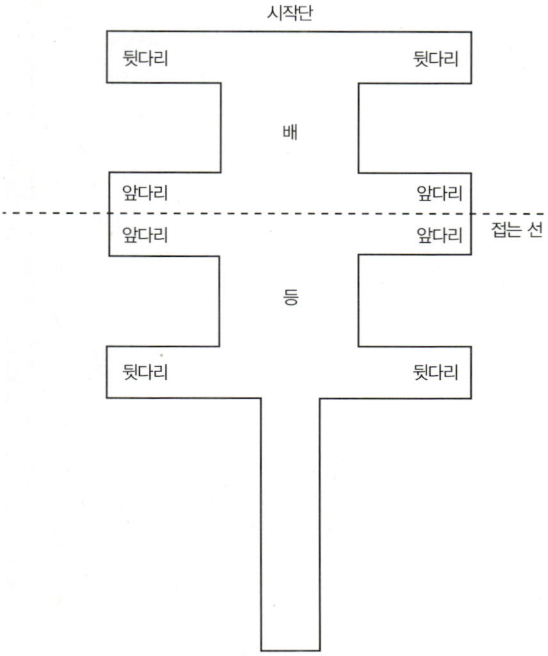

```
            시작단
  ┌─────┐         ┌─────┐
  │뒷다리│         │뒷다리│
  │     └──┐   ┌──┘     │
  │        │ 배│        │
  │     ┌──┘   └──┐     │
  │앞다리│         │앞다리│   ┈┈ 접는 선
  │앞다리│         │앞다리│
  │     └──┐   ┌──┘     │
  │        │ 등│        │
  │     ┌──┘   └──┐     │
  │뒷다리│         │뒷다리│
  └──┬──┘         └──┬──┘
     │               │
     └───────┬───────┘
             │
             │
             │
```

> 나를 안아보세요.
> 절대 내려놓고 싶지
> 않을 거예요!

147

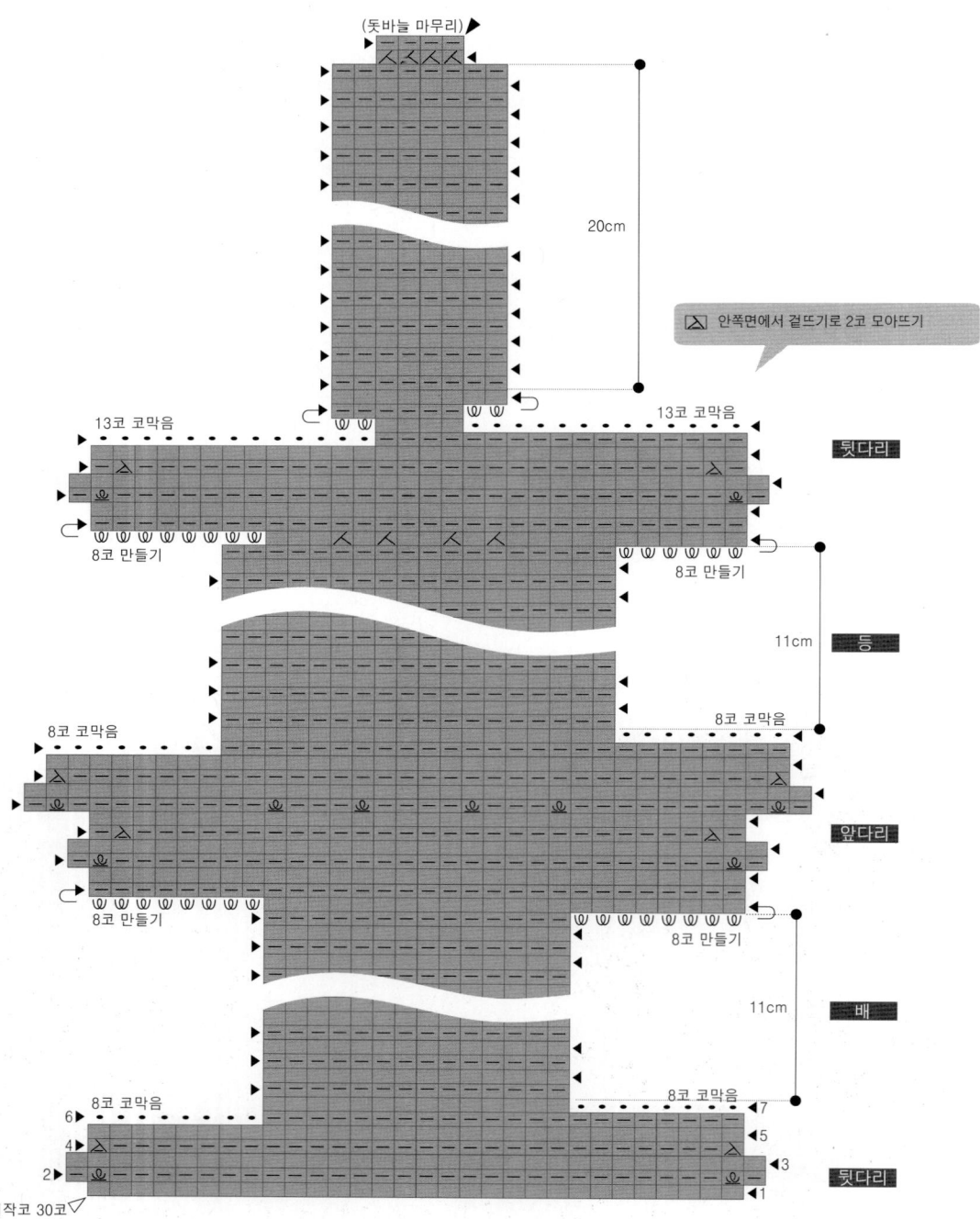

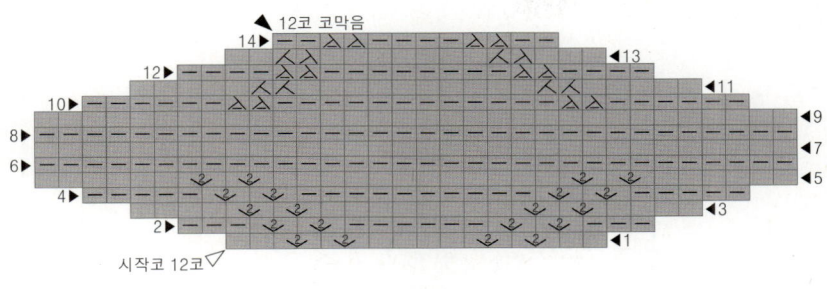

〈머리〉

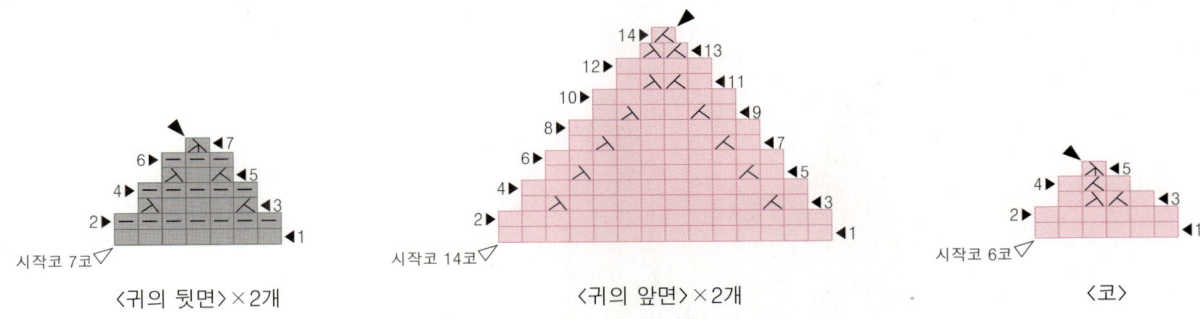

〈귀의 뒷면〉×2개   〈귀의 앞면〉×2개   〈코〉

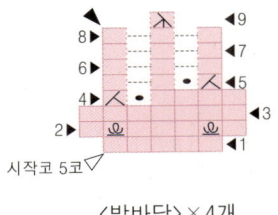

〈발바닥〉×4개

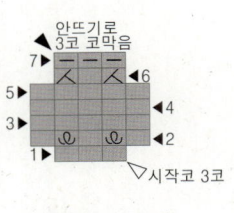

〈발가락〉×12개

Doorstop Cat

문 받침용 고양이

고양이가 때로는 쓸모 있다는 것을 이 녀석이 증명하네요!
크고 육중하고 개성 만점인 이 고양이는
현관문을 지키는 훌륭한 고양이랍니다.
(때로는 도망가 정원에서 놀기를 꿈꾸지만요)

준비물
- 연갈색 실(8ply, DK)
- 진갈색 실(8ply, DK)
- 검정색 실(4ply, fingering)
- 인형 눈 : 12mm 플라스틱 나사눈 2개 (뒷면을 금색 매니큐어로 칠함)
- 장난감용 구름솜
- 양말
- 쌀(문 받침용 무게를 위하여)

바늘
- 대바늘 2.75mm(영국 12호, 미국 2호)
- 대바늘 4mm(영국 8호, 미국 6호)

게이지
대바늘 4mm를 이용하여 메리야스뜨기로 2.5cm=5-6코

완성 크기
머리끝까지의 높이=약 23m

뒷몸통

고양이 몸통은 연갈색 실, 무늬는 진갈색 실을 이용한다. 진갈색 실은 실패 2개에 나눠 감아 뜨개지의 양쪽에서 각각 사용한다. 인타르시아 기법(→p.21)을 사용하여 실이 바뀌는 부분에서는 2개의 실을 꼬아 구멍이 생기지 않도록 한다.
연갈색 실과 대바늘 4mm를 이용하여 시작코 35코를 만든다.

1단 겉뜨기 1단
2단 안뜨기 1코, 1코 만들기, 1코 남을 때까지 안뜨기, 1코 만들기, 안뜨기 1코(총 37코)
3단 겉뜨기 1코, 1코 만들기, 1코 남을 때까지 겉뜨기, 1코 만들기, 겉뜨기 1코(총 39코)
4단 안뜨기 1코, 1코 만들기, 1코 남을 때까지 안뜨기, 1코 만들기, 안뜨기 1코(총 41코)
5단 겉뜨기 40코, 1코 만들기, 겉뜨기 1코(총 42코)

지금부터 **굵은 글씨**는 진갈색 실로, 나머지는 연갈색 실로 뜬다.

6단 **안뜨기 6코**, 안뜨기 35코, 1코 만들기, 안뜨기 1코(총 43코)
7단 겉뜨기 5코, 겉뜨기 30코, **겉뜨기 8코**
8단 **안뜨기 10코**, 안뜨기 26코, **안뜨기 7코**
9단 겉뜨기 8코, 겉뜨기 24코, **겉뜨기 11코**
10단 안뜨기 12코, 안뜨기 22코, **안뜨기 9코**
11단 겉뜨기 10코, 겉뜨기 23코, **겉뜨기 10코**
12단 **안뜨기 6코**, 안뜨기 26코, **안뜨기 11코**
13단 겉뜨기 12코, 겉뜨기 27코, **겉뜨기 4코**(총 43코)
14단 안뜨기 2코, 안뜨기 28코, **안뜨기 13코**
15단 겉뜨기 8코, 겉뜨기 34코, **겉뜨기 1코**
16단 안뜨기 38코, **안뜨기 5코**
17단 겉뜨기 3코, 겉뜨기 36코, **겉뜨기 4코**
18단 **안뜨기 8코**, 안뜨기 33코, **안뜨기 2코**
19단 겉뜨기 33코, **겉뜨기 10코**
20단 안뜨기 13코, 안뜨기 26코, **안뜨기 4코**(총 43코)
21단 겉뜨기 7코, 겉뜨기 25코, **겉뜨기 11코**
22단 안뜨기 9코, 안뜨기 25코, **안뜨기 9코**
23단 겉뜨기 10코, 겉뜨기 26코, **겉뜨기 7코**
24단 안뜨기 5코, 안뜨기 27코, **안뜨기 11코**
25단 겉뜨기 12코, 겉뜨기 27코, **겉뜨기 4코**
26단 안뜨기 2코, 안뜨기 34코, **안뜨기 7코**
27단 겉뜨기 5코, 겉뜨기 23코, **겉뜨기 3코**, 겉뜨기 11코, **겉뜨기 1코**
28단 안뜨기 9코, **안뜨기 5코**, 안뜨기 25코, **안뜨기 4코**
29단 겉뜨기 2코, 겉뜨기 28코, **겉뜨기 8코**, 겉뜨기 5코(총 43코)
30단 안뜨기 3코, **안뜨기 9코**, 안뜨기 31코
31단 겉뜨기 3코, 겉뜨기 29코, **겉뜨기 10코**, 겉뜨기 1코
32단 안뜨기 1코, 안뜨기로 2코 모아뜨기, 안뜨기 7코, **안뜨기 26코**, **안뜨기 7코**(총 42코)
33단 겉뜨기 10코, 겉뜨기 24코, **겉뜨기 8코**
34단 안뜨기 7코, 안뜨기 24코, **안뜨기 11코**
35단 겉뜨기 8코, 겉뜨기 17코, **겉뜨기 3코**, 겉뜨기 7코, **겉뜨기 4코**, 2코 모아뜨기, 겉뜨기 1코(총 41코)
36단 **안뜨기 5코**, 안뜨기 6코, **안뜨기 4코**, 안뜨기 20코, **안뜨기 6코**
37단 겉뜨기 4코, 겉뜨기 22코, **겉뜨기 6코**, 겉뜨기 5코, **겉뜨기 1코**, 2코 모아뜨기, 겉뜨기 1코(총 40코)
38단 안뜨기 1코, 안뜨기로 2코 모아뜨기, 안뜨기 4코, **안뜨기 6코**, 안뜨기 24코, **안뜨기 3코**(총 39코)
39단 겉뜨기 1코, 2코 모아뜨기, 겉뜨기 24코, **겉뜨기 8코**, 겉뜨기 1코, 2코 모아뜨기, **겉뜨기 1코**(총 37코)
40단 2코 코막음, 안뜨기 8코, **안뜨기 26코**(총 35코)
41단 겉뜨기 5코, 겉뜨기 22코, **겉뜨기 5코**, 2코 모아뜨기, 겉뜨기 1코(총 34코)
42단 2코 코막음, 안뜨기 4코, 안뜨기 20코, **안뜨기 7코**(총 32코)
43단 겉뜨기 1코, 2코 모아뜨기, 겉뜨기 5코, 겉뜨기 12코, **겉뜨기 5코**, 겉뜨기 3코, **겉뜨기 1코**, 2코 모아뜨기, **겉뜨기 1코**(총 30코)
44단 2코 코막음, 안뜨기 2코, **안뜨기 7코**, 안뜨기 10코, **안뜨기 8코**(총 28코)
45단 겉뜨기 6코, 겉뜨기 13코, **겉뜨기 6코**, 2코 모아뜨기, 겉뜨기 1코(총 27코)
46단 안뜨기 1코, 안뜨기로 2코 모아뜨기, 안뜨기 4코, **안뜨기**

16코, **안뜨기 4코**(총 26코)

47단 겉뜨기 3코, 겉뜨기 17코, 겉뜨기 3코, 2코 모아뜨기, 겉뜨기 1코(총 25코)

48단 **안뜨기 1코**, 안뜨기로 2코 모아뜨기, **안뜨기 1코**, 안뜨기 19코, **안뜨기 2코**(총 24코)

49단 **겉뜨기 1코**, 겉뜨기 21코, **겉뜨기 2코**(총 24코)

50단 **안뜨기 1코**, 안뜨기 23코

51단 **겉뜨기 1코**, 겉뜨기 20코, 2코 모아뜨기, 겉뜨기 1코(총 23코)

52단 **안뜨기 3코**, 안뜨기 17코, **안뜨기 3코**

53단 **겉뜨기 5코**, 겉뜨기 13코, **겉뜨기 5코**

54단 **안뜨기 4코**, 안뜨기 13코, **안뜨기 6코**

55단 **안뜨기 4코**, 안뜨기 16코, **안뜨기 3코**

56단 **안뜨기 2코**, 안뜨기 19코, **안뜨기 2코**

57단 **겉뜨기 1코**, 겉뜨기 10코, **겉뜨기 1코**, 겉뜨기 10코, **겉뜨기 1코**

58단 **안뜨기 11코**, **안뜨기 1코**, 안뜨기 11코

59단 겉뜨기 8코, **겉뜨기 1코**, 겉뜨기 1코, **겉뜨기 3코**, 겉뜨기 1코, **겉뜨기 1코**, 겉뜨기 8코(총 23코)

60단 안뜨기 8코, **안뜨기 1코**, 안뜨기 1코, **안뜨기 3코**, 안뜨기 1코, **안뜨기 1코**, 안뜨기 8코

61단 겉뜨기 7코, **9코 코막음**, 겉뜨기 6코

62단 편물을 뒤로 돌려서 처음 7코(그림 도안의 ⓐ)만 가지고 뜬다. 안뜨기 7코

63단 겉뜨기 1코, 2코 모아뜨기, 겉뜨기 4코(총 6코)

64단 안뜨기 6코

65단 겉뜨기 1코, 2코 모아뜨기, 겉뜨기 3코(총 5코)

66단 안뜨기 5코

67단 겉뜨기 1코, 2코 모아뜨기, 겉뜨기 2코(총 4코)

68단 안뜨기로 2코 모아뜨기, 안뜨기로 2코 모아 꼬아뜨기(총 2코)

69단 2코 모아뜨기(총 1코)

실을 자르고 남은 코 사이로 실을 뺀 후 잡아당겨 마무리한다.

안쪽 면에서 남아 있는 7코(그림 도안의 ⓑ)에 실을 걸어 다음과 같이 뜬다.

62단(안쪽 면) 안뜨기 1단

63단 겉뜨기 4코, 2코 모아 꼬아뜨기, 겉뜨기 1코(총 6코)

64단 안뜨기 1단

65단 겉뜨기 3코, 2코 모아 꼬아뜨기, 겉뜨기 1코(총 5코)

66단 안뜨기 1단

67단 겉뜨기 2코, 2코 모아 꼬아뜨기, 겉뜨기 1코(총 4코)

68단 안뜨기로 2코 모아뜨기, 안뜨기로 2코 모아 꼬아뜨기(총 2코)

69단 2코 모아뜨기(총 1코)

실을 자르고 남은 코 사이로 실을 뺀 후 잡아당겨 마무리한다.

앞몸통

연갈색 실과 대바늘 4mm를 이용하여 시작코 36코를 만든다.

1단 겉뜨기 1단

2단 안뜨기 1코, 1코 만들기, 안뜨기 34코, 1코 만들기, 안뜨기 1코(총 38코)

3단 겉뜨기 1코, 1코 만들기, 겉뜨기 36코, 1코 만들기, 겉뜨기 1코(총 40코)

4단 안뜨기 39코, 1코 만들기, 안뜨기 1코(총 41코)

5단 **겉뜨기 5코**, 겉뜨기 35코, 1코 만들기, 겉뜨기 1코(총 42코)

6단 **안뜨기 1코**, **1코 만들기**, **안뜨기 3코**, 안뜨기 31코, **안뜨기 7코**(총 43코)

7단 겉뜨기 9코, 겉뜨기 27코, **겉뜨기 7코**

8단 **안뜨기 8코**, 안뜨기 24코, **안뜨기 11코**

9단 겉뜨기 12코, 겉뜨기 22코, **겉뜨기 9코**

10단 안뜨기 10코, 안뜨기 23코, **안뜨기 10코**

11단 겉뜨기 6코, 겉뜨기 26코, **겉뜨기 11코**

12단 안뜨기 12코, 안뜨기 27코, **안뜨기 4코**(총 43코)

13단 겉뜨기 2코, 겉뜨기 28코, **겉뜨기 13코**

14단 **안뜨기 8코**, 안뜨기 34코, **안뜨기 1코**

나는 좀 더 자주 나갈 필요가 있어……

15단 겉뜨기 38코, **겉뜨기 5코**
16단 **안뜨기 3코**, 안뜨기 36코, **안뜨기 4코**
17단 겉뜨기 8코, 겉뜨기 33코, 겉뜨기 2코
18단 안뜨기 33코, 안뜨기 10코
19단 겉뜨기 13코, 겉뜨기 26코, 겉뜨기 4코
20단 **안뜨기 7코**, 안뜨기 35코, **안뜨기 11코**
21단 겉뜨기 9코, 겉뜨기 25코, 겉뜨기 9코(총 43코)
22단 안뜨기 10코, 안뜨기 26코, 안뜨기 7코
23단 겉뜨기 5코, 겉뜨기 27코, 겉뜨기 11코

24단 **안뜨기 12코**, 안뜨기 27코, **안뜨기 4코**
25단 겉뜨기 2코, 겉뜨기 34코, 겉뜨기 7코
26단 **안뜨기 7코**, 안뜨기 34코, **안뜨기 2코**
27단 겉뜨기 1코, 겉뜨기 11코, **겉뜨기 3코**, 겉뜨기 23코, **겉뜨기 5코**
28단 **안뜨기 4코**, 안뜨기 25코, **안뜨기 5코**, 안뜨기 9코
29단 겉뜨기 5코, 겉뜨기 8코, 겉뜨기 28코, 겉뜨기 2코(총 43코)
30단 안뜨기 31코, **안뜨기 9코**, 안뜨기 3코
31단 겉뜨기 11코, 겉뜨기 29코, 겉뜨기 3코

32단 안뜨기 7코, 안뜨기 26코, 안뜨기 7코, 안뜨기로 2코 모아 꼬아뜨기, 안뜨기 1코(총 42코)
33단 겉뜨기 8코, 겉뜨기 24코, 겉뜨기 10코
34단 안뜨기 11코, 안뜨기 24코, 안뜨기 7코
35단 겉뜨기 1코, 오른코 모아뜨기, 겉뜨기 4코, 겉뜨기 7코, 겉뜨기 3코, 겉뜨기 17코, 겉뜨기 8코(총 41코)
36단 안뜨기 6코, 안뜨기 20코, 안뜨기 4코, 안뜨기 6코 안뜨기 5코
37단 겉뜨기 1코, 오른코 모아뜨기, 겉뜨기 1코, 겉뜨기 5코, 겉뜨기 6코, 겉뜨기 22코, 겉뜨기 4코(총 40코)
38단 안뜨기 3코, 안뜨기 24코, 안뜨기 6코, 안뜨기 4코, 안뜨기로 2코 모아 꼬아뜨기, 안뜨기 1코(총 39코)
39단 2코 코막음, 겉뜨기 2코, 겉뜨기 7코, 겉뜨기 25코, 겉뜨기 1코(총 37코)
40단 안뜨기 28코, 안뜨기 6코, 안뜨기로 2코 모아 꼬아뜨기, 안뜨기 1코(총 36코)
41단 2코 코막음, 2코 모아뜨기, 겉뜨기 3코, 겉뜨기 23코, 겉뜨기 5코(총 33코)
42단 안뜨기 7코, 안뜨기 22코, 안뜨기 4코
43단 2코 코막음, 겉뜨기 2코, 겉뜨기 3코, 겉뜨기 5코, 겉뜨기 13코, 겉뜨기 7코(총 31코)
44단 안뜨기 8코, 안뜨기 10코, 안뜨기 7코, 안뜨기 3코, 안뜨기로 2코 모아 꼬아뜨기, 안뜨기 1코(총 30코)
45단 2코 코막음, 겉뜨기 6코, 겉뜨기 14코, 겉뜨기 4코, 2크 모아뜨기, 겉뜨기 1코(총 27코)
46단 안뜨기 4코, 안뜨기 17코, 안뜨기 6코
47단 겉뜨기 1코, 오른코 모아뜨기, 겉뜨기 3코, 겉뜨기 18코, 겉뜨기 3코(총 26코)
48단 안뜨기 2코, 안뜨기 20코, 안뜨기 1코, 안뜨기로 2코 모아 꼬아뜨기, 안뜨기 1코(총 25코)
49단 겉뜨기 1코, 2코 모아뜨기, 겉뜨기 21코, 겉뜨기 1코(총 24코)
50단 안뜨기 23코, 안뜨기 1코
51단 겉뜨기 1코, 오른코 모아뜨기, 겉뜨기 20코, 겉뜨기 1코(총 23코)
52단 안뜨기 3코, 안뜨기 17코, 안뜨기 3코
53단 겉뜨기 5코, 겉뜨기 13코, 겉뜨기 5코
54단 안뜨기 6코, 안뜨기 13코, 안뜨기 4코
55단 겉뜨기 4코, 겉뜨기 16코, 겉뜨기 3코
56단 안뜨기 2코, 안뜨기 19코, 안뜨기 2코
57단 겉뜨기 1코, 겉뜨기 10코, 겉뜨기 1코, 겉뜨기 10코, 겉뜨기 1코
58단 안뜨기 11코, 안뜨기 1코, 안뜨기 11코
59단 겉뜨기 8코, 겉뜨기 1코, 겉뜨기 1코, 겉뜨기 3코, 겉뜨기 1코, 겉뜨기 1코, 겉뜨기 8코
60단 안뜨기 8코, 안뜨기 1코, 안뜨기 1코, 안뜨기 3코, 안뜨기 1코, 안뜨기 1코, 안뜨기 8코(총 23코)
61단 겉뜨기 7코, 9코 코막음, 겉뜨기 6코

편물을 뒤로 돌린 후 처음 7코(그림 도안의 ⓒ)만 가지고 이어 뜬다.

62단 안뜨기 7코(총 7코)
63단 겉뜨기 1단
64단 안뜨기 4코, 안뜨기로 2코 모아 꼬아뜨기, 안뜨기 1코(총 6코)
65단 겉뜨기 1단
66단 안뜨기 3코, 안뜨기로 2코 모아 꼬아뜨기, 안뜨기 1코(총 5코)
67단 겉뜨기 1단
68단 안뜨기 2코, 안뜨기로 2코 모아 꼬아뜨기, 안뜨기 1코(총 4코)
69단 [2코 모아뜨기] 2회 반복(총 2코)
70단 안뜨기로 2코 모아뜨기(총 1코)

실을 자르고 남은 코 사이로 실을 뺀 후 잡아당겨 마무리한다.
안쪽 면에서 남아 있는 7코(그림 도안의 ⓓ)에 실을 걸어서 다음과 같이 뜬다.

62단(안쪽 면) 안뜨기 1단(총 7코)
63단 겉뜨기 1단
64단 안뜨기 1코, 안뜨기로 2코 모아뜨기, 안뜨기 4코(총 6코)

65단 겉뜨기 1단
66단 안뜨기 1코, 안뜨기로 2코 모아뜨기, 안뜨기 3코(총 5코)
67단 겉뜨기 1단
68단 안뜨기 1코, 안뜨기로 2코 모아뜨기, 안뜨기 2코(총 4코)
69단 [2코 모아뜨기] 2회 반복(총 2코)
70단 안뜨기로 2코 모아뜨기(총 1코)
실을 자르고 남은 코 사이로 실을 뺀 후 잡아당겨 마무리한다.

바닥

연갈색 실과 대바늘 4mm를 이용하여 시작코 18코를 만든다.
1~2단 메리야스뜨기 2단
3단 겉뜨기 1코, 1코 만들기, 1코 남을 때까지 겉뜨기, 1코 만들기, 겉뜨기 1코(총 20코)
4단 안뜨기 1코, 1코 만들기, 1코 남을 때까지 안뜨기, 1코 만들기, 안뜨기 1코(총 22코)
5~8단 [3~4단] 2회 반복(총 30코)
9~12단 메리야스뜨기 4단
13단 겉뜨기 1코, 2코 모아뜨기, 3코 남을 때까지 겉뜨기, 오른코 모아뜨기, 겉뜨기 1코(총 28코)
14단 안뜨기 1코, 안뜨기로 2코 모아 꼬아뜨기, 3코 남을 때까지 안뜨기, 안뜨기로 2코 모아뜨기, 안뜨기 1코(총 26코)
15~18단 [13~14단] 2회 반복(총 18코)
19~20단 메리야스뜨기 2단
모든 코를 코막음한다.

꼬리

진갈색 실과 대바늘 4mm를 이용하여 시작코 10코를 만든다.
길이가 11cm가 될 때까지 메리야스뜨기로 뜨는데 겉면까지 뜬 다음, 다음과 같이 이어뜬다.
다음 단(안쪽 면) [안뜨기 4코(되돌아뜨기하고 편물을 뒤로 돌린다)→겉뜨기 4코(편물을 뒤로 돌린다)→안뜨기 6코(되돌아뜨기하고 편물을 뒤로 돌린다)→겉뜨기 6코(편물을 뒤로 돌린다)→안뜨기 8코(되돌아뜨기하고 편물을 뒤로 돌린다)→겉뜨기 8코(편물을 뒤로 돌린다)]
5회 반복
다음 단 안뜨기 1단
다음 단 겉뜨기 1코, 2코 모아뜨기, 3코 남을 때까지 겉뜨기, 오른코 모아뜨기, 겉뜨기 1코(총 8코)
다음 단 안뜨기 1단
마지막 2단을 2번 더 반복(총 4코)
모든 코를 코막음한다.

코

검정색 실과 대바늘 2.75mm를 이용하여 시작코 4코를 만든다.
1단 겉뜨기 1단
2단 [안뜨기로 2코 모아뜨기] 2회 반복(총 2코)
3단 2코 모아뜨기(총 1코)
실을 자르고 남은 코 사이로 실을 뺀 후 잡아당겨 마무리한다.

발(2개)

연갈색 실과 대바늘 4mm를 이용하여 시작코 2코를 만든다.
1단 [1코 늘리기] 2회 반복(총 4코)
2단 [1코 늘리기] 4회 반복(총 8코)
3단 겉뜨기 1단
4단 [안뜨기로 2코 모아뜨기] 4회 반복(총 4코)
5단 [2코 모아뜨기] 2회 반복(총 2코)
6단 안뜨기 1단
7~18단 [1~6단] 2회 반복하여 발가락을 총 3개 만든다.
남아 있는 2코를 모두 코막음한다.

연결하기

1. 고양이의 옆솔기를 꿰맨다. 이때 앞판과 뒤판의 무늬를 맞추어 연결한다.
2. 머리에 눈을 고정하고 고양이의 ⅔까지 솜을 채운다.
3. 양말에 쌀을 반만 채운 후 고양이 안쪽에 고정한다. 이때 양말의 위쪽을 꿰매고 뒤로 접어 넘겨서 쌀이 새어나오지 않게 한 후, 양말을 고양이 안쪽에 넣고 예쁜 모양이 나올 때까지 솜을 채운다.
4. 몸통의 바닥을 몸통에 시침핀으로 고정한 후 바느질한다.
5. 작품 사진을 참고하여 꼬리를 시침핀으로 고정한 후 입체적인 효과가 나도록 살짝 솜을 넣은 후 몸통에 꿰맨다.
6. 작품 사진을 참고하여 코를 꿰매고, 입과 수염을 수놓는다.
7. 작품 사진을 참고하여 양쪽 발끝을 돗바늘로 홈질하여 코를 모아 발가락 모양을 살린 후, 고양이의 몸통과 아랫부분 사이의 솔기에 끼워 꿰맨다.

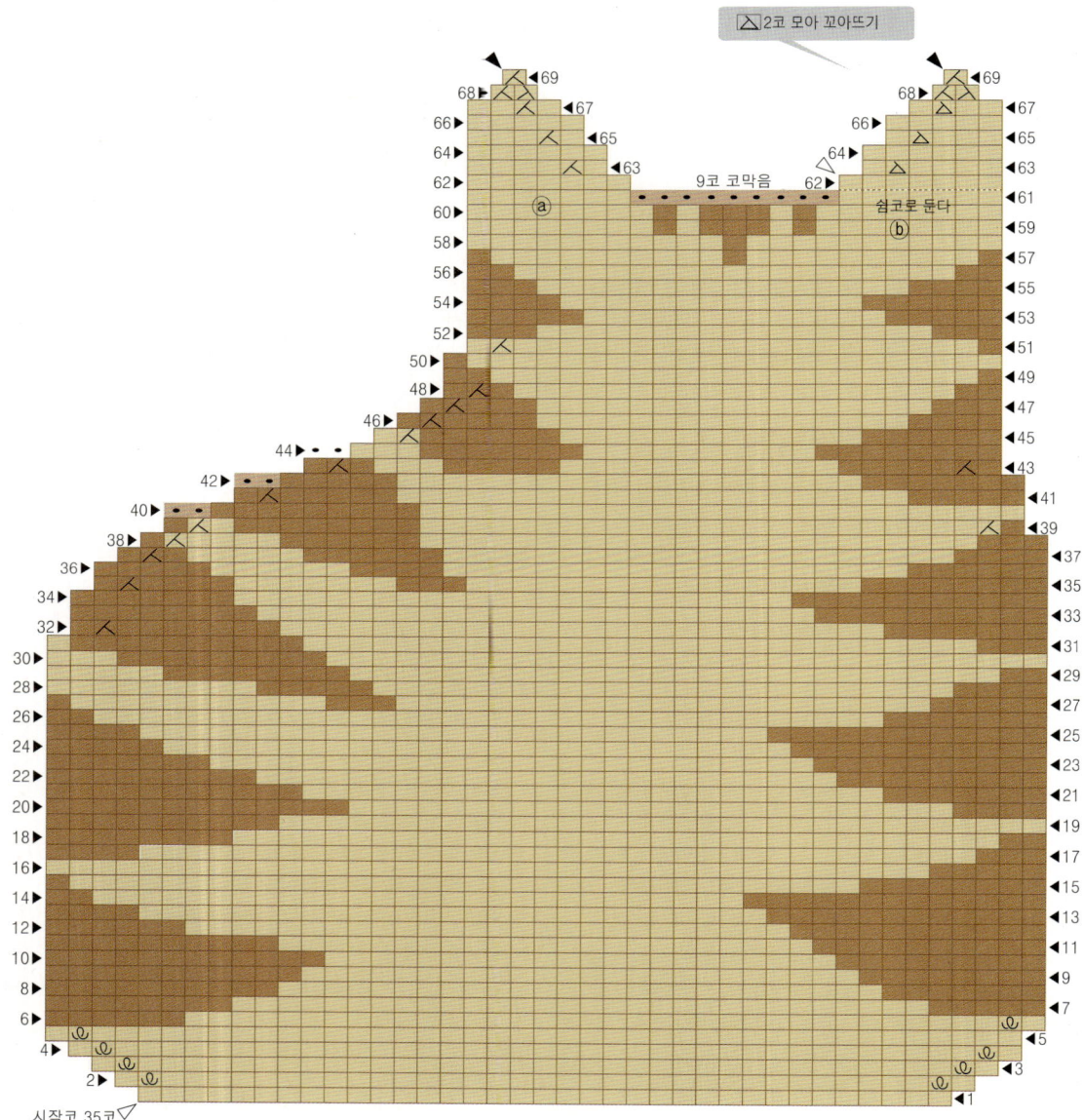

〈뒷몸통〉

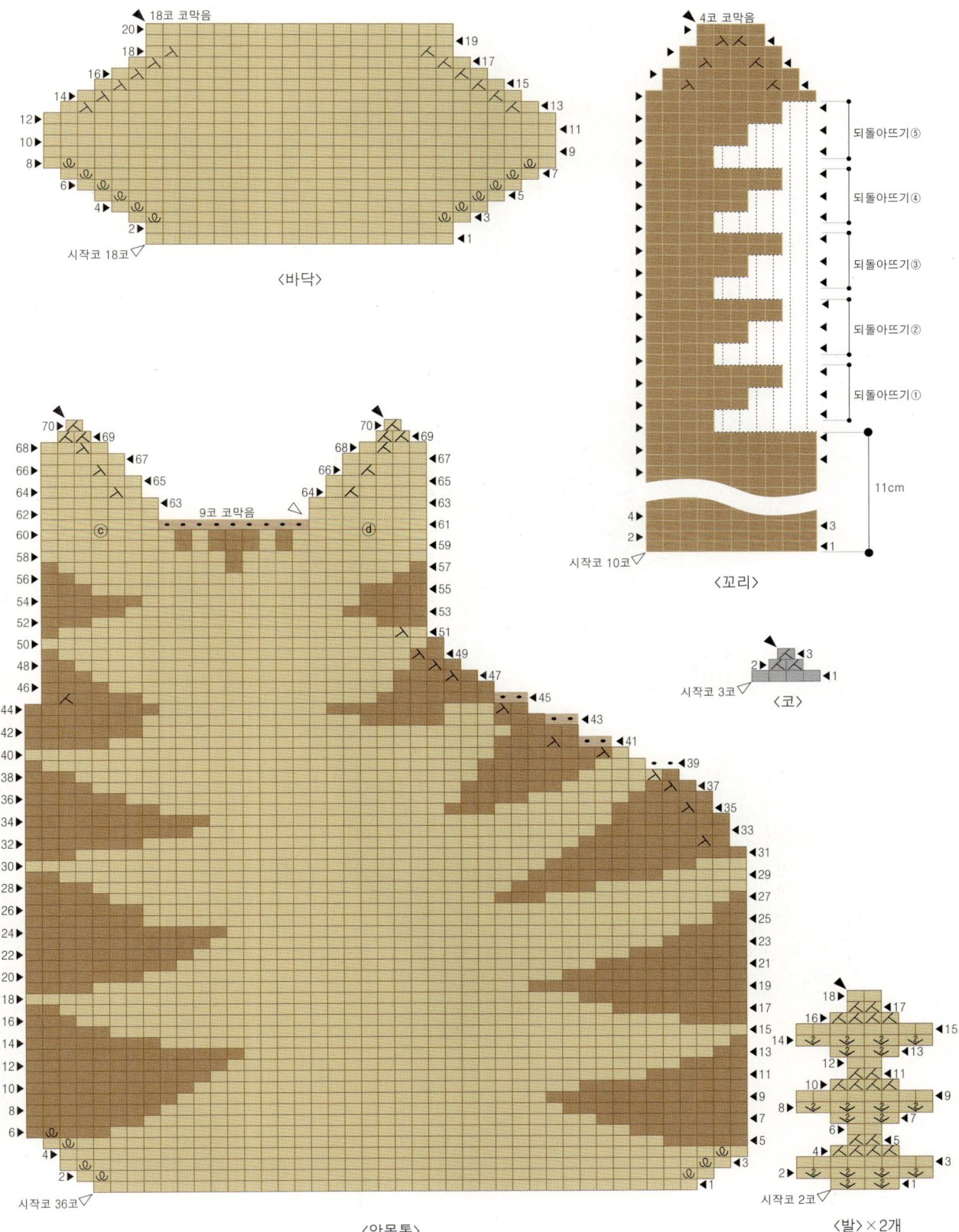

길고양이 🐾

이 교활한 길고양이는 말썽꾸러기이긴 하지만
마음은 정말 부드럽답니다.
건방지게 씩 웃는 모습과 부드러운 성품의
이 고양이를 거부할 수 없을 거예요!

준비물
- 연적갈색 실(8ply, DK)
- 크림색 실(8ply, DK)
- 검정색 실(4ply, fingering)
- 장난감용 구름솜
- PP알갱이
- 인형 눈 : 12mm 플라스틱 나사눈 2개 (뒷면을 금색 매니큐어로 칠함)

바늘
- 대바늘 2.5mm(영국 13호, 미국 1호)
- 대바늘 4mm(영국 8호, 미국 6호)

게이지
대바늘 4mm를 이용하여 메리야스뜨기로 2.5cm=5코

완성 크기
발바닥부터 머리끝까지의 높이=약 31m

연적갈색 실로 뜰 때는 안메리야스뜨기로 뜬다. 즉 편물의 안쪽 면이 겉면이 되는 것이다. 이렇게 하면 고양이의 피부 표현이 색다르게 된다. 크림색 실로 뜰 때에는 메리야스뜨기로 뜬다. 그래서 앞몸통과 뒷몸통 그리고 머리는 메리야스뜨기로 작업한 후, '안쪽 면'을 겉면으로 사용한다.

앞몸통(안뜨기 면이 겉면이 된다)

연적갈색 실과 대바늘 4mm를 이용하여 시작코 20코를 만든다.
- **1~2단** 겉뜨기로 시작하여 메리야스뜨기 2단
- **3단** 겉뜨기 1코, 1코 만들기, 1코 남을 때까지 겉뜨기, 1코 만들기, 겉뜨기 1코(총 22코)
- **4단** 안뜨기 1코, 1코 만들기, 1코 남을 때까지 안뜨기, 1코 만들기, 안뜨기 1코(총 24코)
- **5~10단** [3~4단] 3회 반복(총 36코)
- **11단** 겉뜨기 26코(되돌아뜨기하고 편물을 뒤로 돌린다)
- **12단** 안뜨기 16코(되돌아뜨기하고 편물을 뒤로 돌린다)
- **13단** 겉뜨기 19코(되돌아뜨기하고 편물을 뒤로 돌린다)
- **14단** 안뜨기 22코(되돌아뜨기하고 편물을 뒤로 돌린다)
- **15단** 단의 끝까지 겉뜨기
- **16~20단** 안뜨기로 시작하여 메리야스뜨기 5단
- **21단** 겉뜨기 1코, 2코 모아뜨기, 3코 남을 때까지 겉뜨기, 오른코 모아뜨기, 겉뜨기 1코(총 34코)
- **22~24단** 메리야스뜨기 3단
- **25~52단** [17~20단] 7회 반복(총 20코)
- **53단** 겉뜨기 1코, 2코 모아뜨기, 3코 남을 때까지 겉뜨기, 오른코 모아뜨기, 겉뜨기 1코(총 18코)
- **54단** 안뜨기 1단
- **55~58단** [49~50단] 2회 반복(총 14코)

모든 코를 코막음한다.

뒷몸통(안뜨기 면이 겉면이 된다)

연적갈색 실과 대바늘 4mm를 이용하여 시작코 20코를 만든다.
- **1~2단** 메리야스뜨기 2단
- **3단** 겉뜨기 1코, 2코 모아뜨기, 3코 남을 때까지 겉뜨기, 오른코 모아뜨기, 겉뜨기 1코(총 18코)
- **4단** 안뜨기 1단
- **5~12단** [3~4단] 4회 반복(총 10코)
- **13단** 겉뜨기 10코, 안뜨기로 7코 줍기(총 17코)
- **14단** 안뜨기 17코, 겉뜨기로 7코 줍기(총 24코)
- **15단** 겉뜨기 1코, 1코 만들기, 1코 남을 때까지 겉뜨기, 1코 만들기, 겉뜨기 1코(총 26코)
- **16단** 안뜨기 1코, 1코 만들기, 1코 남을 때까지 안뜨기, 1코 만들기, 안뜨기 1코(총 28코)
- **17~22단** [15~16단] 3회 반복(총 40코)
- **23~28단** 메리야스뜨기 6단
- **29단** 겉뜨기 1코, 2코 모아뜨기, 3코 남을 때까지 겉뜨기, 오른코 모아뜨기, 겉뜨기 1코(총 38코)
- **30~32단** 메리야스뜨기 3단
- **33~36단** 29~32단 반복
- **37단** 겉뜨기 1코, 2코 모아뜨기, 겉뜨기 14코, 2코 모아뜨기, 겉뜨기 14코, 오른코 모아뜨기, 겉뜨기 1코(총 33코)
- **38~40단** 메리야스뜨기 3단
- **41단** 겉뜨기 1코, 2코 모아뜨기, 겉뜨기 12코, 2코 모아뜨기, 겉뜨기 13코, 오른코 모아뜨기, 겉뜨기 1코(총 30코)
- **42~44단** 메리야스뜨기 3단
- **45단** 겉뜨기 1코, 2코 모아뜨기, 겉뜨기 11코, 2코 모아뜨기, 겉뜨기 11코, 오른코 모아뜨기, 겉뜨기 1코(총 27코)
- **46~48단** 메리야스뜨기 3단
- **49단** 겉뜨기 1코, 2코 모아뜨기, 겉뜨기 9코, 2코 모아뜨기, 겉뜨기 10코, 오른코 모아뜨기, 겉뜨기 1코(총 24코)
- **50~52단** 메리야스뜨기 3단
- **53단** 겉뜨기 1코, 2코 모아뜨기, 3코 남을 때까지 겉뜨기, 오른코 모아뜨기, 겉뜨기 1코(총 22코)
- **54~56단** 메리야스뜨기 3단
- **57~60단** 53~56단 반복(총 20코)
- **61단** 겉뜨기 1코, 2코 모아뜨기, 3코 남을 때까지 겉뜨기, 오른코 모아뜨기, 겉뜨기 1코(총 18코)
- **62단** 안뜨기 1단

63~66단 [61~62단] 2회 반복(총 14코)
모든 코를 코막음한다.

배

크림색 실과 대바늘 4mm를 이용하여 시작코 12코를 만든다.
1단 겉뜨기 1단
2단 안뜨기 1코, 1코 만들기, 1코 남을 때까지 안뜨기, 1코 만들기, 안뜨기 1코(총 14코)
3단 겉뜨기 1코, 1코 만들기, 1코 남을 때까지 겉뜨기, 1코 만들기, 겉뜨기 1코(총 16코)
4~5단 2~3단 반복(총 20코)
6단 2단 반복(총 22코)
7~10단 메리야스뜨기 4단
11단 겉뜨기 1코, 2코 모아뜨기, 3코 남을 때까지 겉뜨기, 오른코 모아뜨기, 겉뜨기 1코(총 20코)
12~14단 메리야스뜨기 3단
15~38단 [11~14단] 6회 반복(총 8코)
모든 코를 코막음한다.

머리(안뜨기 면이 겉면이 된다)

머리는 1장으로 뜬다.
연적갈색 실과 대바늘 4mm를 이용하여 시작코 16코를 만든다.
1~2단 메리야스뜨기 2단
3단 겉뜨기 1코, 1코 만들기, 1코 남을 때까지 겉뜨기, 1코 만들기, 겉뜨기 1코(총 18코)
4단 안뜨기 1코, 1코 만들기, 1코 남을 때까지 안뜨기, 1코 만들기, 안뜨기 1코(총 20코)
5~6단 3~4단 반복(총 24코)
7단 3단 반복(26코)
8~20단 메리야스뜨기 13단
21단 겉뜨기 1코, 2코 모아뜨기, 3코 남을 때까지 겉뜨기, 오른코 모아뜨기, 겉뜨기 1코(총 24코)
22단 안뜨기 1코, 안뜨기로 2코 모아 꼬아뜨기, 3코 남을 때까지 안뜨기, 안뜨기로 모아뜨기, 안뜨기 1코(총 22코)
23~24단 21~22단 반복(총 18코)
25단 21단 반복
26단 안뜨기 1단
27~44단 3~20단 반복(총 26코)
45단 겉뜨기 1코, 2코 모아뜨기, 3코 남을 때까지 겉뜨기, 오른코 모아뜨기, 겉뜨기 1코(총 24코)
46단 안뜨기 1코, 안뜨기로 2코 모아 꼬아뜨기, 3코 남을 때까지 안뜨기, 안뜨기로 2코 모아뜨기, 안뜨기 1코(총 22코)
47~48단 45~46단 반복(총 18코)
49단 45단 반복(총 16코)
모든 코를 코막음한다.

얼굴

크림색 실과 대바늘 4mm를 이용하여 시작코 18코를 만든다.
1단 겉뜨기 1코, 1코 만들기, 겉뜨기 7코, 1코 만들기, 겉뜨기 2코, 1코 만들기, 겉뜨기 7코, 1코 만들기, 겉뜨기 1코(총 22코)
2단 안뜨기 1단
3단 겉뜨기 1코, 2코 모아뜨기, 겉뜨기 7코, 1코 만들기, 겉뜨기 2코, 1코 만들기, 겉뜨기 7코, 오른코 모아뜨기, 겉뜨기 1코(총 22코)
4단 안뜨기 1단
5~12단 [3~4단] 4회 반복
13단 겉뜨기 1코, 2코 모아뜨기, 3코 남을 때까지 겉뜨기, 오른코 모아뜨기, 겉뜨기 1코(총 20코)
14단 안뜨기 1단
15단 겉뜨기 1코, 2코 모아뜨기, 겉뜨기 4코, 2코 모아뜨기, 겉뜨기 2코, 오른코 모아뜨기, 겉뜨기 4코, 오른코 모아뜨기, 겉뜨기 1코(총 16코)
16단 안뜨기 1단
17단 겉뜨기 1코, 2코 모아뜨기, 겉뜨기 2코, 2코 모아뜨기, 겉뜨기 2코, 오른코 모아뜨기, 겉뜨기 2코, 오른코 모아뜨기, 겉뜨기 1코(총 12코)
18단 안뜨기 1단
19단 겉뜨기 1코, 2코 모아뜨기, 3코 남을 때까지 겉뜨기, 오른코 모아뜨기, 겉뜨기 1코(총 10코)
20단 안뜨기 1단
21~26단 [19~20단] 3회 반복(총 4코)
27단 2코 모아뜨기, 오른코 모아뜨기(총 2코)
모든 코를 코막음한다.

귀(2개)

귀는 가터뜨기로 뜬다.
연적갈색 실과 대바늘 4mm를 이용하여 시작코 12코를 만든다.
1~2단 겉뜨기 2단
3단 겉뜨기 1코, 2코 모아뜨기, 3코 남을 때까지 겉뜨기, 오른코 모아뜨기, 겉뜨기 1코(총 10코)
4~5단 겉뜨기 2단
6~14단 [3~5단] 3회 반복(총 4코)
15단 2코 모아뜨기, 오른코 모아뜨기(총 2코)

16단 2코 모아뜨기(총 1코)
실을 자르고 남은 코 사이로 실을 뺀 후 잡아당겨 마무리한다.

코

검정색 실(4ply, fingering)과 대바늘 2.5mm을 이용하여 시작코 5코를 만든다.

1~2단 메리야스뜨기 2단
3단 2코 모아뜨기, 겉뜨기 1코, 오른코 모아뜨기(총 3코)
4단 안뜨기 1단
5단 오른코 중심 3코 모아뜨기(총 1코)

실을 자르고 남은 코 사이로 실을 뺀 후 잡아당겨 마무리한다.

팔(2개)

연적갈색 실과 대바늘 4mm를 이용하여 시작코 18코를 만든다.
길이가 7cm 될 때까지 안메리야스뜨기로 뜨다가 안쪽 면(겉뜨기 단)까지 뜨고 다음과 같이 이어 뜬다.

다음 단(겉면) 크림색 실로 바꾼 후, 겉뜨기로 시작하여 메리야스뜨기 4단
다음 단 겉뜨기 1코, 1코 만들기, 겉뜨기 7코, 1코 만들기, 겉뜨기 2코, 1코 만들기, 겉뜨기 7코, 1코 만들기, 겉뜨기 1코(총 22코)

다음 단 안뜨기 1단
다음 단 겉뜨기 1코, 1코 만들기, 겉뜨기 9코, 1코 만들기, 겉뜨기 2코, 1코 만들기, 겉뜨기 9코, 1코 만들기, 겉뜨기 1코(총 26코)
다음 단 안뜨기 1단
메리야스뜨기로 2단 뜨기
다음 단 겉뜨기 1코, 2코 모아뜨기, 겉뜨기 7코, 오른코 모아뜨기, 겉뜨기 2코, 2코 모아뜨기, 겉뜨기 7코, 오른코 모아뜨기, 겉뜨기 1코(총 22코)
다음 단 안뜨기 1코, 안뜨기로 2코 모아뜨기, 안뜨기 5코, 안뜨기로 2코 모아 꼬아뜨기, 안뜨기 2코, 안뜨기로 2코 모아뜨기, 안뜨기 5코, 안뜨기로 2코 모아 꼬아뜨기, 안뜨기 1코(총 18코)
모든 코를 코막음한다.

다리(2개)

연적갈색 실과 대바늘 4mm를 이용하여 시작코 18코를 만든다.
길이가 8cm 될 때까지 안메리야스뜨기로 뜬다.
모든 코를 코막음한다.

발(2개)

크림색 실과 대바늘 4mm를 이용하여 시작코 7코를 만든다.
1단 겉뜨기 1단
2단 안뜨기 1코, 1코 만들기, 1코 남을 때까지 안뜨기, 1코 만들기, 안뜨기 1코(총 9코)
3단 겉뜨기 1코, 1코 만들기, 1코 남을 때까지 겉뜨기, 1코 만들기, 겉뜨기 1코(총 11코)
4~8단 메리야스뜨기 5단
9단 겉뜨기 1코, 1코 만들기, 1코 남을 때까지 겉뜨기, 1코 만들기, 겉뜨기 1코(총 13코)
10단 안뜨기 1단
11~12단 9~10단 반복(총 15코)
13~14단 메리야스뜨기 2단
15단 겉뜨기 1코, 2코 모아뜨기, 3코 남을 때까지 겉뜨기, 오른코 모아뜨기, 겉뜨기 1코(총 13코)
16단 안뜨기 1코, 안뜨기로 2코 모아 꼬아뜨기, 3코 남을 때까지 안뜨기, 안뜨기로 2코 모아뜨기, 안뜨기 1코(총 11코)
17~19단 메리야스뜨기 3단
20단 안뜨기 1코, 1코 만들기, 1코 남을 때까지 안뜨기, 1코 만들기, 안뜨기 1코(총 13코)
21단 겉뜨기 1코, 1코 만들기, 1코 남을 때까지 겉뜨기, 1코 만들기, 겉뜨기 1코(총 15코)
22단 안뜨기 1단

23~24단 메리야스뜨기 2단
25단 겉뜨기 1코, 2코 모아뜨기, 3코 남을 때까지 겉뜨기, 오른코 모아뜨기, 겉뜨기 1코(총 13코)
26단 안뜨기 1단
27~28단 25~26단 반복(총 11코)
29~32단 메리야스뜨기 4단
33단 겉뜨기 1코, 2코 모아뜨기, 2코 남을 때까지 겉뜨기, 오른코 모아뜨기, 겉뜨기 1코(총 9코)
34단 안뜨기 1코, 안뜨기로 2코 모아 꼬아뜨기, 3코 남을 때까지 안뜨기, 안뜨기로 2코 모아뜨기, 안뜨기 1코(총 7코)
모든 코를 코막음한다.

꼬리

연적갈색 실과 대바늘 4mm를 이용하여 시작코 16코를 만든다.
길이가 14cm 될 때까지 안메리야스뜨기로 뜨는데 안쪽 면(겉뜨기)까지 뜬 다음, 다음과 같이 이어뜬다.
다음 단(겉면)에서 크림색 실로 바꾼 후, 겉뜨기로 시작하여 메리야스뜨기 8단

   다음 단 [겉뜨기 2코, 2코 모아뜨기] 4회 반복(총 12코)
   다음 단 안뜨기 1단
   다음 단 [겉뜨기 2코, 2코 모아뜨기] 3회 반복(총 9코)
   다음 단 안뜨기 1단
   다음 단 [2코 모아뜨기] 4회 반복, 겉뜨기 1코(총 5코)

실을 자르고 돗바늘에 끼운 후, 남은 코 사이로 통과시켜 단단히 잡아당긴 후 마무리한다.

연결하기

1. 각 팔의 옆선을 꿰맨다.(연적갈색 실의 안뜨기 면이 겉면이라는 것을 잊지 말자) 솜을 채우고 팔의 끝부분은 작품 사진을 참고하여 크림색 실로 스티치를 주어 앞발가락의 모양을 살린다.
2. 각 다리의 옆선을 꿰매는데, 이것 또한 안뜨기 면이 겉면이 되도록 한다. 발을 반으로 접은 후, 옆솔기를 꿰매고 팔과 같은 방법으로 스티치를 준다.
3. 다리의 아랫부분에 PP알갱이를 넣고 남은 부분은 솜을 채운 다음, 각 다리의 아랫부분에 발의 윗부분을 꿰맨다.
4. 꼬리의 옆선을 꿰매어 원통형으로 만든 후 꼬리의 끝에 PP알갱이를 넣고 남은 부분은 솜으로 채운다.
5. 팔과 다리를 몸통의 앞뒤판 솔기 사이에 끼워 시침핀으로 고정한다. 몸통을 꿰매면서 팔과 다리도 함께 꿰맨다.
6. 몸통의 아랫부분에 PP알갱이를 넣고 남은 부분은 솜으로 채운다.
7. 작품 사진을 참고하여 꼬리를 몸통의 엉덩이에 꿰맨다.
8. 머리는 안뜨기 면이 겉면이 되도록 옆선을 꿰매고, 솜을 약간 채운다. 얼굴은 겉뜨기 면이 겉면이 되도록 머리 위에 꿰맨다. 이때 얼굴의 모양이 살도록 얼굴에 솜을 살짝 넣어준다.
9. 눈을 고정하고 머리에 솜을 더 채운다.
10. 코를 얼굴 앞면에 꿰매고, 검정색 실로 입과 수염을 수놓는다.
11. 작품 사진을 참고하여 귀를 머리 위에 꿰맨다.
12. 머리를 몸통 위에 꿰맨다.
13. 배의 윗부분을 얼굴의 크림색 아랫단에 맞춰서 몸통의 앞면에 꿰맨다.

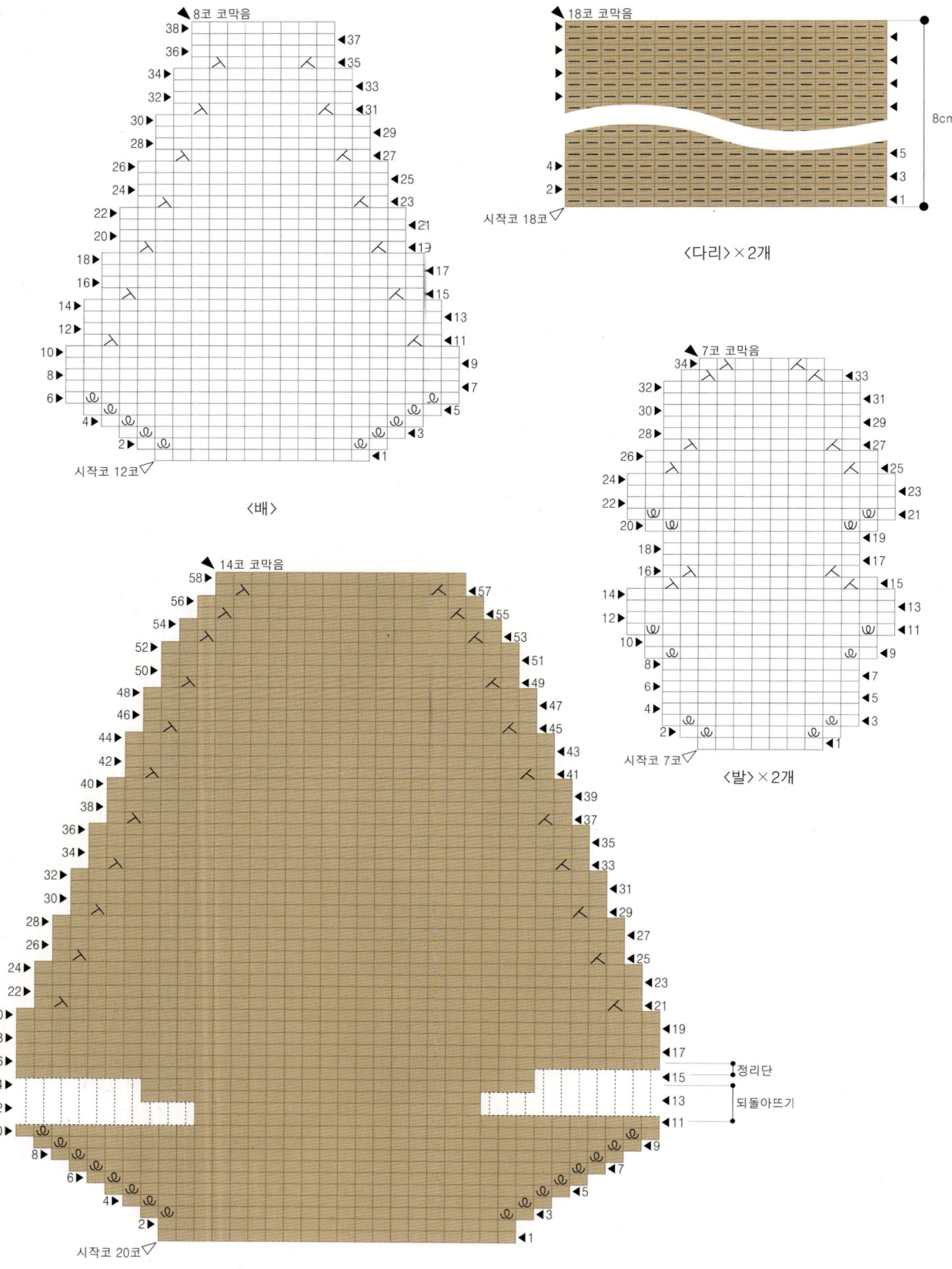

14코 코막음
안뜨기로 7코 줍기
겉뜨기로 7코 줍기
바닥
시작코 20코

〈뒷몸통〉

(돗바늘 마무리)
안메리아스 뜨기
14cm
시작코 16코

〈꼬리〉

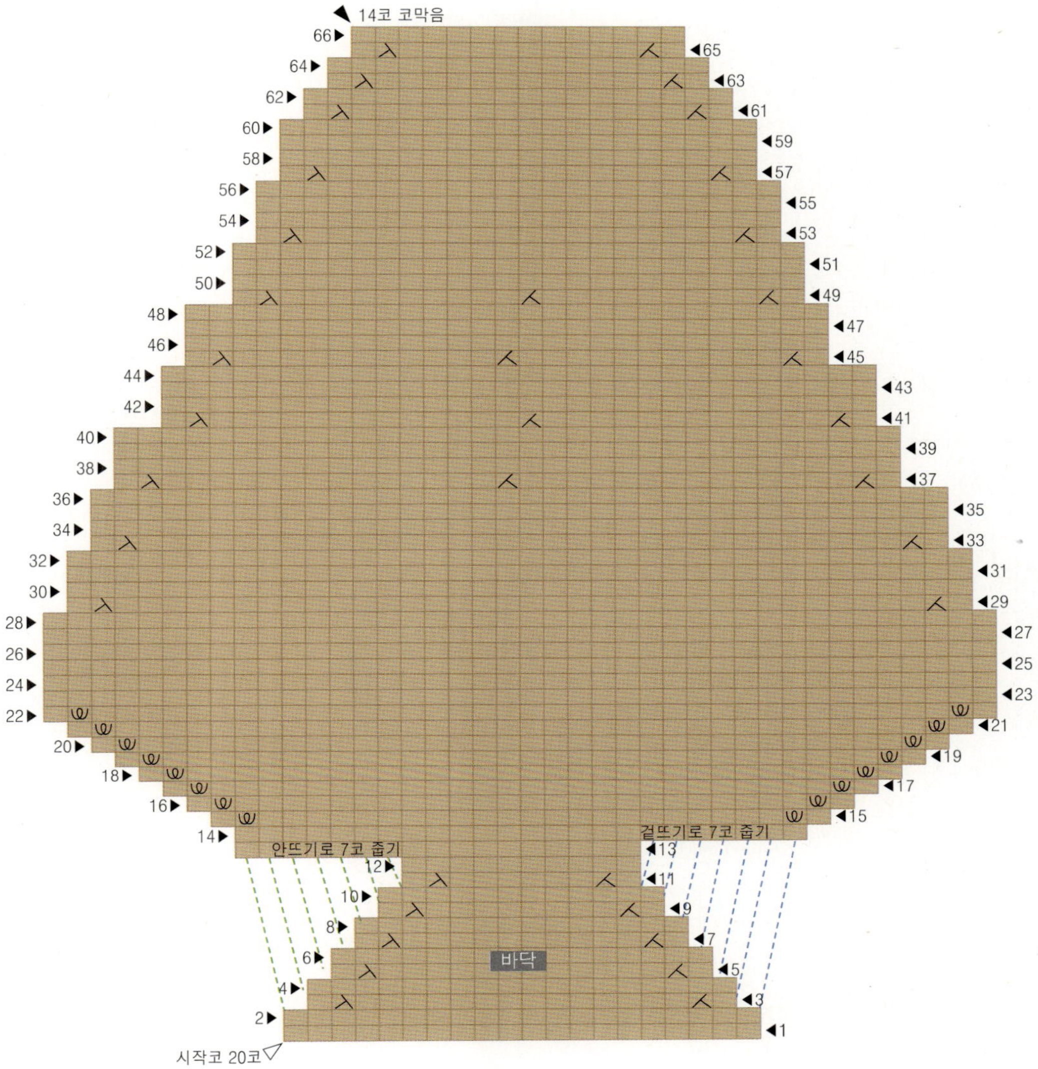

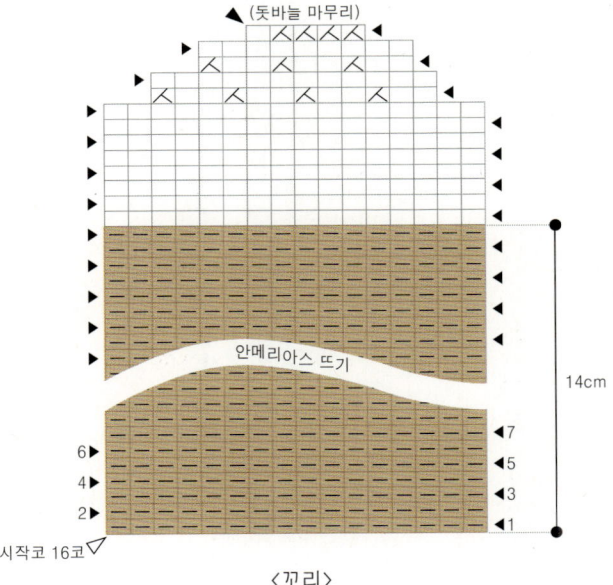

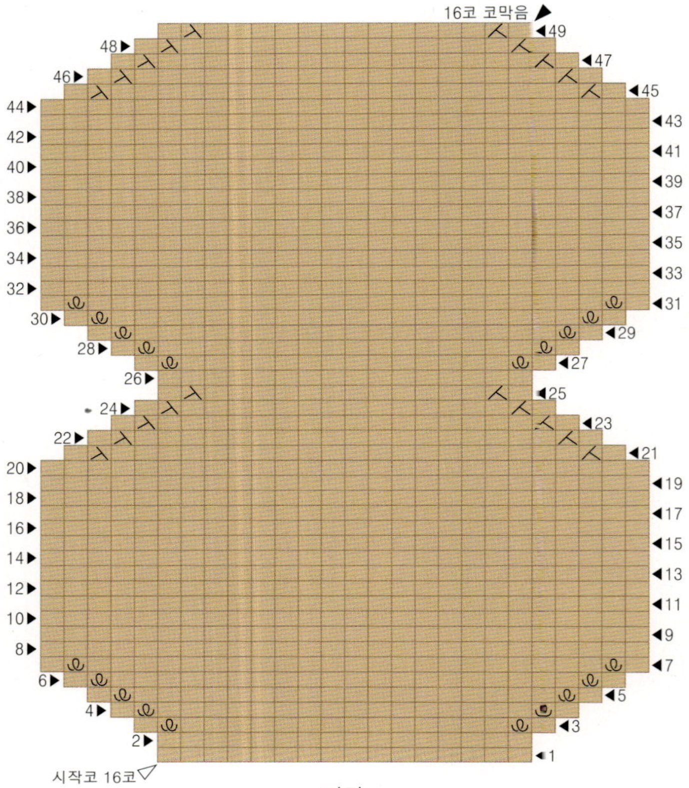

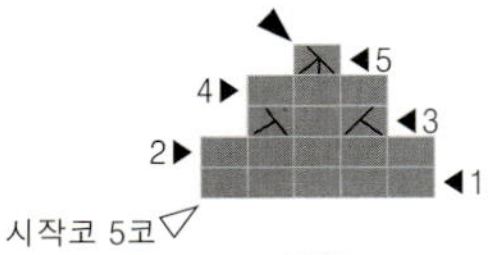

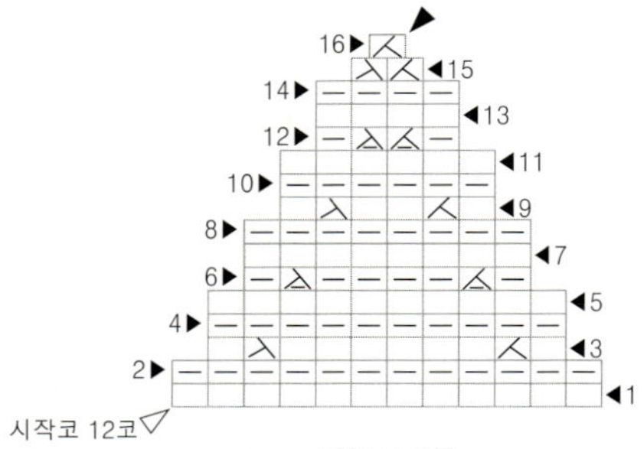

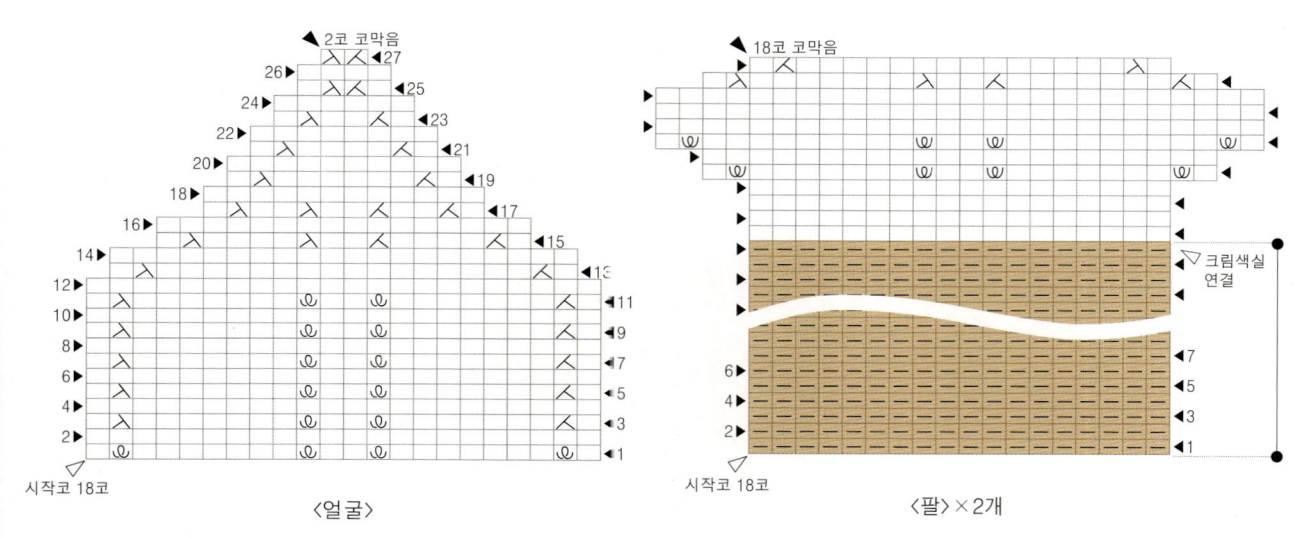

18

Christmas Cat

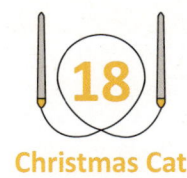

크리스마스 고양이

크리스마스 양말에서 발견한 이 사랑스러운 서프라이즈를 보세요!
이 깜찍한 고양이는 크리스마스 시즌에
트리와 양말을 멋지게 장식해줄 거예요.
작은 흰 생쥐를 위한 도안도 있답니다.

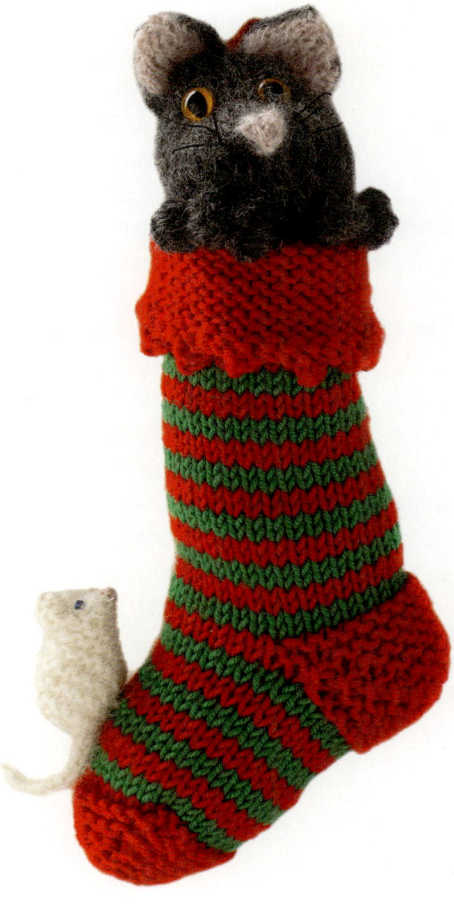

준비물
- 빨간색 실(5ply, sportweight)
- 녹색 실(5ply, sportweight)
- 회색 실(8ply, DK)
- 연분홍색 실(2ply, laceweight)
- 흰색 앙고라 실(4ply, fingering)
- 인형 눈 : 8mm 플라스틱 나사눈 2개(뒷면을 금색 매니큐어로 칠함)
- 장난감용 구름솜
- 작은 비즈 2개
- 검정색 질긴 봉제용 면사
- 흰색 봉제용 면사

바늘
- 대바늘 2.75mm(영국 12호, 미국 2호)
- 대바늘 3.25mm(영국 10호, 미국 3호)
- 봉제용 바늘

게이지
대바늘 3.25mm와 5ply실(sportweight)을 이용하여 가터뜨기로 2.5cm=6코

완성 크기
고양이 머리끝부터 양말의 발가락까지의 길이=약 20m

크리스마스 양말의 뒤꿈치와 발가락은 가터뜨기로 되돌아뜨기하며 모양을 만든다. 뒤꿈치/발가락 모양을 만들기 위해서는 매번 1코씩 줄여가며 작업하다가, 뒤꿈치/발가락의 중간에 이르면 뒤꿈치/발가락의 윗부분 모양을 만들기 위해 매번 1코씩 더해가며 작업한다. 뒤꿈치와 발가락은 한 단의 반쪽(17코)에서 만들어진다.

양말

빨간색 실과 대바늘 3.25mm를 이용하여 다음과 같이 피코 엣지 시작코(picot cast on)를 만든다.
[5코 만들기, 2코 코막음, 오른쪽 바늘에 있는 코를 왼쪽 바늘로 옮긴다] 11회 반복, 1코 만들기(총 34코)

- 1~12단(빨간색) 가터뜨기 12단
- 13~16단(빨간색) 메리야스뜨기 4단
- 17~18단(녹색) 메리야스뜨기 2단
- 19~20단(빨간색) 메리야스뜨기 2단
- 21~44단 [17~20단] 6회 반복
- 45~46단(녹색) 메리야스뜨기 2단
- 47단(빨간색) 겉뜨기 1단(총 34코)
- 48단(안쪽 면) 지금부터 뒤꿈치 모양을 만든다.

/ Note 걸러뜨기는 모두 겉뜨기 방향으로 걸러뜬다.
겉뜨기 17코(편물을 뒤로 돌린다)

- 49단 걸러뜨기 1코, 겉뜨기 15코(편물을 뒤로 돌린다)
- 50단 걸러뜨기 1코, 겉뜨기 14코(편물을 뒤로 돌린다)
- 51단 걸러뜨기 1코, 겉뜨기 13코(편물을 뒤로 돌린다)
- 52단 걸러뜨기 1코, 겉뜨기 12코(편물을 뒤로 돌린다)
- 53단 걸러뜨기 1코, 겉뜨기 11코(편물을 뒤로 돌린다)
- 54단 걸러뜨기 1코, 겉뜨기 10코(편물을 뒤로 돌린다)
- 55단 걸러뜨기 1코, 겉뜨기 9코(편물을 뒤로 돌린다)
- 56단 걸러뜨기 1코, 겉뜨기 8코(편물을 뒤로 돌린다)
- 57단 걸러뜨기 1코, 겉뜨기 7코(편물을 뒤로 돌린다)
- 58단 걸러뜨기 1코, 겉뜨기 6코(편물을 뒤로 돌린다)
- 59단 걸러뜨기 1코, 겉뜨기 5코(편물을 뒤로 돌린다)
- 60단 걸러뜨기 1코, 겉뜨기 4코(편물을 뒤로 돌린다)
- 61단 걸러뜨기 1코, 겉뜨기 3코(편물을 뒤로 돌린다)

지금부터 각 코마다 1코씩 더해가며, 다시 바깥쪽으로 넓히며 작업한다.

- 62단 걸러뜨기 1코, 겉뜨기 4코(편물을 뒤로 돌린다)
- 63단 걸러뜨기 1코, 겉뜨기 5코(편물을 뒤로 돌린다)
- 64단 걸러뜨기 1코, 겉뜨기 6코(편물을 뒤로 돌린다)
- 65단 걸러뜨기 1코, 겉뜨기 7코(편물을 뒤로 돌린다)
- 66단 걸러뜨기 1코, 겉뜨기 8코(편물을 뒤로 돌린다)
- 67단 걸러뜨기 1코, 겉뜨기 9코(편물을 뒤로 돌린다)
- 68단 걸러뜨기 1코, 겉뜨기 10코(편물을 뒤로 돌린다)
- 69단 걸러뜨기 1코, 겉뜨기 11코(편물을 뒤로 돌린다)
- 70단 걸러뜨기 1코, 겉뜨기 12코(편물을 뒤로 돌린다)
- 71단 걸러뜨기 1코, 겉뜨기 13코(편물을 뒤로 돌린다)
- 72단 걸러뜨기 1코, 겉뜨기 14코(편물을 뒤로 돌린다)
- 73단 걸러뜨기 1코, 겉뜨기 15코(편물을 뒤로 돌린다)
- 74단 걸러뜨기 1코, 겉뜨기 16코(편물을 뒤로 돌린다)
- 75단 걸러뜨기 1코, 겉뜨기 17코(편물을 뒤로 돌린다)
- 76단 모든 코를 안뜨기로 뜬다.(총 34코)
- 77~78단(녹색) 메리야스뜨기 2단
- 79~80단(빨간색) 메리야스뜨기 2단
- 81~92단 [77~80단] 3회 반복
- 93~94단(녹색) 메리야스뜨기 2단
- 95단(빨간색) 겉뜨기 1단
- 96~124단 48~76단의 뒤꿈치 모양을 반복한다.

겉면끼리 마주 대고 빨간색 실과 3개의 대바늘을 이용하여 남아 있는 34코를 〈대바늘로 떠서 잇기(→p.22)〉로 코막음한다.

머리

회색 실과 대바늘 3.25mm를 이용하여 시작코 12코를 만든다.
1단 겉뜨기 1코, 1코 만들기, 겉뜨기 5코, 1코 만들기, 겉뜨기 5

코, 1코 만들기, 겉뜨기 1코(총 15코)
2단 안뜨기 1단
3단 겉뜨기 6코, 1코 만들기, 겉뜨기 3코, 1코 만들기, 겉뜨기 6코(총 17코)
4단 안뜨기 1코, 1코 만들기, 안뜨기 6코, 1코 만들기, 안뜨기 3코, 1코 만들기, 안뜨기 6코, 1코 만들기, 안뜨기 1코(총 21코)
5단 겉뜨기 9코, 1코 만들기, 겉뜨기 3코, 1코 만들기, 겉뜨기 9코(총 23코)
6단 안뜨기 1코, 1코 만들기, 안뜨기 9코, 1코 만들기, 안뜨기 3코, 1코 만들기, 안뜨기 9코, 1코 만들기, 안뜨기 1코(총 27코)
7단 겉뜨기 12코, 1코 만들기, 겉뜨기 3코, 1코 만들기, 겉뜨기 12코(총 29코)
8~10단 안뜨기로 시작하여 메리야스뜨기 3단
11단 겉뜨기 11코, 2코 모아뜨기, 겉뜨기 3코, 오른코 모아뜨기, 겉뜨기 11코(총 27코)
12단 안뜨기 10코, 안뜨기로 2코 모아 꼬아뜨기, 안뜨기 3코, 안뜨기로 2코 모아뜨기, 안뜨기 10코(총 25코)
13단 겉뜨기 9코, 2코 모아뜨기, 겉뜨기 3코, 오른코 모아뜨기, 겉뜨기 9코(총 23코)
14단 안뜨기 8코, 안뜨기로 2코 모아 꼬아뜨기, 안뜨기 3코, 안뜨기로 2코 모아뜨기, 안뜨기 8코(총 21코)
15단 겉뜨기 7코, 2코 모아뜨기, 겉뜨기 3코, 오른코 모아뜨기, 겉뜨기 7코(총 19코)
16단 안뜨기 6코, 안뜨기로 2코 모아 꼬아뜨기, 안뜨기 3코, 안뜨기로 2코 모아뜨기, 안뜨기 6코(총 17코)
17단 겉뜨기 1코, 2코 모아뜨기, 겉뜨기 11코, 오른코 모아뜨기, 겉뜨기 1코(총 15코)
18단 안뜨기 1코, 안뜨기로 2코 모아 꼬아뜨기, 3코 남을 때까지 안뜨기, 안뜨기로 2코 모아뜨기, 안뜨기 1코(총 13코)
19단 3코 코막음, 겉뜨기 6코, 남은 3코 코막음
안쪽 면에서 남아 있는 7코에 실을 연결하고 다음과 같이 뜬다.
20~30단 안뜨기로 시작하여 메리야스뜨기 11단
31단 겉뜨기 1코, 2코 모아뜨기, 겉뜨기 1코, 오른코 모아뜨기, 겉뜨기 1코(총 5코)
32~34단 안뜨기로 시작하여 메리야스뜨기 3단
35단 겉뜨기 1코, 오른코 중심 3코 모아뜨기, 겉뜨기 1코(총 3코)
36단 안뜨기 1단
모든 코를 코막음한다.

귀의 뒷면(2개)

회색 실과 대바늘 3.25mm를 이용하여 시작코 6코를 만든다.
1~2단 메리야스뜨기 2단
3단 2코 모아뜨기, 겉뜨기 2코, 오른코 모아뜨기(총 4코)
4단 안뜨기 1단
5단 2코 모아뜨기, 오른코 모아뜨기(총 2코)
6단 안뜨기로 2코 모아뜨기(총 1코)
실을 자르고 남은 코 사이로 실을 뺀 후 잡아당겨 마무리한다.

귀의 앞면(2개)

분홍색 실(2ply, laceweight) 2겹과 대바늘 2.75mm를 이용하여 시작코 7코를 만든다.
1~2단 메리야스뜨기 2단
3단 2코 모아뜨기, 2코 남을 때까지 겉뜨기, 오른코 모아뜨기(총 5코)
4단 안뜨기 1단
5~6단 3~4단 반복(총 3코)
7단 오른코 중심 3코 모아뜨기(총 1코)
실을 자르고 남은 코 사이로 실을 뺀 후 잡아당겨 마무리한다.

코

분홍색 실(2ply, laceweight) 2겹과 대바늘 2.75mm를 이용하여 시작코 3코를 만든다.
1~2단 메리야스뜨기 2단
3단 오른코 중심 3코 모아뜨기(총 1코)

실을 자르고 남은 코 사이로 실을 뺀 후 잡아당겨 마무리한다.

발(2개)

회색 실과 대바늘 3.25mm를 이용하여 시작코 2코를 만든다.
- **1단** [1코 늘리기] 2회 반복(총 4코)
- **2단** [1코 늘리기] 4회 반복(총 8코)
- **3단** 겉뜨기 1단
- **4단** [안뜨기로 2코 모아뜨기] 4회 반복(총 4코)
- **5단** [2코 모아뜨기] 2회 반복(총 2코)
- **6단** 안뜨기 1단
- **7~18단** [1~6단] 2회 반복하여 발가락 3개를 만든다.

남아 있는 2코를 코막음한다.

생쥐의 몸통

흰색 앙고라 실과 대바늘 2.75mm를 이용하여 시작코 3코를 만든다.
- **1단** 겉뜨기 1단
- **2단** 겉뜨기 1코, 1코 만들기, 1코 남을 때까지 겉뜨기, 1코 만들기, 겉뜨기 1코(총 5코)
- **3~8단** 2단 6번 반복(총 17코)
- **9단** [2코 모아뜨기] 4회 반복, 겉뜨기 1코, [2코 모아뜨기] 4회 반복(총 9코)
- **10단** [2코 모아뜨기] 2회 반복, 겉뜨기 1코, [2코 모아뜨기] 2회 반복(총 5코)

실을 자르고 돗바늘에 끼운 후, 남은 코 사이로 통과시켜 단단히 잡아당긴 후 마무리한다.

생쥐의 귀(2개)

흰색 앙고라 실과 대바늘 2.75mm를 이용하여 시작코 4코를 만든다.
- **1~4단** 겉뜨기 4단
- **5단** [2코 모아뜨기] 2회 반복(총 2코)
- **6단** 2코 모아뜨기(총 1코)

실을 자르고 남은 코 사이로 실을 뺀 후 잡아당겨 마무리한다.

생쥐의 꼬리

흰색 앙고라 실과 대바늘 2.75mm를 이용하여 시작코 3코를 만든다.
꼬리의 길이가 4cm가 될 때까지 메리야스뜨기로 뜬다.
실을 자르고 돗바늘에 끼운 후, 남은 코 사이로 통과시켜 단단히 잡아당긴 후 마무리한다.
또는 꼬리의 옆선을 꿰매는 일을 줄이려면 아이코드 기법으로 뜰 수도 있다.(→p.23)

양말을 매다는 끈

빨간색 실과 대바늘 3.25mm를 이용하여 시작코 18코를 만든 후, 겉뜨기로 1단 뜬다.
모든 코를 코막음한다.

연결하기

1. 양말의 옆선을 연결한다. 이때 줄무늬를 잘 맞춰가며 꿰맨다.
2. 양말의 위쪽 빨간색 입구를 접고, 양말에 솜을 조금 채운다.
3. 고양이 머리에 눈을 고정하고 솜을 채운다.
4. 귀의 앞면과 뒷면을 안쪽 면끼리 마주 대고 꿰맨다. 나머지 귀도 같은 방법으로 작업한다. 작품 사진을 참고하여 고양이 머리 위에 귀를 고정한다.
5. 코를 꿰매고, 검정색 봉제용 면사를 이용하여 수염을 달아준다.
6. 실과 돗바늘을 이용하여 머리의 아랫단과 각 눈의 안쪽을 한 땀씩 꿰맨 후, 실을 아래쪽으로 잡아당겨 단단하게 고정한다. 이렇게 하면 얼굴의 형태가 멋지게 잡힌다.
7. 양말을 매다는 끈을 반으로 접어서 양말의 안쪽 옆솔기에 꿰맨다.
8. 고양이의 머리를 양말의 안쪽에 넣고 양말의 약간 안쪽에서 입구를 따라 꿰맨다. 이렇게 하면 고양이 머리가 양말 밖을 내다보는 것처럼 보인다.
9. 고양이의 각 손가락의 가장자리를 돗바늘로 홈질한 후 잡아당겨 끝을 모아 방울 모양을 만든다. 2개의 발을 양말의 앞쪽, 고양이 머리 바로 아래, 양말과 고양이가 만나는 곳에 고정한다.
10. 생쥐 몸통의 솔기를 꿰매고 솜을 채운다.
11. 작품 사진을 참고하여 생쥐의 귀를 꿰맨다.
12. 흰색 봉제용 실과 봉제용 바늘을 이용하여 작은 비즈(눈)를 머리에 꿰매고, 수염을 만든다.
13. 분홍색 실을 이용하여 코를 수놓는다.
14. 꼬리를 몸통의 아랫부분에 꿰맨다.
15. 생쥐를 양말에 고정한다.

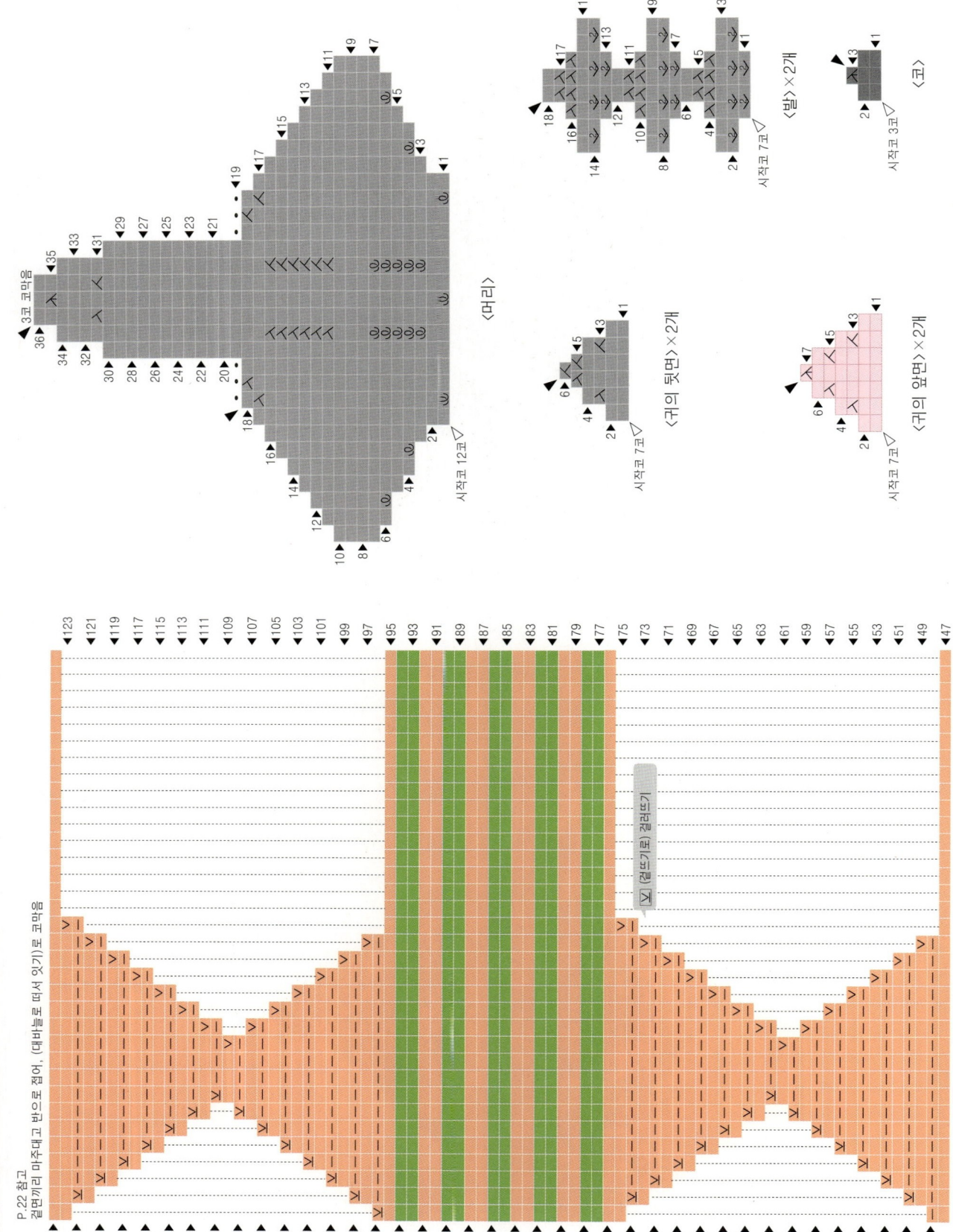

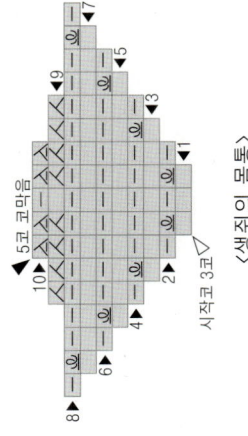

〈생쥐의 몸통〉

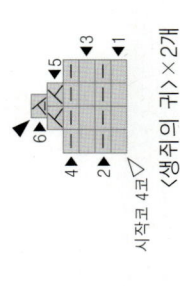

〈생쥐의 귀〉×2개

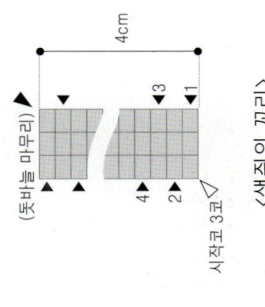

〈생쥐의 꼬리〉

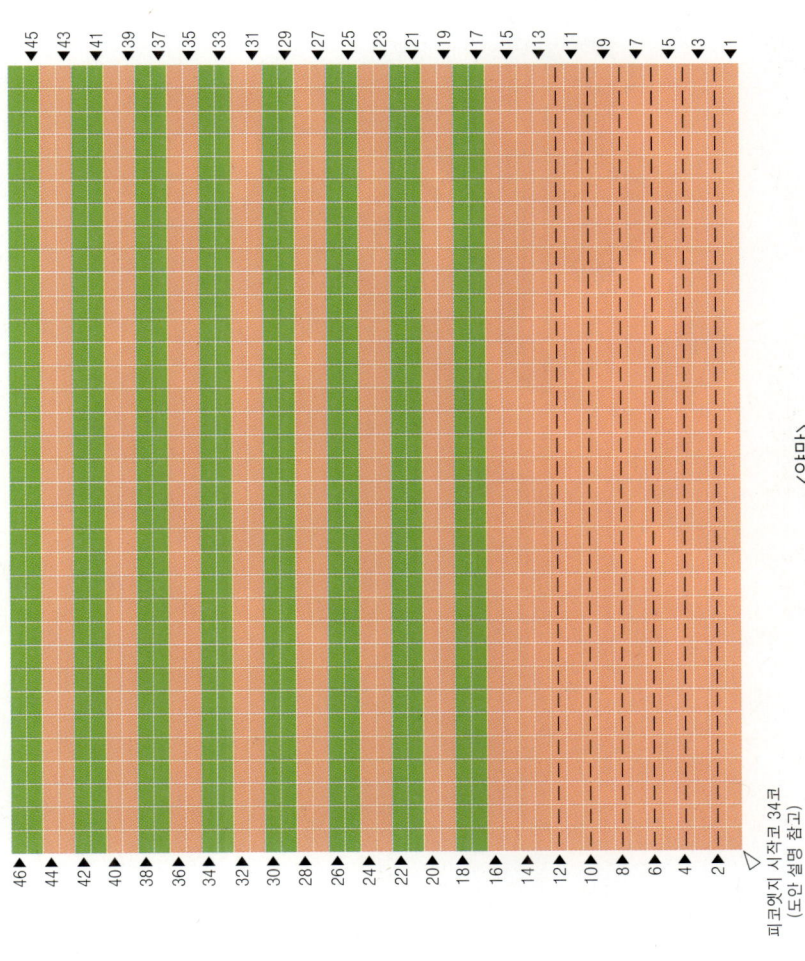

〈양말〉

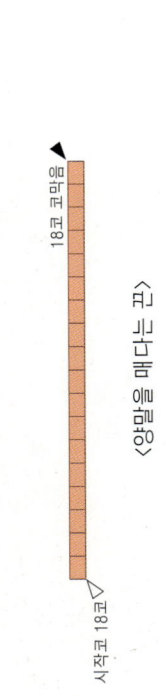

〈양말을 매다는 끈〉

19
Happy Family

행복한 가족

엄마 고양이와 두 마리의 장난꾸러기 아기 고양이는
정말 기분 좋은 가족입니다.
여러분이 원하는 만큼 많은 아기 고양이를 떠보세요.
여러분이 어떤 색상을 선택하든지
고양이를 사랑하는 모든 사람들에게 아주 멋진 선물이 될 거랍니다.
고양이 침대를 만드는 방법은 191페이지에 설명되어 있어요.

엄마 고양이

준비물
- 흰색 실(10ply, Aran)
- 검정색 실(10ply, Aran)
- 연분홍색 실(4ply, fingering)
- 빨간색 실(4ply, fingering)
- 장난감용 구름솜
- 줄모루
- 인형 눈 : 10mm 크리스털 캣아이 2개
- 검정색 자수실
- 지름 10mm 황동색 방울

바늘
- 대바늘 2.75mm(영국 12호, 미국 2호)
- 대바늘 4mm(영국 8호, 미국 6호)
- 마커링
- 돗바늘

게이지
대바늘 4mm를 이용하여 메리야스뜨기로 2.5cm=4코

완성 크기
앞발부터 머리끝까지의 높이=약 15m

몸통과 앞다리

흰색 실과 대바늘 4mm를 이용하여 시작코 10코를 만든다.
오른쪽 앞발부터 뜨기 시작한다.

- 1단 겉뜨기 1단
- 2단 안뜨기 8코(편물을 뒤로 돌린다)
- 3단 겉뜨기 3코(편물을 뒤로 돌린다)
- 4단 안뜨기 3코(편물을 뒤로 돌린다)
- 5단 겉뜨기 3코(편물을 뒤로 돌린다)
- 6단 안뜨기 5코(단의 끝이 된다)
- 7단 겉뜨기 2코, [3단 아래 코를 끌어올려 겉뜨기로 2코 모아뜨기] 3회 반복, 겉뜨기 5코
- 8~12단 메리야스뜨기 5단
- 13단 겉뜨기 6코, 1코 만들기, 겉뜨기 3코, 1코 만들기, 겉뜨기 1코(총 12코)
- 14단 안뜨기 1단

검정색 실로 바꾼다.

- 15~17단 메리야스뜨기 3단
- 18단 (안뜨기로)1코 코막음, 끝까지 안뜨기(총 11코)
- 19단 5코 코막음, 끝까지 겉뜨기(총 6코)
- 20단 8코 만들기, 끝까지 안뜨기(총 14코)
- 21단 겉뜨기 1코, 1코 만들기, 1코 남을 때까지 겉뜨기, 1코 만들기, 겉뜨기 1코(총 16코)
- 22단 안뜨기 1코, 1코 만들기, 단의 끝까지 안뜨기(총 17코)
- 23단 1코 남을 때까지 겉뜨기, 1코 만들기, 겉뜨기 1코(총 18코)
- 24단 안뜨기 1코, 1코 만들기, 단의 끝까지 안뜨기(총 19코)
- 25~48단 메리야스뜨기 24단

36번째 단의 첫 코(그림 도안의 ★)와 마지막 코(그림 도안의 ☆)에 마커링을 끼운다.

- 49단 3코 남을 때까지 겉뜨기, 2코 모아뜨기, 겉뜨기 1코(총 18코)
- 50단 안뜨기 1코, 안뜨기로 2코 모아뜨기, 단의 끝까지 안뜨기(총 17코)
- 51단 겉뜨기 1코, 오른코 모아뜨기, 3코 남을 때까지 겉뜨기, 2코 모아뜨기, 겉뜨기 1코(총 15코)
- 52단 8코 코막음, 안뜨기 3코, 안뜨기로 2코 모아 꼬아뜨기, 안뜨기 1코(총 6코)
- 53단 5코 만들기, 단의 끝까지 겉뜨기(총 11코)
- 54단 1코 만들기, 단의 끝까지 안뜨기(총 12코)
- 55~57단 겉뜨기로 시작하여 메리야스뜨기 3단

흰색 실로 바꾼다.

- 58~60단 안뜨기로 시작하여 메리야스뜨기 3단
- 61단 겉뜨기 5코, 2코 모아뜨기, 겉뜨기 2코, 오른코 모아뜨기, 겉뜨기 1코(총 10코)
- 62~66단 안뜨기로 시작하여 메리야스뜨기 5단
- 67단 겉뜨기 5코(편물을 뒤로 돌린다)
- 68단 안뜨기 3코(편물을 뒤로 돌린다)
- 69단 겉뜨기 3코(편물을 뒤로 돌린다)
- 70단 안뜨기 3코(편물을 뒤로 돌린다)
- 71단 겉뜨기 8코(단의 끝이 된다)
- 72단 안뜨기 5코, [3단 아래 코를 끌어올려 안뜨기로 2코 모아뜨기] 3회 반복, 안뜨기 2코

남아 있는 10코를 코막음한다.

배

흰색 실과 대바늘 4mm를 이용하여 시작코 3코를 만든다.

- 1~2단 메리야스뜨기 2단
- 3단 겉뜨기 1코, 1코 만들기, 1코 남을 때까지 겉뜨기, 1코 만들기, 겉뜨기 1코(총 5코)
- 4~6단 메리야스뜨기 3단
- 7~18단 [3~6단] 3회 반복(총 11코)
- 19~32단 메리야스뜨기 14단
- 33단 겉뜨기 1코, 2코 모아뜨기, 3코 남을 때까지 겉뜨기, 오른코 모아뜨기, 겉뜨기 1코(총 9코)

34~36단 메리야스뜨기 3단
37~40단 33~36단 반복(총 7코)
41단 2코 모아뜨기, 겉뜨기 3코, 오른코 모아뜨기(총 5코)
42단 안뜨기 1단
모든 코를 코막음한다.

머리

검정색 실과 대바늘 4mm를 이용하여 시작코 12코를 만든다.
1단 겉뜨기 1코, 1코 만들기, 겉뜨기 5코, 1코 만들기, 겉뜨기 5코, 1코 만들기, 겉뜨기 1코(총 15코)
2단 안뜨기 1단
페어아일 기법(→p.21)을 이용하여 다음과 같이 뜬다. **굵은 글씨**는 검정색 실로, 나머지는 흰색 실로 뜬다.
3단 겉뜨기 6코, 1코 만들기, 겉뜨기 3코, **1코 만들기, 겉뜨기 6코**(총 17코)
4단 **안뜨기 1코, 1코 만들기, 안뜨기 6코,** 1코 만들기, 안뜨기 3코, 1코 만들기, **안뜨기 6코, 1코 만들기, 안뜨기 1코**(총 21코)
5단 겉뜨기 8코, 겉뜨기 1코, 1코 만들기, 겉뜨기 3코, 1코 만들기, 겉뜨기 1코, **겉뜨기 8코**(총 23코)
6단 **안뜨기 1코, 1코 만들기, 안뜨기 7코,** 안뜨기 2코, 1코 만들기, 안뜨기 3코, 1코 만들기, 안뜨기 2코, **안뜨기 7코, 1코 만들기, 안뜨기 1코**(총 27코)
7단 겉뜨기 9코, 겉뜨기 3코, 1코 만들기, 겉뜨기 3코, 1코 만들기, 겉뜨기 3코, **겉뜨기 9코**(총 29코)
8단 **안뜨기 9코,** 안뜨기 11코, **안뜨기 9코**
9단 겉뜨기 9코, 겉뜨기 11코, 겉뜨기 9코
10단 **안뜨기 9코,** 안뜨기 11코, **안뜨기 9코**
11단 겉뜨기 9코, 겉뜨기 2코, 2코 모아뜨기, 겉뜨기 3코, 오른코 모아뜨기, 겉뜨기 2코, **겉뜨기 9코**(총 27코)
12단 **안뜨기 9코,** 안뜨기 1코, 안뜨기로 2코 모아 꼬아뜨기, 안뜨기 3코, 안뜨기로 2코 모아뜨기, 안뜨기 1코, **안뜨기 9코**(총 25코)
13단 **겉뜨기 9코,** 2코 모아뜨기, 겉뜨기 3코, 오른코 모아뜨기, **겉뜨기 9코**(총 23코)
14단 안뜨기 8코, 안뜨기로 2코 모아뜨기, 안뜨기 3코, **안뜨기로 2코 모아 꼬아뜨기, 안뜨기 8코**(총 21코)
15단 겉뜨기 7코, 2코 모아뜨기, 겉뜨기 3코, **오른코 모아뜨기, 겉뜨기 7코**(총 19코)
16단 안뜨기 6코, 안뜨기로 2코 모아뜨기, 안뜨기 3코, **안뜨기로 2코 모아 꼬아뜨기, 안뜨기 6코**(총 17코)
17단 겉뜨기 1코, 2코 모아뜨기, 겉뜨기 5코, 겉뜨기 1코, **겉뜨기 5코, 오른코 모아뜨기, 겉뜨기 1코**(총 15코)
이 단이 흰색 실을 사용하는 마지막 단이고, 지금부터는 검정색 실

로만 뜬다.
18단 안뜨기 1코, 안뜨기로 2코 모아 꼬아뜨기, 3코 남을 때까지 안뜨기, 안뜨기로 2코 모아뜨기, 안뜨기 1코(총 13코)
19단 3코 코막음, 겉뜨기 6코, 남은 3코 코막음(총 7코)
겉면에서 남은 7코에 실을 연결하고 다음과 같이 뜬다.
20(겉면)~31단 메리야스뜨기 12단
32단 겉뜨기 1코, 2코 모아뜨기, 겉뜨기 1코, 오른코 모아뜨기, 겉뜨기 1코(총 5코)
33~35단 메리야스뜨기 3단
36단 겉뜨기 1코, 오른코 중심 3코 모아뜨기, 겉뜨기 1코(총 3코)
37단 안뜨기 1단
모든 코를 코막음한다.

왼쪽 뒷다리

흰색 실과 대바늘 4mm를 이용하여 시작코 10코를 만든다.
1단 겉뜨기 1단
2단 안뜨기 5코(편물을 뒤로 돌린다)
3단 겉뜨기 3코(편물을 뒤로 돌린다)
4단 안뜨기 3코(편물을 뒤로 돌린다)
5단 겉뜨기 3코(편물을 뒤로 돌린다)
6단 안뜨기 8코(단의 끝이 된다)
7단 겉뜨기 5코, [3단 아래 코를 끌어올려 겉뜨기로 2코 모아뜨기] 3회 반복, 겉뜨기 2코
8~14단 메리야스뜨기 7단
15단 겉뜨기 4코(되돌아뜨기하고 편물을 뒤로 돌린다)
16단 안뜨기 3코(되돌아뜨기하고 편물을 뒤로 돌린다)
17단 겉뜨기 3코(되돌아뜨기하고 편물을 뒤로 돌린다)
18단 안뜨기 3코(되돌아뜨기하고 편물을 뒤로 돌린다)
19단 겉뜨기 3코(되돌아뜨기하고 편물을 뒤로 돌린다)
20단 안뜨기 4코(단의 끝이 된다)
21단 [겉뜨기 1코, 1코 만들기] 2회 반복, 겉뜨기 3코, 1코 만들기, 겉뜨기 1코, 1코 만들기, 겉뜨기 4코(총 14코)
22단 안뜨기 8코, (검정색 실을 연결하여)안뜨기 6코
지금부터 **굵은 글씨**는 검정색 실로, 나머지는 흰색 실로 뜬다.
23단 겉뜨기 2코, 1코 만들기, 겉뜨기 1코, 1코 만들기, 겉뜨기 4코, 겉뜨기 1코, 1코 만들기, 겉뜨기 1코, 1코 만들기, 겉뜨기 5코(총 18코)
24단 안뜨기 8코, **안뜨기 10코**
25단 **3코 코막음, 1코 만들기, 겉뜨기 7코,** 겉뜨기 6코, 1코 만들기, 겉뜨기 1코(총 17코)
26단 6코 코막음, 1코 만들기, **1코 남을 때까지 안뜨기, 1코 만들기, 겉뜨기 1코**(총 13코)

지금부터 검정색 실로만 뜬다.

27~30단 메리야스뜨기 4단

31단 겉뜨기 1코, 2코 모아뜨기, 3코 남을 때까지 겉뜨기, 오른코 모아뜨기, 겉뜨기 1코(총 11코)

32단 안뜨기 1코, 안뜨기로 2코 모아 꼬아뜨기, 3코 남을 대까지 안뜨기, 안뜨기로 2코 모아뜨기, 안뜨기 1코(총 9코)

33~34단 31~32단 반복(총 5코)

남아 있는 5코를 코막음한다.

오른쪽 뒷다리

흰색 실과 대바늘 4mm를 이용하여 시작코 10코를 만든다.

1단 겉뜨기 1단

2단 안뜨기 8코(편물을 뒤로 돌린다)

3단 겉뜨기 3코(편물을 뒤로 돌린다)

4단 안뜨기 3코(편물을 뒤로 돌린다)

5단 겉뜨기 3코(편물을 뒤로 돌린다)

6단 안뜨기 5코(단의 끝이 된다)

7단 겉뜨기 2코, [3단 아래 코를 끌어올려 겉뜨기로 2코 므아뜨기] 3회 반복, 겉뜨기 5코

8~14단 메리야스뜨기 7단

15단 겉뜨기 9코(되돌아뜨기하고 편물을 뒤로 돌린다)

16단 안뜨기 3코(되돌아뜨기하고 편물을 뒤로 돌린다)

17단 겉뜨기 3코(되돌아뜨기하고 편물을 뒤로 돌린다)

18단 안뜨기 3코(되돌아뜨기하고 편물을 뒤로 돌린다)

19단 겉뜨기 3코(되돌아뜨기하고 편물을 뒤로 돌린다)

20단 안뜨기 9코(단의 끝이 된다)

21단 겉뜨기 4코, 1코 만들기, 겉뜨기 1코, 1코 만들기, 겉뜨기 3코, [1코 만들기, 겉뜨기 1코] 2회 반복(총 14코)

검정색 실을 연결하고, 지금부터 **굵은 글씨**는 검정색 실로, 나머지는 흰색 실로 뜬다.

22단 **안뜨기 6코**, 안뜨기 8코

23단 겉뜨기 5코, 1코 만들기, 겉뜨기 1코, 1코 만들기, 겉뜨기 1코, **겉뜨기 4코, 1코 만들기, 겉뜨기 1코, 1코 만들기, 겉뜨기 2코** (총 18코)

24단 **안뜨기 10코**, 안뜨기 8코

25단 6코 코막음, 1코 만들기, **1코 남을 때까지 겉뜨기, 1코 만들기, 겉뜨기 1코**(총 14코)

26단 **3코 코막음, 1코 만들기, 1코 남을 때까지 안뜨기**, 1코 만들기, 안뜨기 1코(총 13코)

지금부터 검정색 실로만 뜬다.
- **27~30단** 메리야스뜨기 4단
- **31단** 겉뜨기 1코, 2코 모아뜨기, 3코 남을 때까지 겉뜨기, 오른코 모아뜨기, 겉뜨기 1코(총 11코)
- **32단** 안뜨기 1코, 안뜨기로 2코 모아 꼬아뜨기, 3코 남을 때까지 안뜨기, 안뜨기로 2코 모아뜨기, 안뜨기 1코(총 9코)
- **33~34단** 31~32단 반복(총 5코)

남아 있는 5코를 코막음한다.

꼬리

검정색 실과 대바늘 4mm를 이용하여 시작코 7코를 만든다.
길이가 8cm가 될 때까지 메리야스뜨기로 뜨는데 안쪽 면까지 뜬 다음, 다음과 같이 이어뜬다.
흰색 실로 바꾸고 메리야스뜨기 2단 뜬다.
- **다음 단** [겉뜨기 1코, 2코 모아뜨기] 2회 반복, 겉뜨기 1코(총 5코)
- **다음 단** 안뜨기 1단

실을 자르고 돗바늘에 끼운 후, 남은 코 사이로 통과시켜 단단히 잡아당긴 후 마무리한다.

귀의 뒷면(2개)

검정색 실과 대바늘 4mm를 이용하여 시작코 7코를 만든다.
- **1~2단** 메리야스뜨기 2단
- **3단** 겉뜨기 1코, 2코 모아뜨기, 겉뜨기 1코, 오른코 모아뜨기, 겉뜨기 1코(총 5코)
- **4단** 안뜨기 1단
- **5단** 2코 모아뜨기, 겉뜨기 1코, 오른코 모아뜨기(총 3코)
- **6단** 안뜨기 1단
- **7단** 오른코 중심 3코 모아뜨기(총 1코)

실을 자르고 남은 코 사이로 실을 뺀 후 잡아당겨 마무리한다.

귀의 앞면(2개)

연분홍색 실(4ply, fingering)과 대바늘 2.75mm를 이용하여 귀의 뒷면과 같은 방법으로 뜬다.

코

연분홍색 실(4ply, fingering)과 대바늘 2.75mm를 이용하여 시작코 4코를 만든다.
- **1~2단** 메리야스뜨기 2단
- **3단** 2코 모아뜨기, 오른코 모아뜨기(총 2코)
- **4단** 안뜨기로 2코 모아뜨기

실을 자르고 돗바늘에 끼운 후, 남은 코 사이로 통과시켜 단단히 잡아당긴 후 마무리한다.

목걸이

빨간색 실을 이용하여 시작코 5코를 만든다.
목걸이의 길이가 고양이 목을 둘러쌀 정도가 될 때까지 메리야스뜨기로 뜬 후 코막음한다.

연결하기

1. 몸통부터 연결하기 시작한다. 흰색 실을 돗바늘에 끼우고, 양쪽 앞발 끝부분 시작 단/마지막 단의 코를 홈질한 후 살짝 잡아당겨 봉긋하게 모양을 만든다.
2. 앞다리의 옆선을 꿰매고 줄모루를 넣은 후 솜을 조금 채운다. 두 번째 다리도 같은 방법으로 한다.
3. 고양이 배의 마지막 단의 정중앙을 몸통 꼬리 쪽에 마커링이 달려 있는 부분(그림 도안의 ★)과 맞대고, 시작 단의 정중앙을 앞발 사이에 있는 마커링(그림 도안의 ☆)과 맞댄다.
4. 배를 몸통의 옆선에 평평하게 꿰매는데, 솜을 넣을 창구멍을 남긴다. 아직 앞다리의 입구를 배에 연결하지 않는다.
5. 앞다리에 솜을 채우고 앞다리의 입구를 배에 꿰맨다. 검정색 실로 앞다리와 배를 연결할 때 주름이 잡히지 않도록 주의한다. 배에 솜을 채우고 창구멍을 막는다.
6. 각 뒷다리의 발과 다리의 솔기를 앞다리와 같은 방법으로 꿰맨다. 다리에 줄모루를 넣은 후 솜을 조금 채우고, 작품 사진을 참고하여 다리를 몸통에 고정한다.
7. 꼬리의 옆선을 꿰매어 원통형으로 만든 후 그 안에 줄모루를 집어넣고, 작품 사진을 참고하여 몸통에 꼬리를 달아준다.
8. 작품 사진을 참고하여 머리에 눈을 고정한다. 머리를 반으로 접은 후 뒷솔기를 꿰맨다. 목 쪽의 입구는 열어둔 채로 솜을 조금 채운다.
9. 실과 돗바늘을 이용하여 머리의 아랫단과 각 눈의 안쪽을 한 땀씩 꿰맨 후, 실을 아래쪽으로 잡아당겨 단단하게 고정한다. 이렇게 하면 얼굴의 형태가 멋있게 잡힌다.
10. 귀 2장을 안쪽 면끼리 마주 대고 가장자리를 꿰맨다. 나머지 귀 2장도 같은 방법으로 작업한다. 작품 사진을 참고하여 머리 위의 양쪽에 귀를 고정한다.
11. 연분홍색 실을 이용하여 코를 꿰맨다. 검정색 자수실을 이용하여 입과 수염을 수놓는다.
12. 목걸이를 고양이 목에 둘러 위치를 잡은 후 양쪽 끝을 꼼꼼하게 연결한다. 방울을 목걸이에 꿰맨다.

아기 고양이

준비물
- 흰색 실(4ply, fingering)
- 검정색 실(4ply, fingering)
- 연분홍색 실(4ply, fingering)
- 빨간색 실(4ply, fingering)
- 장난감용 구름솜
- 줄모루
- 인형 눈 : 6mm 크리스털 캣아이 2개
- 검정색 자수실
- 황동색 작은 방울

바늘
- 대바늘 2.75mm(영국 12호, 미국 2호)
- 마커링
- 돗바늘

게이지
대바늘 2.75mm를 이용하여 메리야스뜨기로 2.5cm=7~8코

완성 크기
앞발부터 머리끝까지의 높이=약 8cm

몸통과 앞다리

흰색 실을 이용하여 시작코 8코를 만든다.
오른쪽 앞다리부터 뜨기 시작한다.

1단 겉뜨기 1단
2단 안뜨기 6코(편물을 뒤로 돌린다)
3단 겉뜨기 3코(편물을 뒤로 돌린다)
4단 안뜨기 3코(편물을 뒤로 돌린다)
5단 겉뜨기 3코(편물을 뒤로 돌린다)
6단 안뜨기 5코(단의 끝이 된다)
7단 겉뜨기 2코, [3단 아래 코를 끌어올려 겉뜨기로 2코 모아뜨기] 3회 반복, 겉뜨기 3코
8~12단 메리야스뜨기 5단
13단 겉뜨기 4코, 1코 만들기, 겉뜨기 3코, 1코 만들기, 겉뜨기 1코(총 10코)
14단 안뜨기 1단

검정색 실로 바꾼다.

15단 겉뜨기 1단
16단 (안뜨기로)1코 코막음, 끝까지 안뜨기(총 9코)
17단 4코 코막음, 끝까지 겉뜨기(총 5코)
18단 8코 만들기, 끝까지 안뜨기(총 13코)
19단 겉뜨기 1코, 1코 만들기, 1코 남을 때까지 겉뜨기, 1코 만들기, 겉뜨기 1코(총 15코)
20단 안뜨기 1코, 1코 만들기, 단의 끝까지 안뜨기(총 16코)
21단 1코 남을 때까지 겉뜨기, 1코 만들기, 겉뜨기 1코(총 17코)
22단 안뜨기 1단
23~38단 메리야스뜨기 16단

30번째 단의 첫코(그림 도안의 ★)와 마지막 코(그림 도안의 ☆)에 마커링을 끼운다.

39단 3코 남을 때까지 겉뜨기, 오른코 모아뜨기, 겉뜨기 1코(총 16코)
40단 안뜨기 1코, 안뜨기로 2코 모아 꼬아뜨기, 단의 끝까지 안뜨기(총 15코)
41단 겉뜨기 1코, 2코 모아뜨기, 3코 남을 때까지 겉뜨기, 오른코 모아뜨기, 겉뜨기 1코(총 13코)
42단 8코 코막음, 단의 끝까지 안뜨기(총 5코)
43단 4코 만들기, 단의 끝까지 겉뜨기(총 9코)
44단 1코 만들기, 단의 끝까지 안뜨기(총 10코)

흰색 실로 바꾼다.

45~46단 메리야스뜨기 2단
47단 겉뜨기 4코, 2코 모아뜨기, 겉뜨기 1코, 오른코 모아뜨기, 겉뜨기 1코(총 8코)
48~53단 메리야스뜨기 6단
54단 안뜨기 6코(편물을 뒤로 돌린다)
55단 겉뜨기 3코(편물을 뒤로 돌린다)
56단 안뜨기 3코(편물을 뒤로 돌린다)
57단 겉뜨기 3코(편물을 뒤로 돌린다)
58단 안뜨기 5코(단의 끝이 된다)

59단 겉뜨기 2코, [3단 아래 코를 끌어올려 겉뜨기로 2코 모아뜨기] 3회 반복, 겉뜨기 3코
남아 있는 8코를 모두 코막음한다.

배

흰색 실을 이용하여 시작코 3코를 만든다.
1~2단 메리야스뜨기 2단
3단 겉뜨기 1코, 1코 만들기, 1코 남을 때까지 겉뜨기, 1코 만들기, 겉뜨기 1코(총 5코)
4~6단 메리야스뜨기 3단
7~14단 [3~6단] 2회 반복(총 9코)
15~24단 메리야스뜨기 10단
25단 겉뜨기 1코, 2코 모아뜨기, 3코 남을 때까지 겉뜨기, 오른코 모아뜨기, 겉뜨기 1코(총 7코)
26~28단 메리야스뜨기 3단
29~32단 25~28단 반복(총 5코)
33단 2코 모아뜨기, 겉뜨기 1코, 오른코 모아뜨기(총 3코)
34단 안뜨기 1단
모든 코를 코막음한다.

머리

검정색 실을 이용하여 시작코 8코를 만든다.
1단 겉뜨기 1코, 1코 만들기, 겉뜨기 3코, 1코 만들기, 겉뜨기 3코, 1코 만들기, 겉뜨기 1코(총 11코)
2단 안뜨기 1단
페어아일 기법(→p.21)을 이용하여 다음과 같이 뜬다. **굵은 글씨**는 검정색 실로, 나머지는 흰색 실로 뜬다.
3단 **겉뜨기 4코, 1코 만들기,** 겉뜨기 3코, **1코 만들기, 겉뜨기 4코**(총 13코)
4단 **안뜨기 1코, 1코 만들기,** 안뜨기 4코, 1코 만들기, 안뜨기 3코, 1코 만들기, **안뜨기 4코, 1코 만들기, 안뜨기 1코**(총 17코)
5단 **겉뜨기 6코,** 겉뜨기 1코, 1코 만들기, 겉뜨기 3코, 1코 만들기, 겉뜨기 1코, **겉뜨기 6코**(총 19코)
6단 **안뜨기 1코, 1코 만들기,** 안뜨기 5코, 안뜨기 2코, 1코 만들기, 안뜨기 3코, 1코 만들기, 안뜨기 2코, **안뜨기 5코, 1코 만들기, 안뜨기 1코**(총 23코)
7단 **겉뜨기 7코,** 겉뜨기 3코, 1코 만들기, 겉뜨기 3코, 1코 만들기, 겉뜨기 3코, **겉뜨기 7코**(총 25코)
8단 **안뜨기 7코,** 안뜨기 11코, **안뜨기 7코**
9단 **겉뜨기 7코,** 겉뜨기 2코, 2코 모아뜨기, 겉뜨기 3코, 오른코 모아뜨기, 겉뜨기 2코, **겉뜨기 7코**(총 23코)
10단 **안뜨기 7코,** 안뜨기 1코, 안뜨기로 2코 모아 꼬아뜨기, 안뜨기 3코, 안뜨기로 2코 모아뜨기, 안뜨기 1코, **안뜨기 7코**(총 21코)
11단 **겉뜨기 7코,** 2코 모아뜨기, 겉뜨기 3코, 오른코 모아뜨기, 겉뜨기 2코, **겉뜨기 7코**(총 19코)
12단 **안뜨기 6코, 안뜨기로 2코 모아뜨기,** 안뜨기 3코, **안뜨기로 2코 모아 꼬아뜨기, 안뜨기 6코**(총 17코)
13단 **겉뜨기 5코, 2코 모아뜨기,** 겉뜨기 3코, **오른코 모아뜨기, 겉뜨기 5코**(총 15코)
14단 **안뜨기 4코, 안뜨기로 2코 모아뜨기, 안뜨기 1코,** 안뜨기 1코, **안뜨기 1코, 안뜨기로 2코 모아 꼬아뜨기, 안뜨기 4코**(총 13코)
이 단이 흰색 실을 사용하는 마지막 단이고, 지금부터는 검정색 실로만 뜬다.
15단 겉뜨기 1코, 2코 모아뜨기, 겉뜨기 7코, 오른코 모아뜨기, 겉뜨기 1코(총 11코)
16단 안뜨기 1코, 안뜨기로 2코 모아 꼬아뜨기, 3코 남을 때까지 안뜨기, 안뜨기로 2코 모아뜨기, 안뜨기 1코(총 9코)
17단 2코 코막음, 겉뜨기 4코, 남은 2코 코막음(총 5코)
겉면에서 남은 5코에 실을 연결하고 다음과 같이 뜬다.
18(겉면)~23단 메리야스뜨기 6단
24단 겉뜨기 1코, 1코 만들기, 1코 남을 때까지 겉뜨기, 1코 만들기, 겉뜨기 1코(총 7코)
25~27단 메리야스뜨기 3단
28단 겉뜨기 1코, 2코 모아뜨기, 겉뜨기 1코, 오른코 모아뜨기, 겉뜨기 1코(총 5코)
29~35단 메리야스뜨기 7단

181

36단 2코 모아뜨기, 겉뜨기 1코, 오른코 모아뜨기(총 3코)
37단 안뜨기 1단
모든 코를 코막음한다.

왼쪽 뒷다리

흰색 실을 이용하여 시작코 8코를 만든다.
1단 겉뜨기 1단
2단 안뜨기 5코(편물을 뒤로 돌린다)
3단 겉뜨기 3코(편물을 뒤로 돌린다)
4단 안뜨기 3코(편물을 뒤로 돌린다)
5단 겉뜨기 3코(편물을 뒤로 돌린다)
6단 안뜨기 6코(단의 끝이 된다)
7단 겉뜨기 3코, [3단 아래 코를 끌어올려 겉뜨기로 2코 모아뜨기] 3회 반복, 겉뜨기 2코
8~12단 메리야스뜨기 5단
13단 겉뜨기 3코(되돌아뜨기하고 편물을 뒤로 돌린다)
14단 안뜨기 2코(되돌아뜨기하고 편물을 뒤로 돌린다)
15단 겉뜨기 2코(되돌아뜨기하고 편물을 뒤로 돌린다)
16단 안뜨기 3코(단의 끝이 된다)
17단 [겉뜨기 1코, 1코 만들기] 2회 반복, 겉뜨기 2코, 1코 만들기, 겉뜨기 1코, 1코 만들기, 겉뜨기 3코(총 12코)
18단 안뜨기 1단
19단 겉뜨기 2코, 1코 만들기, 겉뜨기 1코, 1코 만들기, 겉뜨기 4코, 1코 만들기, 겉뜨기 1코, 1코 만들기, 겉뜨기 4코(총 16코)
20단 (흰색 실로)안뜨기 8코, (검정색 실을 연결하여)안뜨기 8코
지금부터 **굵은 글씨**는 검정색 실로, 나머지는 흰색 실로 뜬다.
21단 **3코 코막음, 1코 만들기, 겉뜨기 5코,** 겉뜨기 6코, 1코 만들기, 겉뜨기 1코(총 15코)
22단 5코 코막음, 1코 만들기, 안뜨기 1코, **안뜨기 7코, 1코 만들기, 겉뜨기 1코**(총 12코)
지금부터 검정색 실로만 뜬다.
23~26단 메리야스뜨기 4단
27단 겉뜨기 1코, 2코 모아뜨기, 3코 남을 때까지 겉뜨기, 오른코 모아뜨기, 겉뜨기 1코(총 10코)
28단 안뜨기 1코, 안뜨기로 2코 모아 꼬아뜨기, 3코 남을 때까지 안뜨기, 안뜨기로 2코 모아뜨기, 안뜨기 1코(총 8코)
29~30단 27~28단 반복(총 4코)
남아 있는 4코를 코막음한다.

오른쪽 뒷다리

흰색 실을 이용하여 시작코 8코를 만든다.
1단 겉뜨기 1단
2단 안뜨기 6코(편물을 뒤로 돌린다)
3단 겉뜨기 3코(편물을 뒤로 돌린다)
4단 안뜨기 3코(편물을 뒤로 돌린다)
5단 겉뜨기 3코(편물을 뒤로 돌린다)
6단 안뜨기 5코(단의 끝이 된다)
7단 겉뜨기 2코, [3단 아래 코를 끌어올려 겉뜨기로 2코 모아뜨기] 3회 반복, 겉뜨기 3코
8~12단 메리야스뜨기 5단
13단 겉뜨기 7코(되돌아뜨기하고 편물을 뒤로 돌린다)
14단 안뜨기 2코(되돌아뜨기하고 편물을 뒤로 돌린다)
15단 겉뜨기 2코(되돌아뜨기하고 편물을 뒤로 돌린다)
16단 안뜨기 7코(단의 끝이 된다)
17단 겉뜨기 3코, 1코 만들기, 겉뜨기 1코, 1코 만들기, 겉뜨기 2코, [1코 만들기, 겉뜨기 1코] 2회 반복(총 12코)
18단 안뜨기 1단
19단 겉뜨기 4코, 1코 만들기, 겉뜨기 1코, 1코 만들기, 겉뜨기 4코, 1코 만들기, 겉뜨기 1코, 1코 만들기, 겉뜨기 2코(총 16코)
20단 (검정색 실을 연결하여)안뜨기 8코, (흰색 실로)안뜨기 8코
지금부터 **굵은 글씨**는 검정색 실로, 나머지는 흰색 실로 뜬다.
21단 5코 코막음, 1코 만들기, 겉뜨기 1코, **겉뜨기 8코, 1코 만들기, 겉뜨기 1코**(총 13코)
22단 **3코 코막음, 1코 만들기, 안뜨기 8코,** 1코 만들기, 겉뜨기 1코(총 12코)
검정색 실로 바꾼다.
23~26단 메리야스뜨기 4단
27단 겉뜨기 1코, 2코 모아뜨기, 3코 남을 때까지 겉뜨기, 오른코 모아뜨기, 겉뜨기 1코(총 10코)
28단 안뜨기 1코, 안뜨기로 2코 모아 꼬아뜨기, 3코 남을 때까지 안뜨기, 안뜨기로 2코 모아뜨기, 안뜨기 1코(총 8코)
29~30단 27~28단 반복(총 4코)

남아 있는 4코를 코막음한다.

꼬리

검정색 실을 이용하여 시작코 7코를 만든다.
길이가 4.5cm가 될 때까지 메리야스뜨기로 뜬다.
흰색 실로 바꾸고 메리야스뜨기 3단 뜬다.
    다음 단 [겉뜨기 1코, 2코 모아뜨기] 2회 반복, 겉뜨기 1코(총 5코)
    다음 단 안뜨기 1단
실을 자르고 돗바늘에 끼운 후, 남은 코 사이로 통과시켜 단단히 잡아당긴 후 마무리한다.

귀의 뒷면(2개)

검정색 실을 이용하여 시작코 5코를 만든다.
    1~2단 메리야스뜨기 2단
    3단 2코 모아뜨기, 겉뜨기 1코, 오른코 모아뜨기(총 3코)
    4단 안뜨기 1단
    5단 오른코 중심 3코 모아뜨기(총 1코)
실을 자르고 남은 코 사이로 실을 뺀 후 잡아당겨 마무리한다.

귀의 앞면(2개)

연분홍색 실(4ply, fingering)을 이용하여 시작코 4코를 만든다.
    1~2단 메리야스뜨기 2단
    3단 겉뜨기 1코, 2코 모아뜨기, 겉뜨기 1코(총 3코)
    4단 안뜨기 1단
    5단 오른코 중심 3코 모아뜨기(총 1코)
실을 자르고 남은 코 사이로 실을 뺀 후 잡아당겨 마무리한다.

목걸이

빨간색 실을 이용하여 시작코 3코를 만든다.
목걸이의 길이가 고양이 목을 둘러쌀 정도가 될 때까지 메리야스뜨기로 뜬 후 코막음한다.

연결하기

1. 몸통부터 연결하기 시작한다. 흰색 실을 돗바늘에 끼우고, 양쪽 앞발 끝부분 시작 단/마지막 단의 코를 홈질한 후 살짝 잡아당겨 봉긋하게 모양을 만든다.
2. 앞다리의 옆선을 꿰매고 줄모루를 넣은 후 솜을 조금 채운다. 두 번째 다리도 같은 방법으로 한다.
3. 고양이 배의 마지막 단의 정중앙을 몸통 꼬리쪽에 마커링이 달려 있는 부분(그림 도안의 ★)과 맞대고, 시작 단의 정중앙을 앞발 사이에 있는 마커링(그림 도안의 ☆)과 맞댄다.
4. 배를 몸통의 옆선에 평평하게 꿰매는데, 솜을 넣을 창구멍을 남긴다. 아직 앞다리의 입구를 배에 연결하지 않는다.
5. 앞다리에 솜을 채우고 앞다리의 입구를 배에 꿰맨다. 검정색 실로 앞다리와 배를 연결할 때 주름이 잡히지 않도록 주의한다. 배에 솜을 채우고 창구멍을 막는다.
6. 각 뒷다리의 발과 다리의 솔기를 앞다리와 같은 방법으로 꿰맨다. 다리에 줄모루를 넣은 후 솜을 조금 채우고, 작품 사진을 참고하여 다리를 몸통에 고정한다.
7. 꼬리의 옆선을 꿰매어 원통형으로 만든 후 그 안에 줄모루를 집어넣고, 작품 사진을 참고하여 몸통에 꼬리를 달아준다.
8. 작품 사진을 참고하여 눈을 고정한다. 머리를 반으로 접은 후 뒷솔기를 꿰맨다. 목 쪽의 입구는 열어둔 채로 솜을 조금 채운다.
9. 실과 돗바늘을 이용하여 머리의 아랫단과 각 눈의 안쪽을 한 땀씩 꿰맨 후, 실을 아래쪽으로 잡아당겨 단단하게 고정한다. 이렇게 하면 얼굴의 형태가 멋있게 잡힌다.
10. 귀 2장을 안쪽 면끼리 마주 대고 가장자리를 꿰맨다. 나머지 귀 2장도 같은 방법으로 작업한다. 작품 사진을 참고하여 머리 위의 양쪽에 귀를 고정한다.
11. 연분홍색 실을 이용하여 코를 수놓는다. 검정색 자수실을 이용하여 입과 수염을 수놓는다.
12. 목걸이를 고양이 목에 둘러 위치를 잡은 후 양쪽 끝을 꼼꼼하게 연결한다. 방울을 목에 꿰맨다.

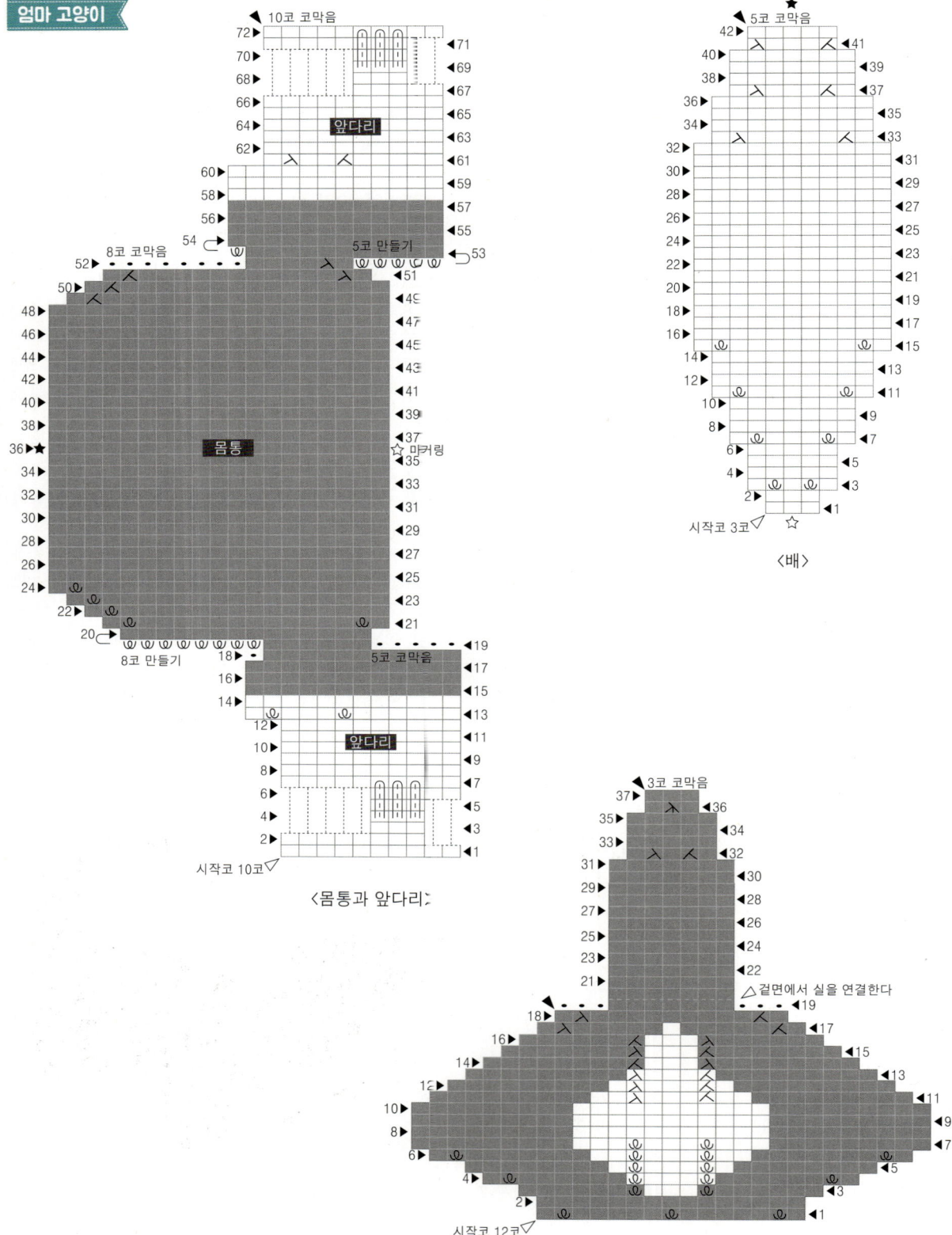

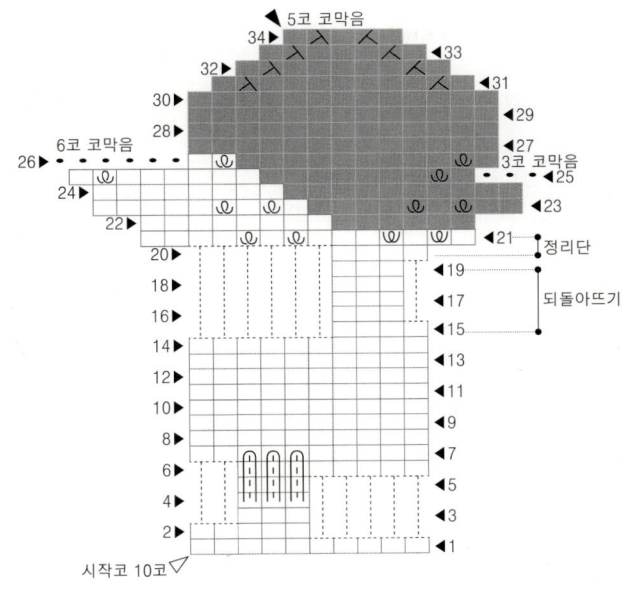

〈왼쪽 뒷다리〉   〈오른쪽 뒷다리〉

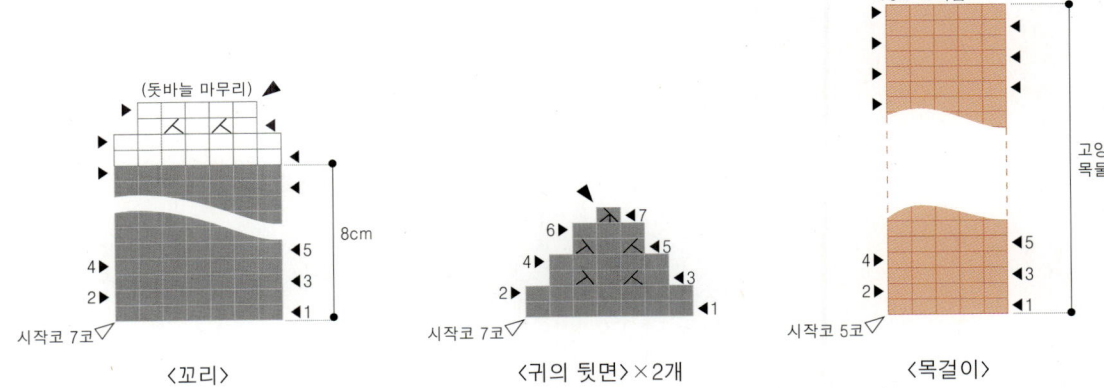

〈꼬리〉   〈귀의 뒷면〉×2개   〈목걸이〉

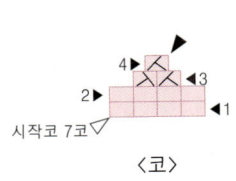

〈코〉

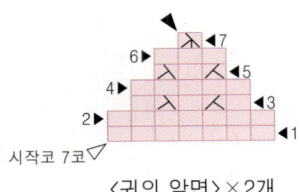

〈귀의 앞면〉×2개

185

아기 고양이

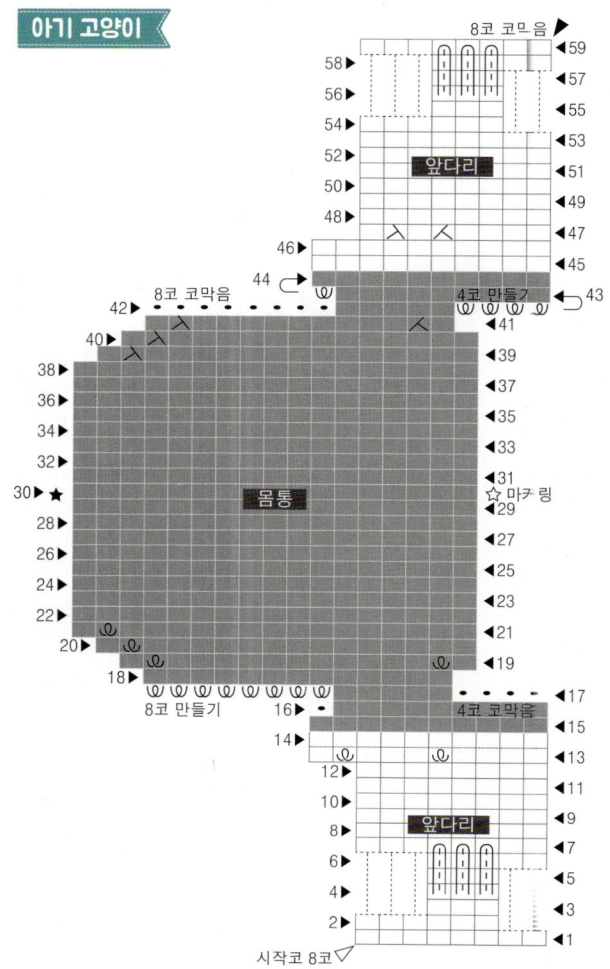
<몸통과 앞다리>

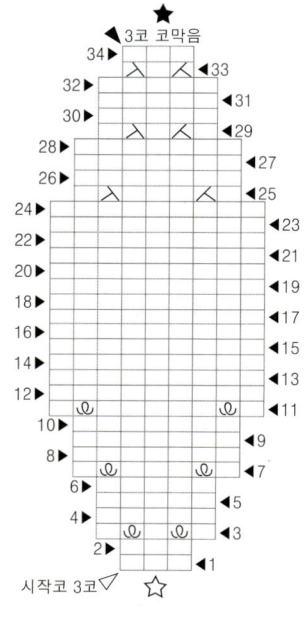
<배>

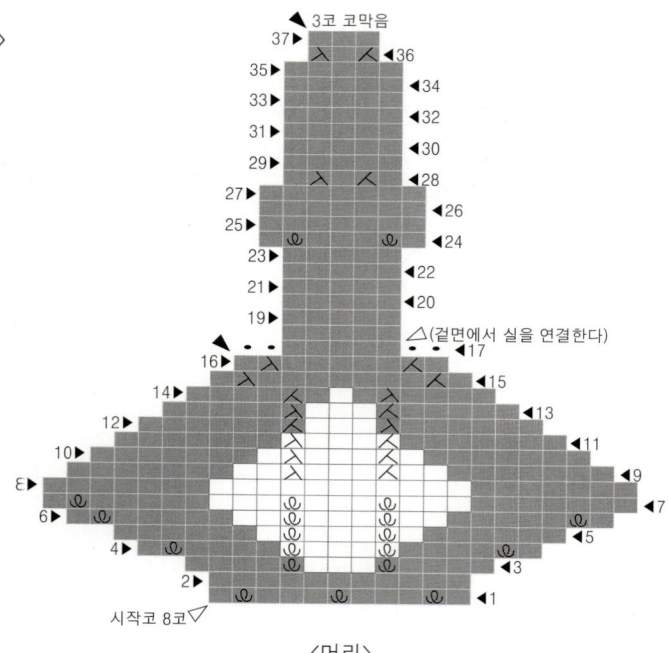
<머리>

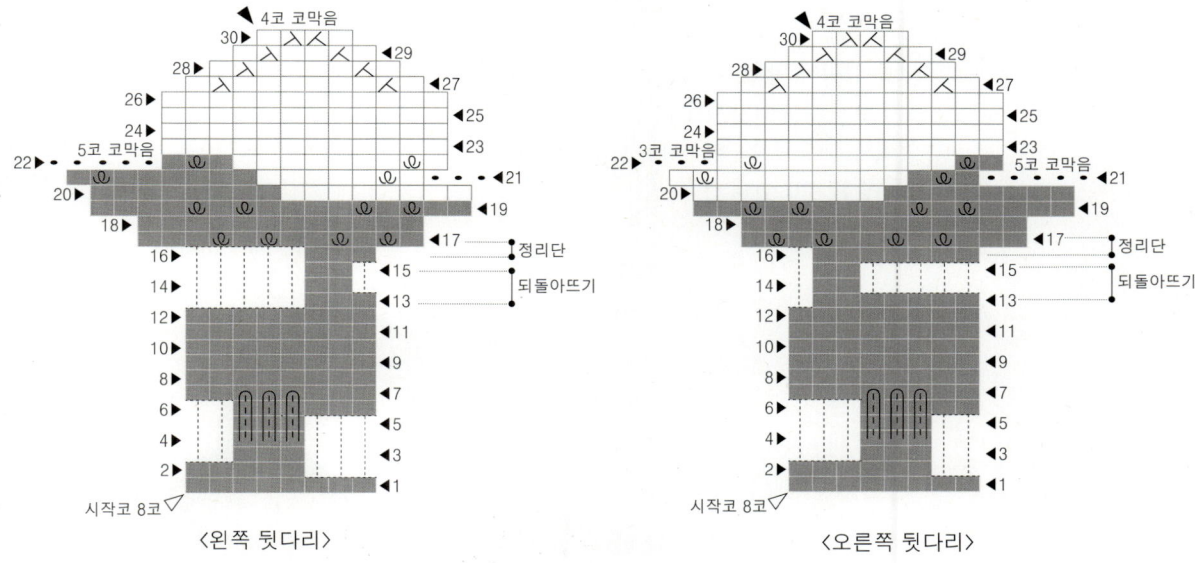

<왼쪽 뒷다리>   <오른쪽 뒷다리>

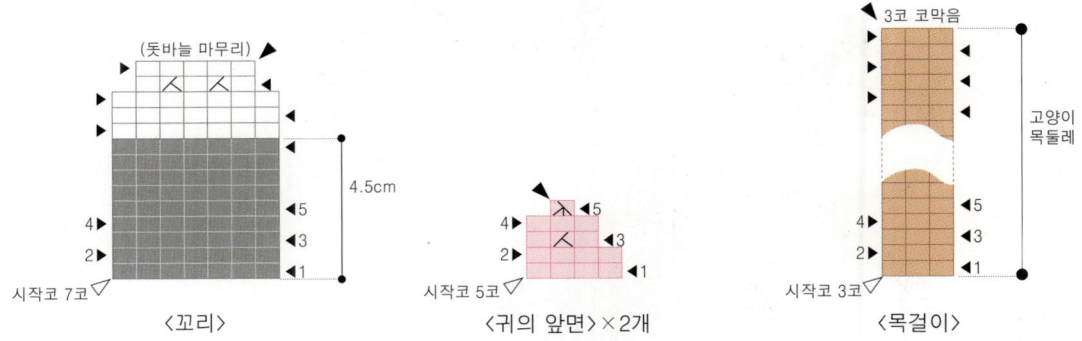

<꼬리>   <귀의 앞면>×2개   <목걸이>

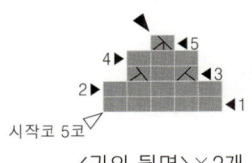

<귀의 뒷면>×2개

고양이 스크래처

고양이들은 발톱을 갈기 위한 무언가가 필요하지요.
고양이 인형도 마찬가지예요!
없어서는 안 될 스크래처에는 당신의 고양이가 가지고 놀 만한
알록달록 새도 달려 있답니다.

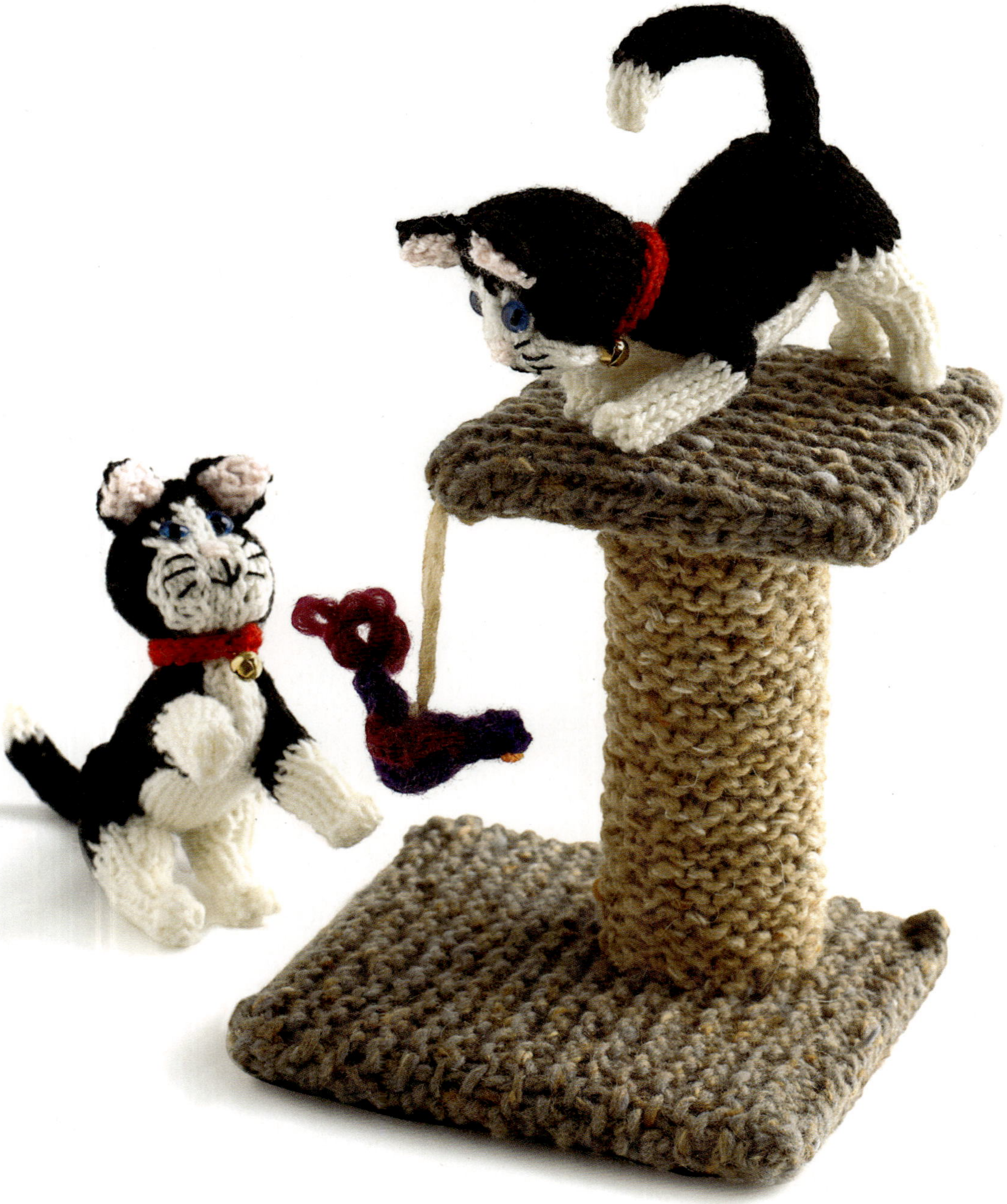

준비물
- 갈색 실(10ply, Aran)
- 베이지색 실(10ply, Aran)
- 멀티 컬러 실(4ply, fingering) 또는 단색 짜투리 실(4ply, fingering)
- 마분지
- 키친타월 심
- 쌀(기둥에 무게를 더하기 위해)
- 장난감용 구름솜 조금
- 노란색 자수실
- 검정색 자수실

바늘
대바늘 2.5mm(영국 13호, 미국 1호), 대바늘 4mm(영국 8호, 미국 6호)

게이지
대바늘 4mm와 실(10ply, Aran)을 이용하여 가터뜨기로 2.5cm=4-5코

완성 크기
높이=약 13cm

바닥(2개)

갈색 실과 대바늘 4mm를 이용하여 시작코 20코를 만든다. 정사각형 모양이 될 때까지 가터뜨기로 뜬 후 모든 코를 코막음한다.

윗부분(2개)

갈색 실과 대바늘 4mm를 이용하여 시작코 12코를 만든다. 정사각형 모양이 될 때까지 가터뜨기로 뜬 후 모든 코를 코막음한다.

기둥

베이지색 실과 대바늘 4mm를 이용하여 시작코 20코를 만든다. 길이가 10cm가 될 때까지 가터뜨기로 뜬 후 모든 코를 코막음한다.

새의 몸통

4ply실과 대바늘 2.5mm를 이용하여 시작코 4코를 만든다.
- 1단 안뜨기 1단
- 2단(겉면) 겉뜨기 1코, 1코 만들기, 겉뜨기 2코, 1코 만들기, 겉뜨기 1코(총 6코)
- 3단 안뜨기 1단
- 4단 겉뜨기 2코, 1코 만들기, 겉뜨기 2코, 1코 만들기, 겉뜨기 2코(총 8코)
- 5단 안뜨기 1단
- 6단 겉뜨기 3코, 1코 만들기, 겉뜨기 2코, 1코 만들기, 겉뜨기 3코(총 10코)
- 7단 안뜨기 4코, 1코 만들기, 안뜨기 2코, 1코 만들기, 안뜨기 4코(총 12코)
- 8단 겉뜨기 5코, 1코 만들기, 겉뜨기 2코, 1코 만들기, 겉뜨기 5코(총 14코)
- 9단 안뜨기 6코, 1코 만들기, 안뜨기 2코, 1코 만들기, 안뜨기 6코(총 16코)
- 10~11단 메리야스뜨기 2단
- 12단 겉뜨기 5코, 2코 모아뜨기, 겉뜨기 2코, 오른코 모아뜨기, 겉뜨기 5코(총 14코)
- 13단 안뜨기 4코, 안뜨기로 2코 모아 꼬아뜨기, 안뜨기 2코, 안뜨기로 2코 모아뜨기, 안뜨기 4코(총 12코)
- 14단 겉뜨기 3코, 2코 모아뜨기, 겉뜨기 2코, 오른코 모아뜨기, 겉뜨기 3코(총 10코)
- 15단 안뜨기 2코, 안뜨기로 2코 모아 꼬아뜨기, 안뜨기 2코, 안뜨기로 2코 모아뜨기, 안뜨기 2코(총 8코)
- 16단 겉뜨기 1코, 2코 모아뜨기, 겉뜨기 2코, 오른코 모아뜨기, 겉뜨기 1코(총 6코)
- 17단 안뜨기 1단
- 18단 겉뜨기 1코, 1코 만들기, 1코 남을 때까지 겉뜨기, 1코 만들기, 겉뜨기 1코(총 8코)
- 19~20단 메리야스뜨기 2단
- 21단 [안뜨기로 2코 모아뜨기] 4회 반복(총 4코)

모든 코를 코막음한다.

새의 날개(2개)

4ply실과 대바늘 2.5mm를 이용하여 시작코 2코를 만든다.
- 1단 겉뜨기 1코, 1코 만들기, 겉뜨기 1코(총 3코)
- 2단 안뜨기 1단
- 3단 겉뜨기 1코, 1코 만들기, 겉뜨기 2코(총 4코)
- 4단 안뜨기 1단
- 5단 겉뜨기 1코, 2코 모아뜨기, 겉뜨기 1코(총 3코)
- 6단 안뜨기 1단
- 7단 오른코 중심 3코 모아뜨기(총 1코)

실을 자르고 남은 코 사이로 실을 뺀 후 잡아당겨 마무리한다.

연결하기

1. 바닥 2개의 사이에 들어갈 만한 크기로 마분지를 자른다. 윗부분도 같은 방법으로 마분지를 자른다. 마분지를 뜨개지 안에 넣고

테두리를 연결하여 꿰맨다.
2. 기둥의 안에 들어가도록 키친타월 심을 10cm 길이로 자른다. 심의 옆면을 자른다. 자른 심을 좁게 만 후, 뜨개지로 심을 감싼다. 심을 둘러싼 기둥의 옆솔기를 꿰맨다.
3. 기둥을 바닥에 꿰맨 후, 기둥 안에 쌀을 채워넣어 무게가 나가게 한 다음 윗부분을 고정한다.
4. 새의 몸통 솔기를 꿰매면서 솜을 채워 넣는다. 날개를 몸통에 꿰매고, 실로 '고리'를 만들어 꼬리 위치에 꿰맨다. 노란색 자수실로 부리를 수놓고, 검정색 자수실로 눈을 수놓는다.
5. 스크래처의 한 귀퉁이에 베이지색 실을 연결하고 실 끝에 새를 고정한다.

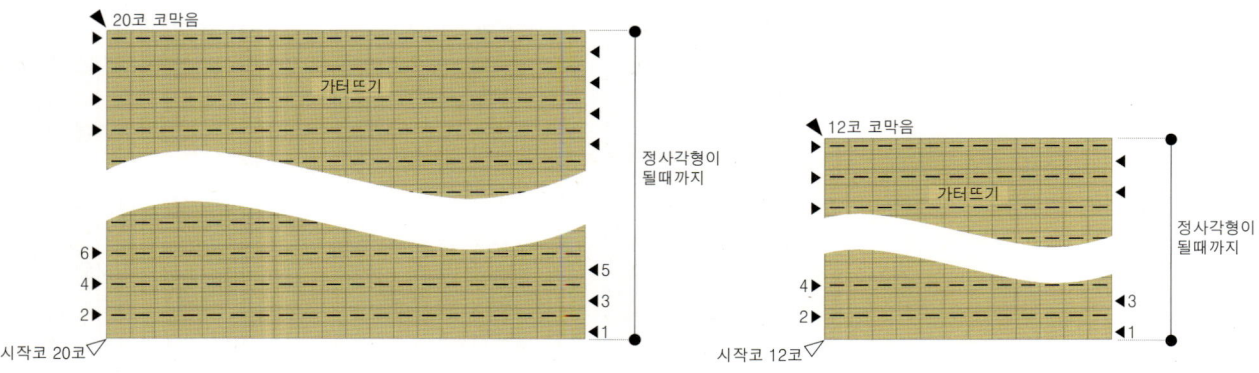

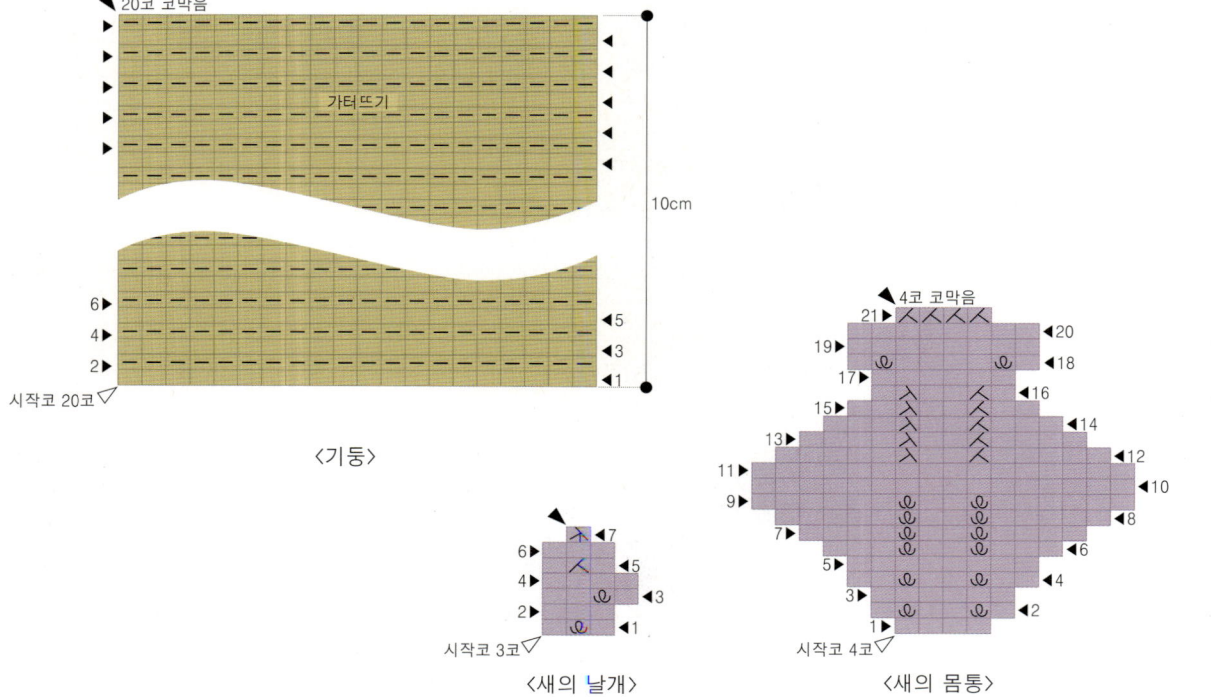

고양이 침대 🐾

고양이는 정말 바쁘게 살지요.
그래서 쏘옥 들어가 편안하게 쉴 수 있는 침대가 필요하답니다.
이 침대가 딱이지요.

준비물
베이지색 실(10ply, Aran)

바늘
- 대바늘 4mm(영국 8호, 미국 6호)
- 안전핀

게이지
대바늘 4mm를 이용하여 가터뜨기로 2.5cm=4-5코

완성 크기
깊이=약 4cm, 너비=약 11cm

모두 가터뜨기로 뜬다.

바닥

시작코 10코를 만든다.
1단 겉뜨기 1단
2단 겉뜨기 1코, 1코 만들기, 1코 남을 때까지 겉뜨기, 1코 만들기, 겉뜨기 1코(총 12코)
3~9단 [2단] 7회 반복(총 26코)
10~21단 겉뜨기 12단
22단 겉뜨기 1코, 2코 모아뜨기, 3코 남을 때까지 겉뜨기, 2코 모아뜨기, 겉뜨기 1코(총 24코)
23~29단 [22단] 7회 반복(총 10코)
모든 코를 코막음한다.

옆면

시작코 16코를 만든다.
바닥 둘레의 대략 절반이 될 때까지 가터뜨기로 뜬다.

다음 단 겉뜨기 6코, 4코 코막음, 겉뜨기 5코
6코짜리 2세트가 남는다.
첫 번째 6코(그림 도안의 ⓐ)만 가지고 이어 뜬다. 두 번째 6코(그림 도안의 ⓑ)는 안전핀에 걸어둔다.
다음 단 겉뜨기 1단
다음 단 겉뜨기 1코, 2코 모아뜨기, 단의 끝까지 겉뜨기(총 5코)
가터뜨기로 3단
마지막 4단을 1번 더 반복(총 4코)
다음 단 겉뜨기 1코, 1코 만들기, 단의 끝까지 겉뜨기(총 5코)
가터뜨기 3단
마지막 4단을 1번 더 반복(총 6코)
안전핀에 걸어두었던 6코(그림 도안의 ⓑ)에 안쪽 면에서 실을 건다.
다음 단 겉뜨기 1단
다음 단 3코 남을 때까지 겉뜨기, 2코 모아뜨기, 겉뜨기 1코(총 5코)
가터뜨기로 3단
마지막 4단을 1번 더 반복(총 4코)
다음 단 1코 남을 때까지 겉뜨기, 1코 만들기, 겉뜨기 1코(총 5코)
가터뜨기 3단
마지막 4단을 1번 더 반복(총 6코)
다음과 같이 첫 번째 부분과 연결하여 뜬다.
다음 단 겉뜨기 6코, 4코 만들기, 겉뜨기 6코(총 16코)
전체 길이가 바닥 둘레의 길이가 될 때까지 가터뜨기로 이어뜬다.

연결하기

1. 침대의 옆면을 길이 방향으로 반으로 접은 후, 코줄인 가장자리를 함께 꿰맨다. 이 부분이 침대의 윗부분이 된다.
2. 작품 사진을 참고하여 옆면에 있는 2개의 솔기를 바닥의 둘레에 맞춰 꿰맨다.
3. 옆면의 뒷솔기를 꿰맨다.

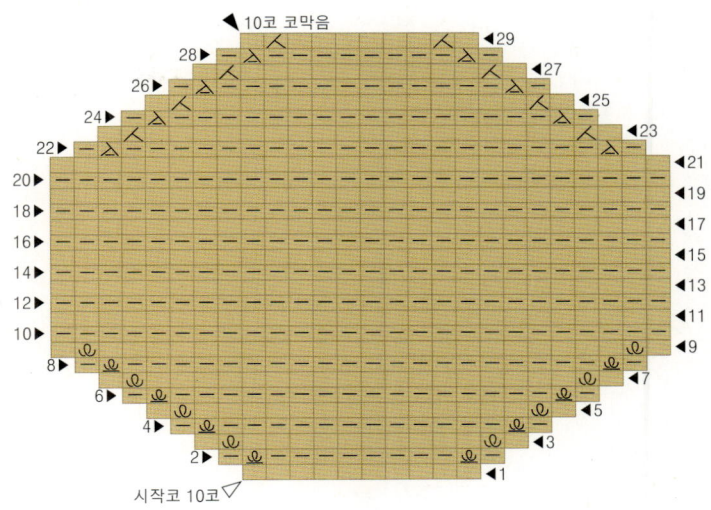

〈바닥〉

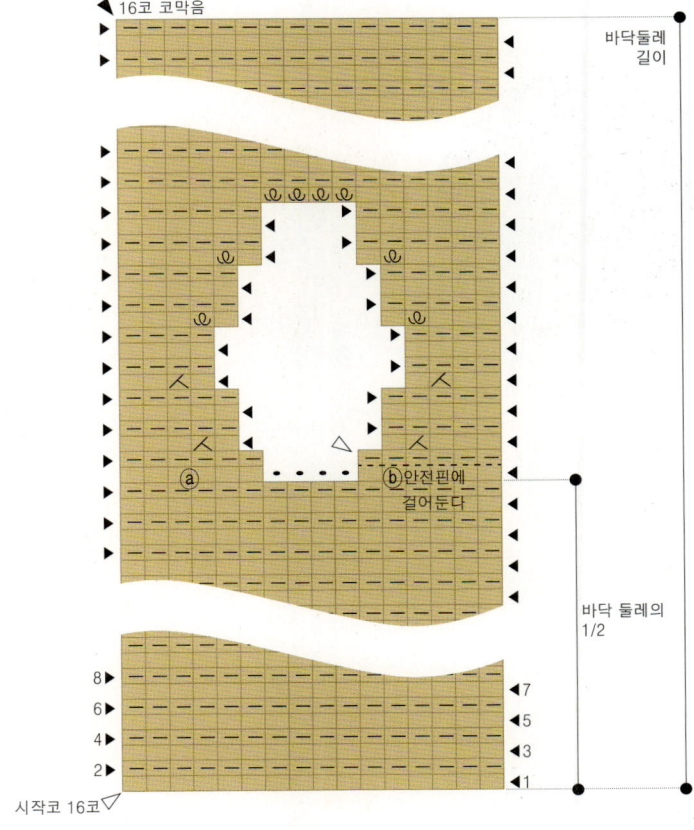

〈옆면〉

Balls

공

이 컬러풀한 공은 당신의 고양이들에게
완벽한 장난감이 될 거예요.

> **준비물**
> 파란색, 빨간색, 노란색 실(5ply, sportweight)
>
> **바늘**
> 대바늘 3.25mm(영국 10호, 미국 3호)
>
> **게이지**
> 상관없음
>
> **완성 크기**
> 지름=약 5.5cm / 4.5cm / 3cm
>
> ※공을 더 작게 혹은 크게 만들려면, 더 가는 바늘 혹은 더 굵은 바늘을 사용하고 실의 굵기도 바늘에 적당한 것으로 바꾼다.

작은 공

노란색 실을 이용하여 시작코 14코를 만든다.
    1단 안뜨기 1단
다음과 같이 늘리며 뜬다.
    2단(겉면) 겉뜨기 1코, [1코 늘리기, 겉뜨기 1코, 1코 늘리기] 1코 남을 때까지 반복, 겉뜨기 1코(총 22코)
    3단 안뜨기 1단
    4단 겉뜨기 1코, [1코 늘리기, 겉뜨기 3코, 1코 늘리기] 1코 남을 때까지 반복, 겉뜨기 1코(총 30코)
    5단 안뜨기 1단
    6~7단 메리야스뜨기 2단
다음과 같이 줄이며 뜬다.
    8단 겉뜨기 1코, [2코 모아뜨기, 겉뜨기 3코, 오른코 모아뜨기] 1코 남을 때까지 반복, 겉뜨기 1코(총 22코)
    9단 안뜨기 1단
    10단 겉뜨기 1코, [2코 모아뜨기, 겉뜨기 1코, 오른코 모아뜨기] 1코 남을 때까지 반복, 겉뜨기 1코(총 14코)
    11단 안뜨기 1단
실을 자르고 돗바늘에 끼운 후, 남은 코 사이로 통과시켜 단단히 잡아당긴 후 마무리한다.

중간 공

빨간색 실을 이용하여 시작코 14코를 만든다.
    1단 안뜨기 1단
다음과 같이 늘리며 뜬다.
    2단(겉면) 겉뜨기 1코, [1코 늘리기, 겉뜨기 1코, 1코 늘리기] 1코 남을 때까지 반복, 겉뜨기 1코(총 22코)
    3단 안뜨기 1단
    4단 겉뜨기 1코, [1코 늘리기, 겉뜨기 3코, 1코 늘리기] 1코 남을 때까지 반복, 겉뜨기 1코(총 30코)
    5단 안뜨기 1단
    6단 겉뜨기 1코, [1코 늘리기, 겉뜨기 5코, 1코 늘리기] 1코 남을 때까지 반복, 겉뜨기 1코(총 38코)
    7단 안뜨기 1단
    8단 겉뜨기 1코, [1코 늘리기, 겉뜨기 7코, 1코 늘리기] 1코 남을 때까지 반복, 겉뜨기 1코(총 46코)
    9단 안뜨기 1단
    10~13단 메리야스뜨기 4단
다음과 같이 줄이며 뜬다.
    14단 겉뜨기 1코, [2코 모아뜨기, 겉뜨기 7코, 오른코 모아뜨기] 1코 남을 때까지 반복, 겉뜨기 1코(총 38코)
    15단 안뜨기 1단
    16단 겉뜨기 1코, [2코 모아뜨기, 겉뜨기 5코, 오른코 모아뜨기] 1코 남을 때까지 반복, 겉뜨기 1코(총 30코)
    17단 안뜨기 1단
    18단 겉뜨기 1코, [2코 모아뜨기, 겉뜨기 3코, 오른코 모아뜨기] 1코 남을 때까지 반복, 겉뜨기 1코(총 22코)
    19단 안뜨기 1단
    20단 겉뜨기 1코, [2코 모아뜨기, 겉뜨기 1코, 오른코 모아뜨기] 1코 남을 때까지 반복, 겉뜨기 1코(총 14코)
    21단 안뜨기 1단
실을 자르고 돗바늘에 끼운 후, 남은 코 사이로 통과시켜 단단히 잡아당긴 후 마무리한다.

큰 공

파란색 실을 이용하여 시작코 14코를 만든다.
    1단 안뜨기 1단
다음과 같이 늘리며 뜬다.
    2단(겉면) 겉뜨기 1코, [1코 늘리기, 겉뜨기 1코, 1코 늘리기] 1코 남을 때까지 반복, 겉뜨기 1코(총 22코)
    3단 안뜨기 1단
    4단 겉뜨기 1코, [1코 늘리기, 겉뜨기 3코, 1코 늘리기] 1코 남을 때까지 반복, 겉뜨기 1코(총 30코)
    5단 안뜨기 1단
    6단 겉뜨기 1코, [1코 늘리기, 겉뜨기 5코, 1코 늘리기] 1코 남을 때까지 반복, 겉뜨기 1코(총 38코)
    7단 안뜨기 1단
    8단 겉뜨기 1코, [1코 늘리기, 겉뜨기 7코, 1코 늘리기] 1코 남을

때까지 반복, 겉뜨기 1코(총 46코)
9단 안뜨기 1단
10단 겉뜨기 1코, [1코 늘리기, 겉뜨기 9코, 1코 늘리기] 1코 남을 때까지 반복, 겉뜨기 1코(총 54코)
11단 안뜨기 1단
12단 겉뜨기 1코, [1코 늘리기, 겉뜨기 11코, 1코 늘리기] 1코 남을 때까지 반복, 겉뜨기 1코(총 62코)
13단 안뜨기 1단
14~19단 메리야스뜨기 6단

다음과 같이 줄이며 뜬다.

20단 겉뜨기 1코, [2코 모아뜨기, 겉뜨기 11코, 오른코 모아뜨기] 1코 남을 때까지 반복, 겉뜨기 1코(총 54코)
21단 안뜨기 1단
22단 겉뜨기 1코, [2코 모아뜨기, 겉뜨기 9코, 오른코 모아뜨기] 1코 남을 때까지 반복, 겉뜨기 1코(총 46코)
23단 안뜨기 1단
24단 겉뜨기 1코, [2코 모아뜨기, 겉뜨기 7코, 오른코 모아뜨기] 1코 남을 때까지 반복, 겉뜨기 1코(총 38코)
25단 안뜨기 1단
26단 겉뜨기 1코, [2코 모아뜨기, 겉뜨기 5코, 오른코 모아뜨기] 1코 남을 때까지 반복, 겉뜨기 1코(총 30코)
27단 안뜨기 1단
28단 겉뜨기 1코, [2코 모아뜨기, 겉뜨기 3코, 오른코 모아뜨기] 1코 남을 때까지 반복, 겉뜨기 1코(총 22코)
29단 안뜨기 1단
30단 겉뜨기 1코, [2코 모아뜨기, 겉뜨기 1코, 오른코 모아뜨기] 1코 남을 때까지 반복, 겉뜨기 1코(총 14코)
31단 안뜨기 1단

실을 자르고 돗바늘에 끼운 후, 남은 코 사이로 통과시켜 단단히 잡아당긴 후 마무리한다.

연결하기

1. 옆솔기를 꿰매고 솜을 단단하게 채운다.
2. 돗바늘을 이용하여 시작단의 코를 모아준다. 공의 입구를 막는다.

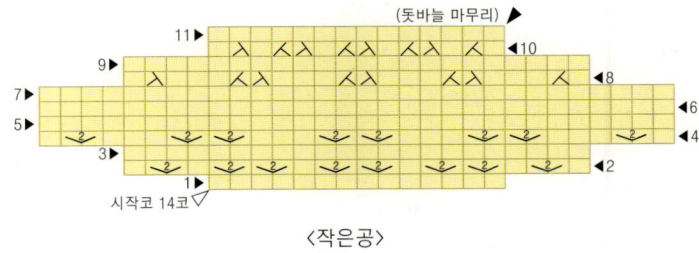

〈작은공〉

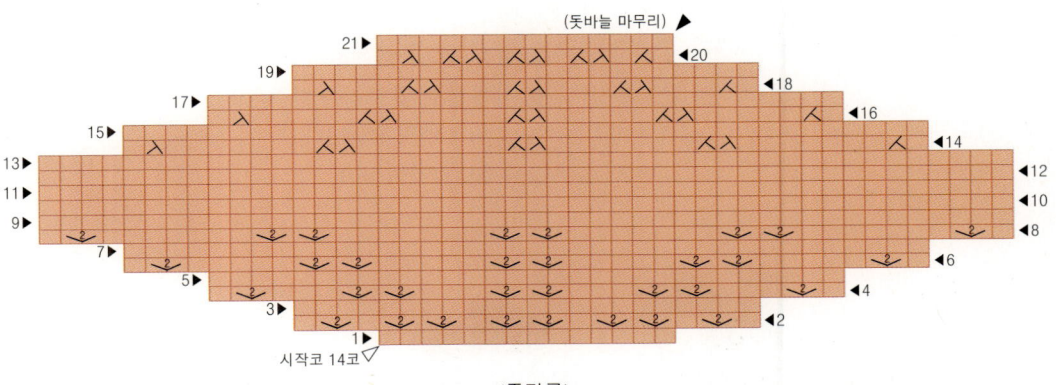

〈중간공〉

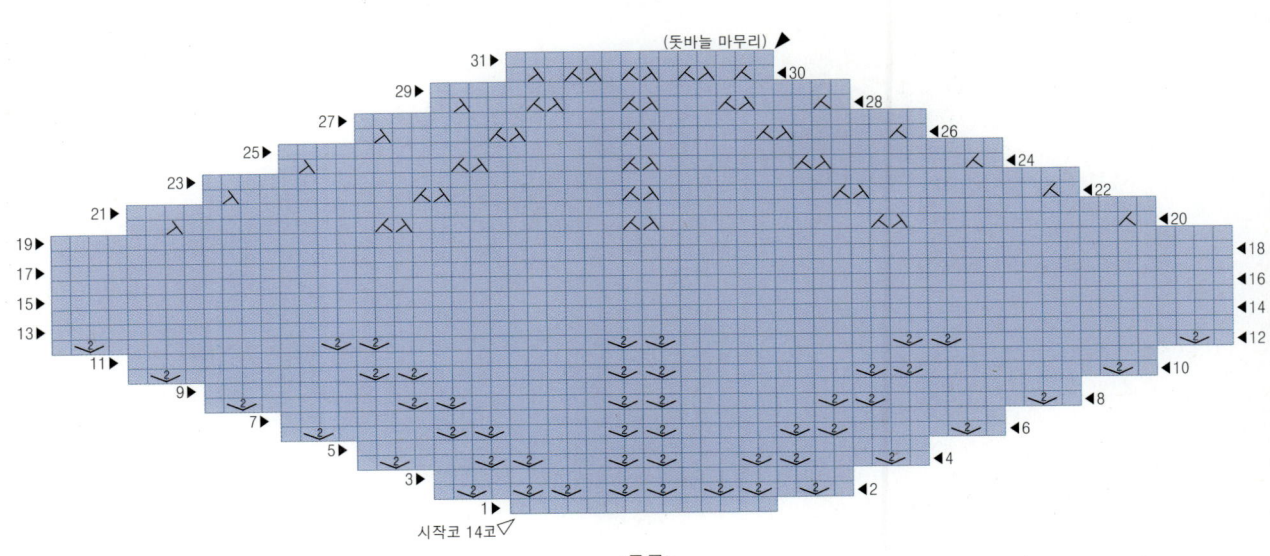

〈큰공〉

생쥐

고양이의 일상에 쫓아다닐 생쥐들이 없다면 완전하지 않을 거예요.
그러니까 털실 고양이들을 위해 생쥐 몇 마리를 떠주세요.
생쥐의 꼬리는 아이코드로 떠도 된답니다.
그러면 솔기를 꿰매지 않아도 돼요.

준비물
- 회색 실(2ply, laceweight)—모두 2겹으로 사용
- 분홍색 실(2ply, laceweight) 조금, 또는 자수용 실
- 장난감용 구름솜
- 검정색 작은 비즈

바늘
- 대바늘 2.75mm(영국 12호, 미국 2호)
- 일반 봉제용 바늘

게이지
상관없음

완성 크기
꼬리 포함 길이=약 5cm / 4cm / 2.5cm

작은 생쥐

몸통
회색 실(2ply, laceweight) 2겹과 대바늘 2.75mm를 이용하여 시작코 3코를 만든다.
- **1단** 겉뜨기 1단
- **2단** 겉뜨기 1코, 1코 만들기, 1코 남을 때까지 겉뜨기, 1코 만들기, 겉뜨기 1코(총 5코)
- **3~8단** [2단] 6회 반복(총 17코)
- **9단** [2코 모아뜨기] 4회 반복, 겉뜨기 1코, [2코 모아뜨기] 4회 반복(총 9코)
- **10단** [2코 모아뜨기] 2회 반복, 겉뜨기 1코, [2코 모아뜨기] 2회 반복(총 5코)

실을 자르고 돗바늘에 끼운 후, 남은 코 사이로 통과시켜 단단히 잡아당긴 후 마무리한다.

귀(2개)
회색 실(2ply, laceweight) 2겹과 대바늘 2.75mm를 이용하여 시작코 4코를 만든다.
- **1~2단** 겉뜨기 2단
- **3단** [2코 모아뜨기] 2회 반복(총 2코)
- **4단** 2코 모아뜨기(총 1코)

실을 자르고 남은 코 사이로 실을 뺀 후 잡아당겨 마무리한다.

꼬리
회색 실(2ply, laceweight) 2겹과 대바늘 2.75mm를 이용하여 시작코 3코를 만든다.
꼬리의 길이가 2cm가 될 때까지 메리야스뜨기로 뜬다.
실을 자르고 돗바늘에 끼운 후, 남은 코 사이로 통과시켜 단단히 잡아당긴 후 마무리한다.

중간 생쥐

몸통
회색 실(2ply, laceweight) 2겹과 대바늘 2.75mm를 이용하여 시작코 3코를 만든다.
- **1단** 겉뜨기 1단
- **2단** 겉뜨기 1코, 1코 만들기, 1코 남을 때까지 겉뜨기, 1코 만들기, 겉뜨기 1코(총 5코)
- **3~10단** [2단] 8회 반복(총 21코)
- **11단** [2코 모아뜨기] 5회 반복, 겉뜨기 1코, [2코 모아뜨기] 5회 반복(총 11코)
- **12단** [2코 모아뜨기] 2회 반복, 오른코 중심 3코 모아뜨기, [2코 모아뜨기] 2회 반복(총 5코)

실을 자르고 돗바늘에 끼운 후, 남은 코 사이로 통과시켜 단단히 잡아당긴 후 마무리한다.

귀(2개)
회색 실(2ply, laceweight) 2겹과 대바늘 2.75mm를 이용하여 시작코 4코를 만든다.
- **1~4단** 겉뜨기 4단
- **5단** [2코 모아뜨기] 2회 반복(총 2코)
- **6단** 2코 모아뜨기(총 1코)

실을 자르고 남은 코 사이로 실을 뺀 후 잡아당겨 마무리한다.

꼬리
회색 실(2ply, laceweight) 2겹과 대바늘 2.75mm를 이용하여 시작코 4코를 만든다.
꼬리의 길이가 3cm가 될 때까지 메리야스뜨기로 뜬다.
실을 자르고 돗바늘에 끼운 후, 남은 코 사이로 통과시켜 단단히 잡아당긴 후 마무리한다.

큰 생쥐

몸통

회색 실(2ply, laceweight) 2겹과 대바늘 2.75mm를 이용하여 시작코 3코를 만든다.

- **1단** 겉뜨기 1단
- **2단** 겉뜨기 1코, 1코 만들기, 1코 남을 때까지 겉뜨기, 1코 만들기, 겉뜨기 1코(총 5코)
- **3~13단** [2단] 11회 반복(총 27코)
- **14단** [2코 모아뜨기] 6회 반복, 겉뜨기 1코, [2코 모아뜨기] 7회 반복(총 14코)
- **15단** [2코 모아뜨기] 7회 반복(총 7코)
- **16단** 2코 모아뜨기, 겉뜨기 1코, [2코 모아뜨기] 2회 반복(총 4코)

실을 자르고 돗바늘에 끼운 후, 남은 코 사이로 통과시켜 단단히 잡아당긴 후 마무리한다.

귀(2개)

회색 실(2ply, laceweight) 2겹과 대바늘 2.75mm를 이용하여 시작코 5코를 만든다.

- **1~4단** 겉뜨기 4단
- **5단** 2코 모아뜨기, 겉뜨기 1코, 2코 모아뜨기(총 3코)
- **6단** 오른코 중심 3코 모아뜨기(총 1코)

실을 자르고 남은 코 사이로 실을 뺀 후 잡아당겨 마무리한다.

꼬리

회색 실(2ply, laceweight) 2겹과 대바늘 2.75mm를 이용하여 시작코 4코를 만든다.

꼬리의 길이가 4cm가 될 때까지 메리야스뜨기로 뜬다.

실을 자르고 돗바늘에 끼운 후, 남은 코 사이로 통과시켜 단단히 잡아당긴 후 마무리한다.

연결하기

각 크기의 생쥐를 다음과 같은 방법으로 연결한다.

1. 생쥐의 아랫부분부터 시작하여 옆솔기를 꿰맨다. 진행하면서 솜을 채운다.
2. 작품 사진을 참고하여 생쥐의 앞쪽에 귀를 꿰맨다.
3. 분홍색 실(또는 자수실)을 이용하여 생쥐의 앞쪽에 코를 수놓는다.
4. 실(2ply, laceweight) 1겹과 일반 봉제용 바늘을 이용하여 코 위에 비즈를 2개 달아주어 눈을 완성한다.
5. 생쥐의 아랫부분에 꼬리를 꿰맨다.

너무 편해서 낮잠 자기 딱이에요!

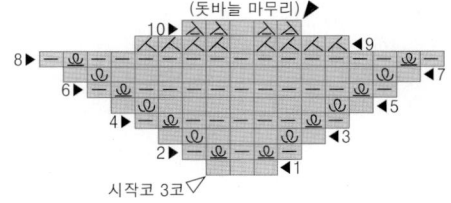
<작은 생쥐의 몸통>

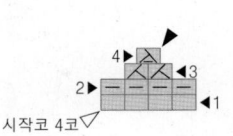
<작은 생쥐의 귀>×2개

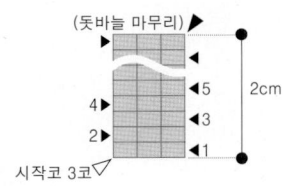
<작은 생쥐의 꼬리>

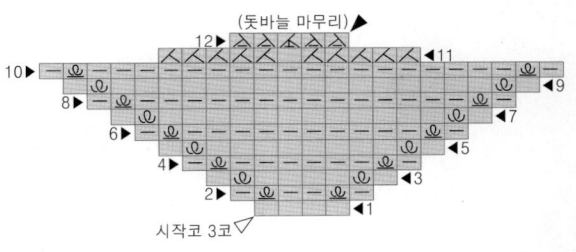
<중간 생쥐의 몸통>

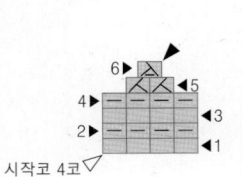
<중간 생쥐의 귀>×2개

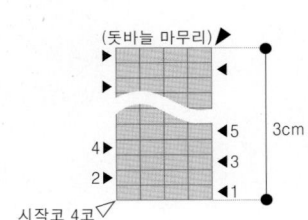
<중간 생쥐의 꼬리>

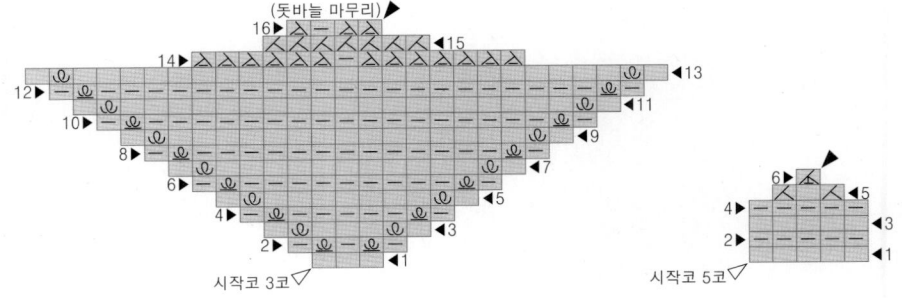
<큰 생쥐의 몸통>

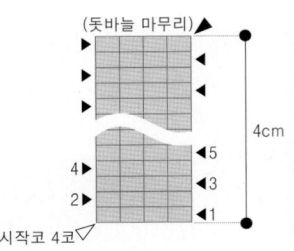
<큰 생쥐의 꼬리>

<큰 생쥐의 귀>×2개

KNITTED CATS AND KITTENS
Search Press Limited,
Wellwood, North Farm Road,
Tunbridge Wells, Kent,
TN2 3DR
United Kingdom

First published in Great Britain by Search Press 2013
Text copyright © Sue Stratford 2013
Photography by Paul Bricknell at Search Press Studios
Photographs and design copyright © Search Press Ltd 2013
Korean translation copyright © 2016 by Turning Point

이 책의 한국어판 저작권은 대니홍 에이전시를 통한 저작권사오의 독점 계약으로 터닝포인트에 있습니다. 저작권법에 의해 한국 내에서 보호를 받는 저작물이므로 무단 전재와 복제를 금합니다.

대바늘 손뜨개 고양이 인형

2017년 1월 10일 초판 1쇄 인쇄
2017년 1월 20일 초판 1쇄 발행

지은이	수 스트라트포드
옮긴이	배정은
펴낸이	정상석
디자인	조성미
일러스트	신진희
도안 작업	배정은
펴낸 곳	터닝포인트(www.diytp.com)
등록번호	2005. 2. 17 제6-738호
주소	(121-869) 서울특별시 마포구 동교로27길 53 지남빌딩 308호
전화	02_332_7646
팩스	02_3142_7646
ISBN	978-89-94158-05-1 13630
정가	16,500원

이 도서의 국립중앙도서관 출판예정도서목록(CIP)은 서지정보유통지원시스템 홈페이지(http://seoji.nl.go.kr)와 국가자료공동목록시스템(http://www.nl.go.kr/kolisnet)에서 이용하실 수 있습니다.(CIP제어번호: CIP2016029439)